股票T+0交易实战教程

郑嘉丰　黄永志　陈　林◎著

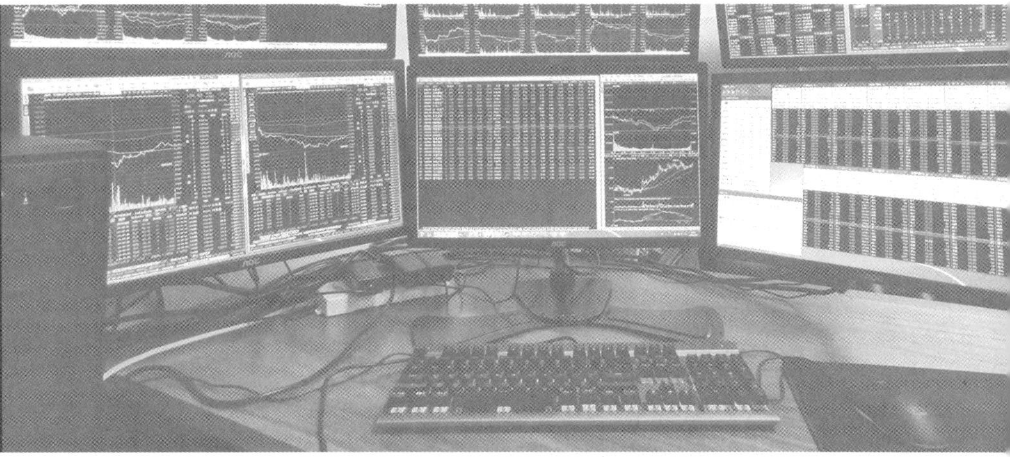

SPM
南方传媒
广东经济出版社
·广州·

图书在版编目(CIP)数据

股票T+0交易实战教程/郑嘉丰，黄永志，陈林著. —广州：广东经济出版社，2023.1

ISBN 978-7-5454-8520-2

Ⅰ.①股… Ⅱ.①郑… ②黄… ③陈… Ⅲ.①股票交易—教材 Ⅳ.①F830.91

中国国家版本馆CIP数据核字（2022）第184584号

出 版 人：李 鹏
责任编辑：甘雪峰 周伊凌
责任校对：李玉娴
责任技编：陆俊帆

股票T+0交易实战教程
GUPIAO T+0 JIAOYI SHIZHAN JIAOCHENG

出版发行	广东经济出版社（广州市环市东路水荫路11号11～12楼）
经　　销	全国新华书店
印　　刷	珠海市国彩印刷有限公司印刷（珠海市金湾区红旗镇永安一路）
开　　本	787毫米×1092毫米 1/16
印　　张	16.75
字　　数	315千字
版　　次	2023年1月第1版
印　　次	2023年1月第1次
书　　号	ISBN 978-7-5454-8520-2
定　　价	68.00元

图书营销中心地址：广州市环市东路水荫路11号12楼
电话：（020）87393830 邮政编码：510075
如发现印装质量问题，影响阅读，请与出版社联系
广东经济出版社常年法律顾问：胡志海律师

序

对于2014—2015年中国A股市场所经历的牛熊转换，想必很多老股民还记忆犹新，很多人在那次市场剧变中被打得措手不及，损失惨重。我当时就在思考："有没有更好的方法能够持续地从这个变幻莫测的市场中分得一杯羹，实现稳定收益?"

2015年底，我开始接触融券，按当时的规则，融券可以当日平仓，因此我算是半只脚踏入了T+0交易（日内交易）的大门。

2016年初，我去了上海，有幸进入当时上海最大的日内交易者聚集地银河证券某营业部学习。在向他人学习和自我摸索了几个月后，我的交易风格和收益水平稳定了下来。在之后的交易生涯里，我做交易的目的并不完全是挣钱，更多是通过做交易来磨炼自己——锻炼心理和打磨技术。

到目前为止，我已经在市场中做了无数笔交易，收获了无数经验，而其中最为宝贵的就是学会了止损。赢利固然重要，但同时也要认真对待亏损，如果做不到合理止损，那么最终还是会"竹篮打水一场空"。一定要坚守交易纪律，做到及时止损，如此才能避免出现更大的亏损。

我和本书的三位作者相识于上海一家日内交易公司，在几十人的交易团队中，他们的交易天赋显露无遗。我们那批交易员如今虽然散落于全国各地，但仍经常交流，大家在网络中聚在一起，以交易为生，以交易为乐。

日内交易的技术不仅适用于A股，还适用于港股、可转换债券、数字货币、期货等不同交易品种，掌握了技术的交易者同样可以在这些交易品种上实现赢利。不管面对的是哪个市场，只要保持一颗敬畏市场的心，掌握可靠的交易技能，就能从容面对市场的风云变幻，持续获取稳定的收益，让资产收益曲线一路向上延伸。

闫全陈
2022年10月于上海

目　　录

第 1 章

认识 T+0 交易

一、T+0 交易与职业 T+0 交易技术

T+0 交易也叫日内交易或日内回转交易，它是指在一个交易日内针对同一只股票买进和卖出（也可以先卖出再买回）相同股数的行为，其目的是通过日内的高抛低吸使持仓股数保持不变而使持仓成本降低。

投资者持有 50000 股格力电器（000651），在股市上涨和下跌时分别执行图 1-1-1 中所示的两种操作后，持仓股数保持不变。在不计交易成本的情况下，两种操作均能令其持仓成本降低 0.5 元/股（账户现金余额增加了 25000 元）。

股市行情	交易类型	成交价格/元	交易股数	交易金额/元	赢利/元
股市上涨	买入开仓	50	50000	2500000	25000
	卖出平仓	50.5	50000	2525000	
股市下跌	卖出开仓	50.5	50000	2525000	25000
	买入平仓	50	50000	2500000	

图 1-1-1

职业日内交易员是指在国内基金公司或者日内交易公司专门从事日内交易的交易员。我们把职业日内交易员使用的日内交易技术称为职业 T+0 交易技术。

国内的日内交易职业化始于 2014 年。职业日内交易团队最早出现在福建和上海，团队成员主要是转战 A 股市场的美股交易员。他们在摸索、实践之后，针对 A 股市场建立起可稳定获利的交易模式并在市场中获得了可观的收益。2015 年之后，诸多职业日内交易团队如雨后春笋般在全国各地出现。

职业日内交易员拥有一套成熟的日内交易系统，什么时候开仓、平仓，什么时候止盈、止损，他们都会严格遵照日内交易系统来执行。

就国内而言，目前职业 T+0 交易技术可分为日内高频交易和日内趋势交易两个流派，而95%以上的职业日内交易员采用日内高频交易，仅有少数职业日内交易员采用日内趋势交易。日内高频交易从开仓到平仓大多仅耗时 2 分钟左右，最快的操作甚至不到10 秒钟便完成。一个职业日内交易员一天有可能做上百笔交易，但也有可能一天都不开仓。对职业日内交易员来说，不管一天做多少笔交易，他们的每一笔交易都会严格按照自己构建的日内交易系统来执行，每一笔交易的背后都有交易逻辑支撑，绝对不会“为了交易而交易”，而是“为了赚钱而交易”，没有一次开仓是盲目的。

每一个优秀的职业日内交易员都经历过市场“枪林弹雨”的洗礼，在市场中至少执行过数万次 T+0 交易，累计交易额在百亿元以上，赢利上千万元。一个优秀的职业日内交易员在每个月中可能只有一天或两天的操作是亏损的，在其他的交易日中都能够实现赢利。

和日内高频交易相比，日内趋势交易持仓的时间更长，止损和止盈的空间更大，而两者的交易逻辑也有很大区别。为什么国内的职业日内交易员多采用日内高频交易？因为持仓的时间越短，交易的结果越具有确定性。日内趋势交易的难度要比日内高频交易大很多，不是每个人都能学会的，我们不建议初学者一开始就学习日内趋势交易，而是应该待日内高频交易的技术纯熟、已经能实现持续赢利之后，再去学习日内趋势交易。本书主要还是讲解日内高频交易的技术。

普通个人投资者学习职业 T+0 交易技术，也是大有益处的。

第一，学习职业 T+0 交易技术是为迎接 A 股市场放开 T+0 交易做准备。近年来，要求 A 股市场放开 T+0 交易的呼声越来越大。2020 年 5 月 29 日，上交所在其官网上发文称，将适时推出做市商制度，研究引入单次 T+0 交易。证监会也曾表示，可以考虑先从蓝筹股开始试点 T+0 交易。A 股市场的交易制度与国际接轨已是趋势，放开 T+0 交易是 A 股市场的必然选择。在这个大背景下，一套能够稳定赢利的日内交易系统就是宝贵的财富。试想一下，如果放开 T+0交易，那么普通个人投资者赢得了职业日内交易员吗？很难。赶在 A 股市场放开 T+0 交易之前学习职业 T+0 交易技术，可以避免以后成为“韭菜”。

第二，虽然当前 A 股市场暂时没有放开 T+0 交易，但可转债市场是可以做 T+0 交易的。2020 年，可转债市场曾经有过几次火热的行情，不少职业日内交易员转战可转债市场，收获颇丰。如果普通个人投资者掌握了职业 T+0 交易技术，那么同样可以进入可转债市场以及部分实行 T+0 交易制度的 ETF（交易型开放式指数基金）市场，在多个市场寻求赢利机会。实际上，利用当前的融券制度也是可以做 T+0 交易的。具体操作是通过券商融券卖出股票，同时用现金买入同一只股票，获取无风险底仓，然后再进行 T+0 操作，只要获取的收益能覆盖交易成本、融券利息成本即可赢利。不过，目前参与融券业务是设有门槛的，这也是为了确保投资者具备一定的抗风险能力。至于参与融券业务的具体要求，投资者可以向开户券商咨询。

第三，掌握了职业 T+0 交易技术之后，可以用自己的账户做 T（进行 T+0 操作简称“做 T”）赢利。很多普通个人投资者自己也做 T，但没有系统化地学习过，没有形成成熟的交易体系，因此做 T 的成功率并不高。职业日内交易员使用的是高胜算的日内交易系统，如果普通个人投资者也能掌握这套成熟有效的日内交易系统，那么就可以大大提升自身的做 T 水平，实现赢利。

第四，熟练掌握职业 T+0 交易技术之后，可以以交易为生。如果你喜欢金融，热爱交易，希望从事一份有弹性、有想象力的工作，那么做职业日内交易员或许是一个不错的选择。做职业日内交易员不用和客户打交道，没有销售压力，每天“早九晚三”（A 股市场 9：00 开市，15：00 收市，午间休市 1.5 小时），拥有更多的自由时间去享受生活。当然了，能够拥有这种工作和生活状态的前提是已经掌握了可靠的交易技能，能够在市场中生存并持续稳定获利。

二、学习职业 T+0 交易技术的素质要求

要想学好职业 T+0 交易技术，必须做到以下几点：

（1）了解股市知识，熟练使用行情软件及交易软件。

（2）理解交易要求、交易模式、交易策略及其背后的逻辑。

（3）建立自己的交易系统，做到知行合一，不做系统外交易。

（4）养成耐性，只抓具有确定性的交易机会。

（5）交易果断，在机会出现时敢于重仓。

（6）拥有健康的交易心态，能有效控制交易情绪。

（7）勤于反思和学习，能根据市场的变化不断改进自己的交易系统。

职业 T+0 交易技术绝对不是一朝一夕就可以掌握的。对于上面所讲的七点素质要求，大多数人能理解但很难具备。对于入门者而言，当下要做的事情就

是尽量去理解本书所有的知识点和案例，再通过大量交易去加深理解，形成自己的知识体系，掌握一定的交易技能。

每一个领域都有它的特殊之处，即便是拥有丰富的炒股经验的老股民也不一定能做好T+0交易。我们的许多同事原来做的是T+1交易制度（当日买进的股票不能在当日卖出）下的波段交易、价值投资，动用大资金操作是家常便饭，但他们刚进入日内交易领域时也会小心翼翼，只敢从开仓100股做起，直到能够稳定赢利后才逐步增加开仓股数。不急不躁、稳扎稳打才是正确的学习心态，也是正确的交易心态。

三、做T+0交易的硬件和软件配置

要想做好T+0交易，需要有一定的硬件和软件作为辅助。

（一）硬件

一台电脑主机是必不可少的。至于显示屏的数量，职业日内交易员的标配是4块或6块。普通个人投资者不需要配这么多块显示屏，用尺寸大一点的显示屏或用2块普通尺寸的显示屏，能够同时展示至少3个不同界面（如个股分时走势图界面、股指期货1分钟K线图界面、交易界面）即可。

（二）软件

（1）同花顺Level-2版（年费300元左右）。

（2）博易大师（免费）。

（3）东方财富Level-2极速版（年费300元左右）。

（4）通达信Level-2版（年费400元左右）。

（5）交易软件（由开户券商提供）。

第2章

交易纪律

T+0 交易有十分重要的三条纪律，它们是日内交易实现稳定赢利的基础，因此，我们将这三条纪律单独编为一章，以期引起读者的重视。

一、开仓要有 0.5% 以上的预期收益率

目前，国内各家券商普遍收取交易金额 0.2‰的交易佣金，按此计算，一次完整的交易，其交易成本大概是交易金额的 1.4‰，其中包括卖出时需缴纳的印花税和双边交易的佣金。

用具体数字来说明：

交易 1 股股价为 10 元的股票，交易成本是 0.014 元；

交易 1 股股价为 20 元的股票，交易成本是 0.028 元；

交易 1 股股价为 100 元的股票，交易成本是 0.14 元。

为什么要将预期收益率限制在 0.5% 以上？只要预期收益大于交易成本不就可以了吗？实际上，预期收益率等同于股价走势单次波动的幅度。波动幅度很小的走势缺乏特征，据之进行交易很容易被“打脸”。经过多年的实践，我们认为，只有幅度超过 0.5% 的波动才能令分时走势形态、股价位置、盘口挂单、成交量、打单速度等指标出现明显的特征，而利用这些特征去做交易才能获得较高的成功率。

图 2-1-1 是中兴通讯（000063）2021 年 1 月 18 日的分时走势图。该股全天高开高走，最大涨幅达 4.5%，但是只有图中箭头所指之处是日内交易的开仓点，原因是股价到达该处时，分时走势形态、打单速度等都符合我们日内交易系统的开仓条件。而从结果来看，从箭头所指之处开始，2 分钟内股价出现了一波上涨，从 35.73 元涨到 36.10 元，涨幅达 1.0%，可以取得的收益超过了预期。在此之后的时间里，虽然股价走势的整体振幅大于 0.5%，但是单个波段的涨跌幅度普遍小于 0.5%，而且没有出现过明显的形态特征和盘口特征，属于没有规律的走势，不宜开仓。

图2-1-1

日内高频交易从开仓到平仓的一次操作通常在2分钟以内便完成，因此业内也把日内高频交易叫作“一波流”。日内高频交易受到交易员青睐的原因是交易的结果较具确定性，即交易员根据盘口信息和打单情况来判断短时间内股价的走势具有较高的准确度。我们在做T+0交易时，不期待个股当日的整体振幅巨大，只希望有振幅较大的波段走势出现。如果一只个股某日平开涨停（当日振幅达到10%），或者当日涨幅很大但走势呈波动幅度很小的趋势性上涨，那么对交易员来说其实并没有可操作的空间。

需要说明的是，在实际交易中，并不是每一次操作都能真正实现0.5%以上的收益率，设置这一交易纪律的原因如前文所述，而主要目的则是提醒交易员要注重交易效率。

二、开仓必设止损单

职业日内交易员每次开仓的时候就已经看好了止损位在哪里，而且开仓量一定是与当时的盘口厚度相匹配的，一旦发现判断错误，他们会立刻止损出场，将损失控制在极小的范围内。“开仓必设止损单”，这是一个风控原则。

图2-2-1、图2-2-2、图2-2-3是金发科技（600143）2021年1月18日出现的三个盘口。现在我们假设要分别根据这三个盘口开多单。

图2-2-1所示的盘口只适合开100～200手的多单，因为买盘前三挡的厚度仅能支撑200手以内的单量，即万一股价涨不上去，可以在21.24～21.26元之间及时止损出来。如果在这个盘口下开500手的多单，那么万一事与愿违，可能要以21.20元的价格平仓才能脱身，那样的话，交易的亏损就大幅增加了。

同理，图2-2-2所示的盘口可以开500手的多单，因为即便做错，也能以不低于21.42元的价格及时止损出来。

在图2-2-3所示的盘口下即便开1000手的多单也可以从容止损出来，因为买1处有多达3744手的买单。

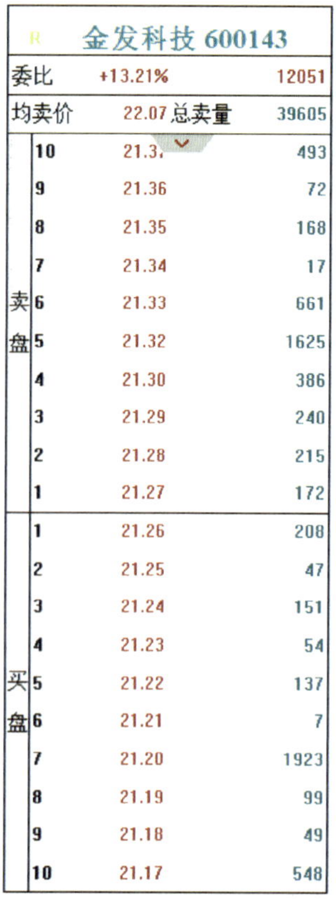

金发科技 600143			
委比		+13.21%	12051
均卖价		22.07 总卖量	39605
卖盘	10	21.3	493
	9	21.36	72
	8	21.35	168
	7	21.34	17
	6	21.33	661
	5	21.32	1625
	4	21.30	386
	3	21.29	240
	2	21.28	215
	1	21.27	172
买盘	1	21.26	208
	2	21.25	47
	3	21.24	151
	4	21.23	54
	5	21.22	137
	6	21.21	7
	7	21.20	1923
	8	21.19	99
	9	21.18	49
	10	21.17	548

图2-2-1

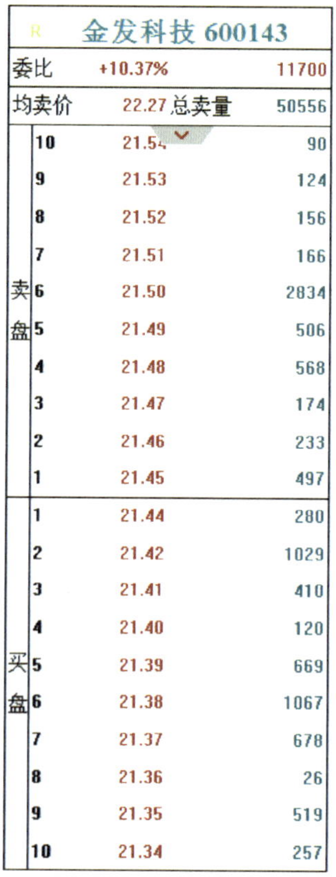

金发科技 600143			
委比		+10.37%	11700
均卖价		22.27 总卖量	50556
卖盘	10	21.5	90
	9	21.53	124
	8	21.52	156
	7	21.51	166
	6	21.50	2834
	5	21.49	506
	4	21.48	568
	3	21.47	174
	2	21.46	233
	1	21.45	497
买盘	1	21.44	280
	2	21.42	1029
	3	21.41	410
	4	21.40	120
	5	21.39	669
	6	21.38	1067
	7	21.37	678
	8	21.36	26
	9	21.35	519
	10	21.34	257

图2-2-2

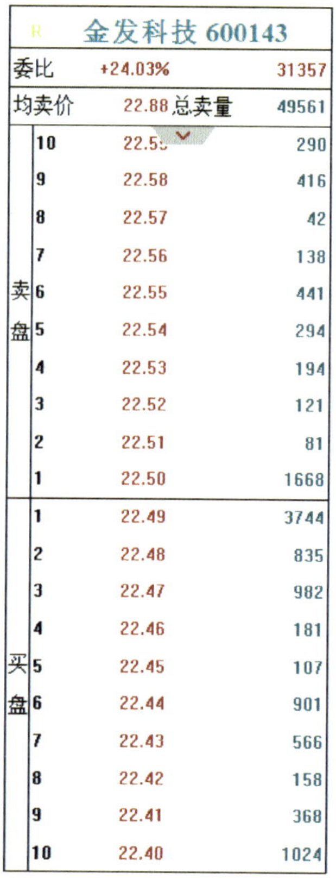

金发科技 600143			
委比		+24.03%	31357
均卖价		22.88 总卖量	49561
卖盘	10	22.5	290
	9	22.58	416
	8	22.57	42
	7	22.56	138
	6	22.55	441
	5	22.54	294
	4	22.53	194
	3	22.52	121
	2	22.51	81
	1	22.50	1668
买盘	1	22.49	3744
	2	22.48	835
	3	22.47	982
	4	22.46	181
	5	22.45	107
	6	22.44	901
	7	22.43	566
	8	22.42	158
	9	22.41	368
	10	22.40	1024

图2-2-3

职业日内交易员通常不会在没行情的时候开仓，而是在股价出现快速波动，即将上涨或下跌时才开仓，开仓后一旦发现股价没有往自己预期的方向走，就会马上止损离场。

职业日内交易员有极强的止损意识，他们会在开仓的同时就确定好止损位并第一时间下止损单，以便在发现判断错误后迅速止损。下止损单的原则是将止损价设在开仓价的临近价位，做到只亏交易手续费或将亏损幅度控制在交易金额的2‰以内。职业日内交易员通常会在交易软件中设置快捷键，例如按“F1”键是填买单，按“F2”键是填卖单，按回车键是下单及确认。在实际操作中，职业日内交易员按“F1”键和回车键买入做多后，接下来做的第一件事情就是按下“F2”键，准备卖出止盈或止损。同样，按“F2”键和回车键卖出做空之后，接下来做的第一件事情就是按下“F1”键，准备买入止盈或止损。

职业日内交易员做T+0交易的成功率一般在70%左右，这个成功率其实并不算高，但止损单的存在让失败交易造成的亏损得以被控制在极小的范围内，从而实现了整体赢利。

在一些特殊情况下，很难从盘口上看出应该把止损位设在何处，此时就需要将市场上涨或下跌的动能与自身经验相结合，然后作出判断。比如，在一个上涨波段中，买盘上没有买单垫住价格，但是向上打单的动能较强，此时就可以参与做多，因为就算判断错误也可以借助打单动能的支撑全身而退。

三、不扛单，不亏损加仓

扛单的意思是做错后没有立即认错离场，而是继续持有仓位并重新设置止损位。扛单是一种交易恶习，它违反了交易系统“大赚小亏”的赢利逻辑，可能会使亏损变得更大。

做T+0交易，一定要在开仓的时候就确定好止损位，一旦股价发展情况与预期不符便立刻止损，决不允许出现超损（超过允许的亏损程度）的情况。

不亏损加仓同样是为了限制亏损程度。做T+0交易，可以在赢利的情况下加仓，但不可以在亏损的情况下加仓，哪怕行情走势最终证明自己的判断是对的也不行。从我们的统计结果来看，绝大多数能够赢利的交易都是一开始就判断对了行情走势，在开仓后便能进入获利阶段的交易。亏损加仓通常是交易员因行情走势与自己的判断相反，心中不服气而作出的非理性交易行为。

我们在多年的日内交易生涯中经历过许多市场的极端情况，深知市场风云诡谲，行情不按常理发展并不罕见。有的时候，你即便判断对了也赚不到钱——明明看对了方向，但是股价偏偏要先打到你的止损位，再回头往你预测的方向走。交易员遇到这种“被市场反复打脸”的行情时心态很容易“爆炸”。我们在因遇到很“恶心”的行情而出现亏损时，宁愿放大委托价差也要止损，目的就是一定要把单子平掉，结束这笔错误的交易并将精力投入到其他机会中，盘后再去总结亏损的原因。做 T+0 交易，最怕的就是养成扛单和亏损加仓的坏习惯，那样只会让自己陷入泥潭而无法自拔。

职业日内交易员之所以可以实现持续稳定地赢利，根本原因在于他们能够很好地控制交易成功率及交易盈亏比这两个关键指标。试想一下，如果交易成功率能够达到 70% 而交易盈亏比大于 2∶1，那么做到稳定赢利不是理所当然的吗？

以“开仓要有 0.5% 以上的预期收益率”“开仓必设止损单”和“不扛单，不亏损加仓”为准则，可以避免进行无效交易，提高交易成功率和获利水平，有效控制亏损。

新手交易员在初学 T+0 交易的时候，应该把这三大交易纪律写在便利贴上，然后贴在电脑屏幕下方，时刻警示自己不要乱开仓，不要让仓位在风险下“裸奔”，行情走势不及预期时一定要果断止损。新手交易员还可能会出现一种情况，那就是拿不住赢利的单，有点钱赚就平仓，也不管盘口是否出现了平仓信号。如果有这种毛病，那么就再给自己加一条交易纪律——“没有平仓信号的时候坚决拿住，不要过早平掉赚钱的单子”。

第 3 章

交易模式

业内常说T+0交易有“三板斧”，这“三板斧”指的是突破交易模式、联动交易模式、抄底交易模式。对于刚入行的人来说，学好这“三板斧”，基本上就可以做到稳定赢利了，但如果想做到优秀，达到业内头部交易员的水平，那么还需要学习并掌握更多的交易模式。

本章内容占了全书篇幅的绝大部分，因为交易模式就是职业T+0交易技术中最重要的内容。我们接下来将讲解14种交易模式，如果你想学习职业T+0交易技术，那么请认真研究本章中的每一个案例，理解各种交易模式背后隐藏的交易逻辑。

一、突破交易模式

“突”是一种态势，“破”的对象是位置。突破交易模式是重要的T+0交易模式之一。在这一交易模式中，需要关注的要素包括平台构筑时间、平台位置、个股股性、指数配合情况等。突破有8种具体的形态，下面我们对每一种形态作详细解析，讲解面对不同形态时的交易方法以及遇到假突破时该如何应对。

（一）平台突破新高

我们经常可以在分时走势图上看到股价多次上涨到一个价格附近但每次都遇阻回落的现象，这个价格就是压制位。如果股价能够放量突破压制位的压制，那么向上的空间将被打开。交易员可在压制位被突破的瞬间开多单买进，赚取股价突破后惯性上涨带来的利润。

图3-1-1是飞天诚信（300386）2020年8月25日的分时走势图。10：15股价触及27.50元后回落，此后很长一段时间内股价多次来到这一价格附近但均受阻；14：04出现了连续的大买单将股价拉升并一举突破了27.50元。你可以理解为10：15～14：03这个时间段内，股价在涨幅约4%的地方构筑了一个高位平台，之后27.50元的平台高点被突破，股价再创新高。

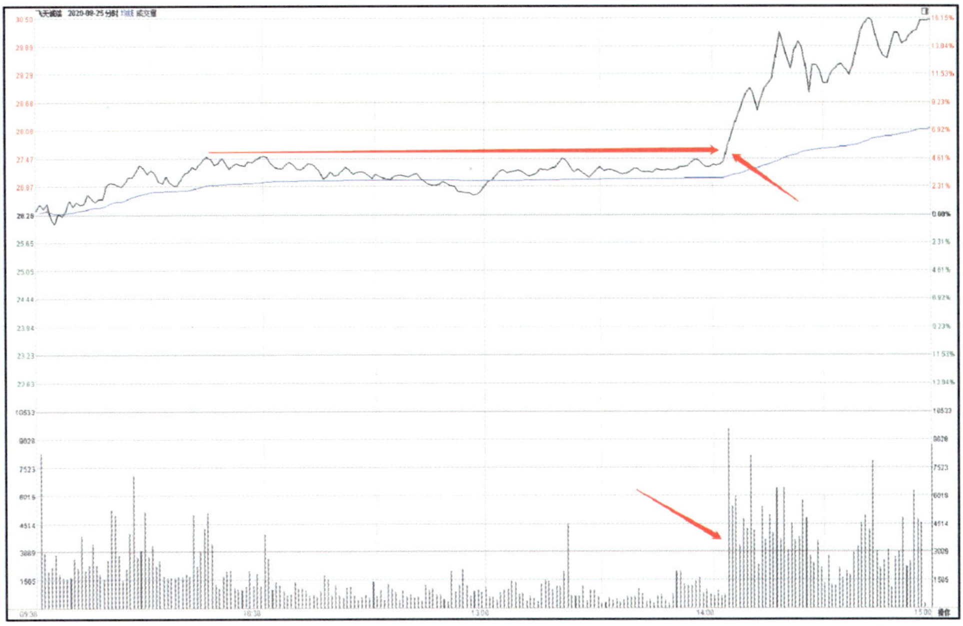

图3-1-1

图3-1-2显示的是当日最佳开仓点出现时的盘口。当时在27.55元处垫有1814手的买单，可将此价格作为止损位，做多单去扫27.60元，大概率能成交在27.56～27.60元之间。这种盘口比较合适的开仓量是200～400手。

开仓之后，何时平仓呢？

是否要平仓，主要看十挡买卖盘的变化情况。只要买单一直在往上吃、往上垫，就可以一直持有多单。如果出现大卖单、卖盘上不断新增卖单或者买盘反压，那么就需要第一时间平仓离场。

看图3-1-3，买单边吃边垫，说明股价向上趋势完好。交易员这时可以将买盘反压位27.59元视为转势点，一旦此价格被跌破，立刻平仓离场。

飞天诚信 300386			
委比	-43.61%		-20129
卖盘 5	27.60		889
卖盘 4	27.59		257
卖盘 3	27.58		003
卖盘 2	27.57		187
卖盘 1	27.56		333
买盘 1	27.55		1814
买盘 2	27.52		191
买盘 3	27.51		93
买盘 4	27.50		152
买盘 5	27.49		14
14:03	27.41	17↓	3
14:04	27.42	50↓	6
14:04	27.42	3007↓	285
14:04	27.43	1↓	1
14:04	27.43	14↓	6
14:04	27.50	47↑	6
14:04	27.50	895↑	77
14:04	27.51	62↑	15
14:04	27.53	404↑	40
14:04	27.52	39↓	11
14:04	27.55	1287↑	136
14:04	27.56	325↑	30
14:04	27.58	935↑	83
14:04	27.59	772↑	97
14:04	27.60	494↑	55
14:04	27.66	365↑	56
14:04	27.66	21↑	8
14:04	27.68	255↑	38
14:04	27.69	128↑	28
14:04	27.70	320↑	46
14:04	27.76	154↑	35
14:05	27.70	504↓	53
14:05	27.77	171↑	36
14:05	27.80	237↑	46

图3-1-2

看图 3－1－4，股价向上打到 27.76 元后，27.70～27.80 元区间的挂单变得稀少。这种现象就是我们平常说的“盘口较空”的情况。在上涨或下跌过程中出现盘口较空的情况是正常现象，它代表进入了市场信号真空期。此时，交易员需留意盘口变化，最好先对平仓价格作调整。这里可以把平仓价格变更为 27.68 元。

飞天诚信 300386			
委比	-35.30%		-15932
卖盘 5	27.65		149
卖盘 4	27.64		21
卖盘 3	27.63		99
卖盘 2	27.62		37
卖盘 1	27.61		16
买盘 1	27.60		126
买盘 2	27.59		791
买盘 3	27.58		194
买盘 4	27.57		203
买盘 5	27.56		328
14:03	27.41	17↓	3
14:04	27.42	50↓	6
14:04	27.42	3007↓	285
14:04	27.43	1↓	1
14:04	27.43	14↓	6
14:04	27.50	47↑	6
14:04	27.50	895↑	77
14:04	27.51	62↑	15
14:04	27.53	404↑	40
14:04	27.52	39↓	11
14:04	27.55	1287↑	136
14:04	27.56	325↑	30
14:04	27.58	935↑	83
14:04	27.59	772↑	97
14:04	27.60	494↑	55
14:04	27.66	365↑	56
14:04	27.66	21↑	8
14:04	27.68	255↑	38
14:04	27.69	128↑	28
14:04	27.70	320↑	46
14:04	27.76	154↑	35
14:05	27.70	504↓	53
14:05	27.77	171↑	36
14:05	27.80	237↑	46

图 3－1－3

飞天诚信 300386			
委比	-34.19%		-14751
卖盘 5	27.80		617
卖盘 4	27.79		37
卖盘 3	27.78		88
卖盘 2	27.77		81
卖盘 1	27.76		16
买盘 1	27.74		6
买盘 2	27.71		1
买盘 3	27.70		151
买盘 4	27.69		223
买盘 5	27.68		231
14:03	27.42	39↑	6
14:03	27.42	10↑	1
14:03	27.41	17↓	3
14:04	27.42	50↓	6
14:04	27.42	3007↓	285
14:04	27.43	1↓	1
14:04	27.43	14↓	6
14:04	27.50	47↑	6
14:04	27.50	895↑	77
14:04	27.51	62↑	15
14:04	27.53	404↑	40
14:04	27.52	39↓	11
14:04	27.55	1287↑	136
14:04	27.56	325↑	30
14:04	27.58	935↑	83
14:04	27.59	772↑	97
14:04	27.60	494↑	55
14:04	27.66	365↑	56
14:04	27.66	21↑	8
14:04	27.68	255↑	38
14:04	27.69	128↑	28
14:04	27.70	320↑	46
14:04	27.76	154↑	35

图 3－1－4

看图 3－1－5，买单边吃边垫，股价一直在往上走并突破了 29.00 元，盘口中没有明确的转势信号，在 29.05 元处还有三位数的垫单托着。一般来说，如果是做多单，那么在股价突破整数位以后，交易员会把平仓价格设在整数位以下，因此，就图 3－1－5 所示的盘口而言，平仓价格会设置在 28.98 元。股价这一波上涨的涨幅已经较大，一旦反转回落的话，下跌的速度会很快，不能看到 29.05 元处有三位数的垫单就觉得稳了。从图 3－1－6 中可看出，转眼之间，29.07 元和 29.08 元处均反压了三位数的卖单，发出明显的转势信号。此时，交易员需要做的就是对着 28.98 元的价位砸，把持仓平掉。

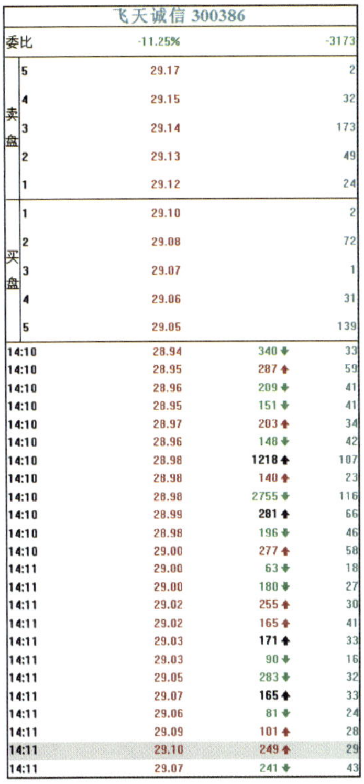

飞天诚信 300386

委比	-11.25%		-3173
卖盘 5	29.17		2
卖盘 4	29.15		32
卖盘 3	29.14		173
卖盘 2	29.13		49
卖盘 1	29.12		24
买盘 1	29.10		2
买盘 2	29.08		72
买盘 3	29.07		1
买盘 4	29.06		31
买盘 5	29.05		139
14:10	28.94	340↓	33
14:10	28.95	287↑	59
14:10	28.96	209↓	41
14:10	28.95	151↓	41
14:10	28.97	203↑	34
14:10	28.96	148↓	42
14:10	28.98	1218↑	107
14:10	28.98	140↑	23
14:10	28.98	2755↓	116
14:10	28.99	281↑	66
14:10	28.98	196↓	46
14:10	29.00	277↑	58
14:11	29.00	63↓	18
14:11	29.00	180↓	27
14:11	29.02	255↑	30
14:11	29.02	165↑	41
14:11	29.03	171↑	33
14:11	29.03	90↓	16
14:11	29.05	283↓	32
14:11	29.07	165↑	33
14:11	29.06	81↓	24
14:11	29.09	101↑	28
14:11	29.10	249↑	29
14:11	29.07	241↓	43

图 3－1－5

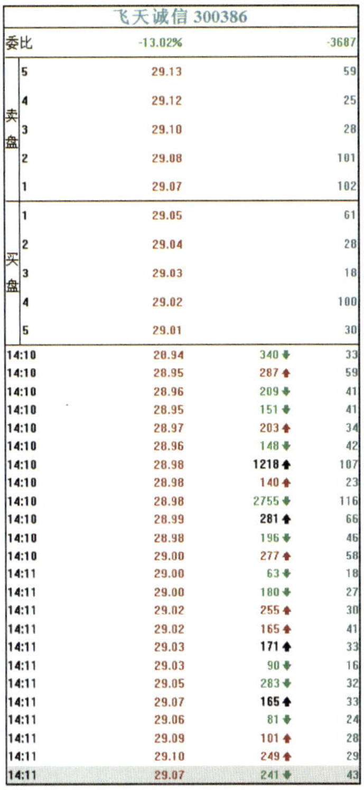

飞天诚信 300386

委比	-13.02%		-3687
卖盘 5	29.13		59
卖盘 4	29.12		25
卖盘 3	29.10		28
卖盘 2	29.08		101
卖盘 1	29.07		102
买盘 1	29.05		61
买盘 2	29.04		28
买盘 3	29.03		18
买盘 4	29.02		100
买盘 5	29.01		30
14:10	28.94	340↓	33
14:10	28.95	287↑	59
14:10	28.96	209↓	41
14:10	28.95	151↓	41
14:10	28.97	203↑	34
14:10	28.96	148↓	42
14:10	28.98	1218↑	107
14:10	28.98	140↑	23
14:10	28.98	2755↓	116
14:10	28.99	281↑	66
14:10	28.98	196↓	46
14:10	29.00	277↑	58
14:11	29.00	63↓	18
14:11	29.00	180↓	27
14:11	29.02	255↑	30
14:11	29.02	165↑	41
14:11	29.03	171↑	33
14:11	29.03	90↓	16
14:11	29.05	283↓	32
14:11	29.07	165↑	33
14:11	29.06	81↓	24
14:11	29.09	101↑	28
14:11	29.10	249↑	29
14:11	29.07	241↓	43

图 3－1－6

我们来看看能平在什么价格。从图 3－1－7 中可看到，有一笔 245 手的买单把之前 29.07 元和 29.08 元处的三位数卖单吃掉了。在刚转势的时候出现惯性买单是正常的现象，但这种惯性买单很难改变股价回调的趋势。在看到图 3－1－6 发出的转势信号后，第一时间往 28.98 元的价位砸的话，大概率能在 29.00～29.05 元的价格区间将多单平掉。

当次交易赢利：假设买入均价为 27.56 元，卖出均价为 29.00 元，那么收益率约为 5.1%（如无特别说明，本书中所说的收益率皆为扣除交易成本后的收益率，下同）。

本次交易画像：

13：04　下午开盘后股价上穿均价线并走强。回看早盘的最高价是在 27.50 元，开始留意股价有没有突破 27.50 元的可能。

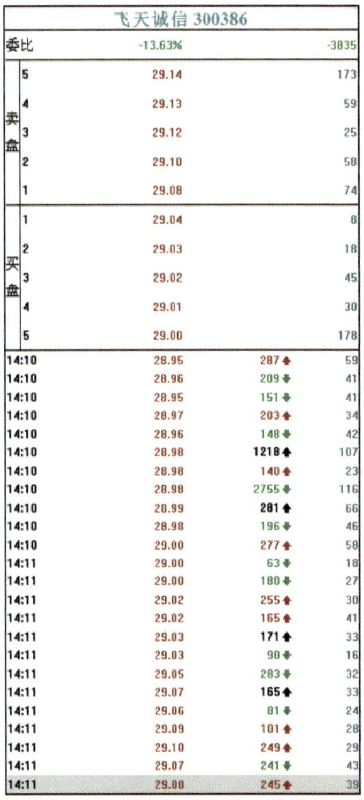

飞天诚信 300386

委比	-13.63%		-3835
卖盘 5	29.14		173
卖盘 4	29.13		59
卖盘 3	29.12		25
卖盘 2	29.10		50
卖盘 1	29.08		74
买盘 1	29.04		8
买盘 2	29.03		18
买盘 3	29.02		45
买盘 4	29.01		30
买盘 5	29.00		178
14:10	28.95	287↑	59
14:10	28.96	209↓	41
14:10	28.95	151↓	41
14:10	28.97	203↑	34
14:10	28.96	148↓	42
14:10	28.98	1218↑	107
14:10	28.98	140↑	23
14:10	28.98	2755↓	116
14:10	28.99	281↑	66
14:10	28.98	196↓	46
14:10	29.00	277↑	58
14:11	29.00	63↓	18
14:11	29.00	180↓	27
14:11	29.02	255↑	30
14:11	29.02	165↑	41
14:11	29.03	171↑	33
14:11	29.03	90↓	16
14:11	29.05	283↓	32
14:11	29.07	165↑	33
14:11	29.06	81↓	24
14:11	29.09	101↑	28
14:11	29.10	249↑	29
14:11	29.07	241↓	43
14:11	29.08	245↑	39

图 3－1－7

13：56　股价试图突破27.50元但没能成功，再等等。

14：04：03　有笔3000手的大单点火，往27.50元扫去，这是一个股价启动的信号。但盘口上有价格空当，下方27.41元处才有垫单，止损价差接近0.1元，有点多，再等等。

14：04：27　市场有人跟风，买盘增厚，特别是买1垫出1814手买单后，买盘显得非常厚实。突破确认点出现，赶紧往即时成交价以上的5个价位扫货买入。

14：04：27～14：11：33　买单一直边打边垫，股价涨势很健康。没看到转势信号出现，不用平仓，只需随着价格的上涨及时调整平仓价就可以了。

14：11：33　图3-1-6所示的盘口出现，这时往28.98元的价位砸下卖单，平仓了结。

以下是标准的平台突破新高案例（时间为突破时刻），读者可以利用同花顺、通达信等软件进行复盘研究：

飞天诚信，2020-01-07，10：26

飞天诚信，2019-04-01，11：15

飞天诚信，2016-06-15，13：40

南大光电，2020-11-09，10：43

南大光电，2020-06-18，10：51

南大光电，2020-03-17，11：28

（二）平台跌破新低

我们还可以在分时走势图上看到股价多次下跌到一个价格附近但每次都获得支撑并出现反弹的现象，这个价格就是支撑位。如果股价能放量跌破支撑位并创出新低，那么向下的空间将被打开。交易员可以在支撑位被跌破的瞬间开空单卖出，赚取股价惯性下跌带来的利润。

图3-1-8是飞天诚信（300386）2020年11月11日的分时走势图，图中共有两次平台跌破新低：

（1）09：50～10：15，股价在跌幅约2%处构筑了一个平台，之后平台被跌破。

（2）10：25～10：50，股价在跌幅约5%处构筑了一个平台，之后平台被跌破。

图 3－1－8

下面我们来看具体的开仓和平仓盘口。

图 3－1－9 的盘口时间是 10：15：24，此时股价靠近第一个平台的下沿。这时的股价在低位横盘，弱势明显，交易员应处于准备做空的状态。图 3－1－9 所显示的盘口还不足以成为做空的依据，原因是卖盘上的卖单比较稀少，只在卖 4（24.91 元）一个挡位上有三位数的卖单，其他挡位上的卖单都只有一位数或两位数，与买盘上都是三位数的买单相比，空头的力量略显单薄。换句话说，当时的杀跌动能尚不足，如果贸然做空，那么止损价格有可能会在 24.91 元之上。在看到盘口不够配合时，交易员需要保持耐心，继续等待机会。

图 3－1－10 显示的是开仓盘口，盘口时间是 10：15：30。当时出现了一笔 542 手的卖单，而且卖 1、卖 2、卖 3 三个挡位都挂着三位数的卖单。从图 3－1－9 到图 3－1－10 的盘口变化

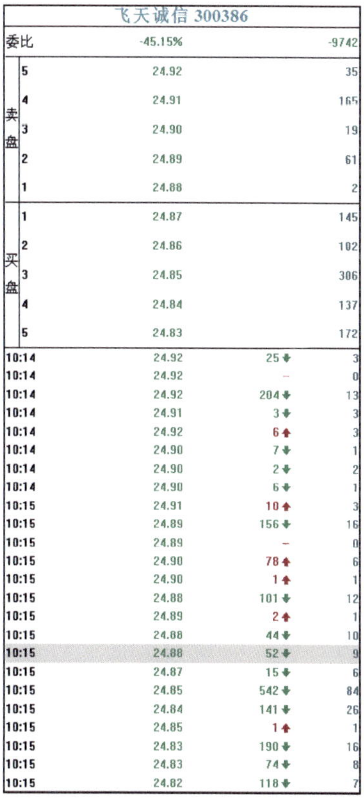

飞天诚信 300386			
委比	-45.15%		-9742
卖盘 5	24.92		35
卖盘 4	24.91		165
卖盘 3	24.90		19
卖盘 2	24.89		61
卖盘 1	24.88		2
买盘 1	24.87		145
买盘 2	24.86		102
买盘 3	24.85		306
买盘 4	24.84		137
买盘 5	24.83		172
10:14	24.92	25↓	3
10:14	24.92	–	0
10:14	24.92	204↓	13
10:14	24.91	3↓	3
10:14	24.92	6↑	3
10:14	24.90	7↓	1
10:14	24.90	2↓	2
10:14	24.90	6↓	1
10:15	24.91	10↑	3
10:15	24.89	156↓	16
10:15	24.89	–	0
10:15	24.90	78↑	6
10:15	24.90	1↑	1
10:15	24.88	101↓	12
10:15	24.89	2↑	1
10:15	24.88	44↓	10
10:15	24.88	52↓	9
10:15	24.87	15↓	6
10:15	24.85	542↓	84
10:15	24.84	141↓	26
10:15	24.85	1↑	1
10:15	24.83	190↓	16
10:15	24.83	74↓	8
10:15	24.82	118↓	7

图 3－1－9

发出了即将破位的信号。这时交易员可以往24.83元的价位卖出，止损价设在24.90元。这种盘口比较合适的开仓量是15000股。

到这里，大家应该明白了如何通过盘口信号来确认开仓的时机，但对于应该往哪个价格委托下单可能还存在疑惑，下面就此做一些说明。

以图3－1－10为例，买1和卖1存在0.03元的价差，原因是之前在24.85元和24.86元处的挂单被一笔542手的卖单扫空了。这时，如果挂24.86元下委卖单，那么虽然能够抢到新卖1的位置，但是却不能确保成交（需要等有买单出现才能够成交），交易就存在不确定性。同理，挂24.85元卖出也是一样的。以24.84元的委托价格下委卖单，希望把买1吃掉的话，理论上是可行的，但依然存在极高的不确定性，因为在破位的瞬间，市场中往往有多个投资者在同时委托下单，其中大部分的人都会以买1的价格卖出，交易员同样按买1的价格下单的话，按照交易规则是不一定可以成交的。这种操作同样不够保险。

飞天诚信 300386				
委比		-49.92%		-10693
卖盘	5	24.91		165
	4	24.90		19
	3	24.89		159
	2	24.88		140
	1	24.87		162
买盘	1	24.84		137
	2	24.83		172
	3	24.82		216
	4	24.81		171
	5	24.80		846
10:15		24.90	78↑	6
10:15		24.90	1↑	1
10:15		24.88	101↓	12
10:15		24.89	2↑	1
10:15		24.88	44↓	10
10:15		24.88	52↓	9
10:15		24.87	15↓	6
10:15		24.85	542↓	84
10:15		24.84	141↓	26
10:15		24.85	1↑	1
10:15		24.83	190↓	16
10:15		24.83	74↓	8
10:15		24.82	118↓	7
10:15		24.82	100↓	18
10:15		24.82	67↓	10
10:15		24.82	22↓	3
10:15		24.82	44↑	10
10:16		24.82	–	0
10:16		24.81	151↓	21
10:16		24.81	–	0
10:16		24.80	6↓	1
10:16		24.81	642↑	104
10:16		24.80	16↓	6

图3－1－10

做日内交易，在有把握的时候就应果断下单。24.83元与24.84元只有0.01元的价差，但以24.83元的价格下单的话，成交的概率显然更高，而且，根据时间优先、价格优先的交易规则，就算往24.83元下单，也会优先在24.84元成交。机会来临的时候就没必要去计较这么一点价差了，果断下单抢个先手最重要。

再来解释一下止损价格为什么设置在24.90元。注意，止损价设置在24.90元，并不意味着真的就会在24.90元成交。从图3－1－10中可以看出，下空单的时候，趋势已经非常明显地往下走了，如果多头试图将跌势扭转，那得先吃掉24.87元和24.88元处的卖单。这两挡卖单就是两道保险。一旦多头吃掉24.88元，交易员就往24.90元买入止损，大概率会优先成交在24.89元。止损价的设置也是一门技术活，设置得离即时成交价太近的话，很容易被打穿，所以一般都会将一个小的价格区间设为止损区间。本例的止损区间上下沿仅有

0.02 元的价差，这是因为飞天诚信当时的股价较低，如果是股价达到 200 元的高价股，那么止损区间上下沿的价差通常会达到 0.2 元。

接着来看平仓盘口。转势信号是多头将图 3－1－11 中 24.49 元处的卖单吃掉并在买 1 上反垫出 127 手。从图 3－1－12 中可看到，在 21.49 元的价位出现一笔三位数的主动性买单，说明这里是一个明确的止跌位置，交易员要迅速平掉空单离场。

当次交易赢利：假设卖出均价为 24.84 元，买入均价为 24.50 元，那么收益率约为 1.2% 。

飞天诚信 300386			
委比	-84.48%		-15355
卖盘 5	24.53		38
卖盘 4	24.52		176
卖盘 3	24.51		155
卖盘 2	24.50		284
卖盘 1	24.49		35
买盘 1	24.48		32
买盘 2	24.47		23
买盘 3	24.46		3
买盘 4	24.45		45
买盘 5	24.44		30
10:19	24.49	30↓	11
10:19	24.50	144↑	17
10:19	24.50	370↑	17
10:19	24.50	118↑	26
10:19	24.50	175↑	20
10:19	24.49	376↓	38
10:19	24.51	31↑	7
10:19	24.49	322↓	24
10:19	24.50	41↓	7
10:19	24.56	1↑	1
10:19	24.51	6↓	2
10:19	24.52	48↑	4
10:20	24.51	102↓	21
10:20	24.59	92↑	5
10:20	24.60	52↑	10
10:20	24.56	10↓	3
10:20	24.59	8↑	2
10:20	24.56	4↓	3
10:20	24.58	21↓	6
10:20	24.59	16↑	7
10:20	24.59	31↑	6
10:20	24.59	19↑	4
10:20	24.59	54↓	8
10:20	24.59	50↓	9

图 3－1－11

飞天诚信 300386			
委比	-83.28%		-15078
卖盘 5	24.54		23
卖盘 4	24.53		30
卖盘 3	24.52		88
卖盘 2	24.51		155
卖盘 1	24.50		269
买盘 1	24.49		127
买盘 2	24.48		4
买盘 3	24.47		23
买盘 4	24.46		6
买盘 5	24.45		45
10:19	24.50	59↑	8
10:19	24.49	30↓	11
10:19	24.50	144↑	17
10:19	24.50	370↑	17
10:19	24.50	118↑	26
10:19	24.50	175↑	20
10:19	24.49	376↓	38
10:19	24.51	31↑	7
10:19	24.49	322↓	24
10:19	24.50	41↓	7
10:19	24.56	1↑	1
10:19	24.51	6↓	2
10:19	24.52	48↑	4
10:20	24.51	102↓	21
10:20	24.59	92↑	5
10:20	24.60	52↑	10
10:20	24.56	10↓	3
10:20	24.59	8↑	2
10:20	24.56	4↓	3
10:20	24.58	21↓	6
10:20	24.59	16↑	7
10:20	24.59	31↑	6
10:20	24.59	19↑	4
10:20	24.59	54↓	8

图 3－1－12

日内交易中，当好的交易机会出现时，盘口一般都比较厚。这里“厚”的意思是买卖盘多个相邻价位都有挂单，而不是隔几个价位才有挂单。盘口厚说明当时市场上的参与者数量较多，人气旺，行情更具持续性。这就像行军打仗与后勤补给的关系——有补给的军队才能够一往直前，缺乏补给的话就走不远了。

以下是标准的平台跌破新低案例（时间为跌破时刻），读者可以利用同花顺、通达信等软件进行复盘研究：

中信建投，2020－10－20，09：49

中信建投，2020－04－13，13：09

南大光电，2020－06－24，14：48

南大光电，2020－04－10，10：34、13：01、14：35

（三）区间突破

区间突破指股价向上或向下突破一个盘整区间，是比平台突破新高和平台跌破新低出现得更加频繁的一种形态。

图3－1－13是中信建投（601066）2020年10月26日的分时走势图，图中共有三次区间突破：

（1）9：43～10：20，股价在均价线上方、跌幅约4.5%的位置构筑了一个盘整区间，之后选择向上突破。

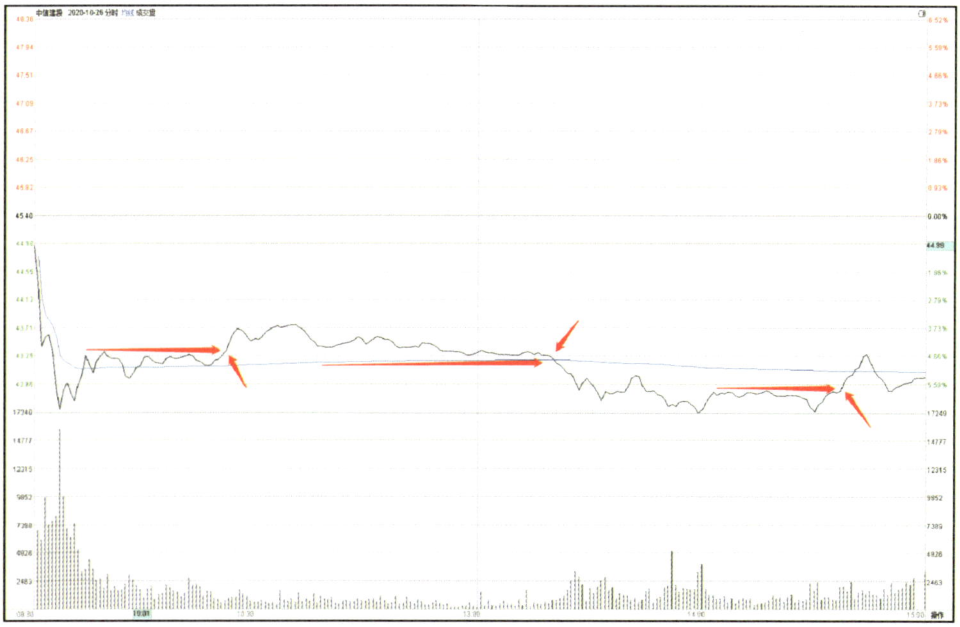

图3－1－13

（2）11：27～13：18，股价在均价线上方、跌幅约4.5%的位置构筑了一个盘整区间，之后选择向下突破。

（3）14：02～14：36，股价在均价线下方、跌幅约5.5%的位置构筑了一个盘整区间，之后选择向上突破。

看图3－1－14，这是一个未能实现突破的盘口。区间高点是在9：49创下的43.35元，而这次股价在到达43.33元之后就开始回落，未能突破区间高点。这是自9：49以来的第三次试图突破了。

看图3－1－15，盘口时间是10：21：37。股价突破了43.33元且43.33元和43.30元两个价位都垫出了三位数的买单，显示出股价有走强可能。但从整体来看，目前的买盘和卖盘处于相对均衡的状态，多头并未占据明显的优势，要买入做多还是缺点底气。在实际操作中，如果此时期指和大盘也发出向上的信号，那么就可以大胆下单以抢占先机了。

中信建投 601066			
委比	+10.37%		4018
卖盘 5	43.37		5
4	43.36		8
3	43.35		17
2	43.34		56
1	43.33		106
买盘 1	43.31		11
2	43.30		31
3	43.29		148
4	43.28		229
5	43.27		214
10:11	43.28	99↓	14
10:11	43.30	3↑	2
10:11	43.30	37↑	5
10:11	43.28	256↓	16
10:11	43.30	113↑	19
10:11	43.31	53↑	8
10:11	43.29	235↓	38
10:11	43.30	249↑	30
10:11	43.30	57↑	23
10:11	43.30	79↑	17
10:11	43.29	45↓	14
10:11	43.30	21↓	8
10:11	43.30	65↓	22
10:11	43.30	58↑	15
10:11	43.31	339↑	20
10:12	43.31	38↓	9
10:12	43.31	83↓	10
10:12	43.32	52↑	11
10:12	43.32	223↑	27
10:12	43.32	31↑	7
10:12	43.32	2↓	2
10:12	43.30	239↓	43
10:12	43.33	157↑	11
10:12	43.32	18↑	5

图3－1－14

中信建投 601066			
委比	+11.62%		4588
卖盘 5	43.38		121
4	43.37		6
3	43.36		29
2	43.35		92
1	43.34		26
买盘 1	43.33		116
2	43.32		2
3	43.31		3
4	43.30		206
5	43.29		33
10:20	43.26	7↓	3
10:20	43.27	17↑	6
10:20	43.27	23↑	7
10:20	43.27	21↑	10
10:20	43.27	50↓	7
10:20	43.27	–	0
10:20	43.28	13↑	4
10:20	43.28	36↑	10
10:20	43.28	40↓	12
10:20	43.29	63↑	6
10:20	43.29	102↑	25
10:21	43.29	13↓	6
10:21	43.30	1↑	1
10:21	43.29	37↓	10
10:21	43.30	43↑	13
10:21	43.30	24↑	4
10:21	43.29	82↓	25
10:21	43.29	42↓	14
10:21	43.30	51↓	4
10:21	43.33	5↑	2
10:21	43.34	42↑	7
10:21	43.34	17↑	3
10:21	43.34	4↑	2
10:21	43.34	29↑	7

图3－1－15

图3－1－16是开仓的盘口，盘口时间是10：21：58。此时，股价已站上区间高点43.35元且43.36元和43.35元两个价位处都垫出了三位数的买单。与图

3－1－15 的盘口相比，此时多头的进攻势头明显更强一些。这时交易员应该果断往 43.40 元下单买入做多，在多单成交之后第一时间在 43.33 元的价格设下止损单，一旦股价上不去就止损。这种盘口比较合适的开仓量在 10000 股左右。

看图 3－1－17，盘口时间是 10：22：43。此时股价上涨到 43.50 元的整数关口，盘口显示 43.49 元和 43.50 元两个价位上都挂有三位数的卖单，而买盘上没有三位数的买单。单看盘口，买盘显得不强，要不要将多单平掉离场呢？答案是不用。其实，这种盘口是上涨途中比较常见的盘口。

中信建投 601066			
委比	+12.56%		4984
卖盘 5	43.42		9
卖盘 4	43.40		40
卖盘 3	43.39		100
卖盘 2	43.38		77
卖盘 1	43.37		1
买盘 1	43.36		116
买盘 2	43.35		192
买盘 3	43.34		57
买盘 4	43.33		63
买盘 5	43.32		8
10:20	43.28	40↓	12
10:20	43.29	63↑	6
10:20	43.29	102↑	25
10:21	43.29	13↓	6
10:21	43.30	1↑	1
10:21	43.29	37↓	10
10:21	43.30	43↑	13
10:21	43.30	24↑	4
10:21	43.29	82↓	25
10:21	43.29	42↓	14
10:21	43.30	51↓	4
10:21	43.33	5↑	2
10:21	43.34	42↑	7
10:21	43.34	17↑	3
10:21	43.34	4↑	2
10:21	43.34	29↑	7
10:21	43.34	101↑	9
10:21	43.35	33↑	4
10:21	43.35	54↑	18
10:21	43.35	23↑	6
10:21	43.35	14↓	4
10:21	43.35	52↓	13
10:21	43.36	62↑	12
10:22	43.38	29↑	9

图 3－1－16

中信建投 601066			
委比	+13.26%		5251
卖盘 5	43.53		73
卖盘 4	43.52		10
卖盘 3	43.51		4
卖盘 2	43.50		238
卖盘 1	43.49		117
买盘 1	43.48		47
买盘 2	43.47		57
买盘 3	43.46		37
买盘 4	43.45		96
买盘 5	43.43		3
10:22	43.42	17↓	5
10:22	43.42	–	0
10:22	43.48	6↑	4
10:22	43.47	48↓	14
10:22	43.48	68↑	12
10:22	43.48	9↓	4
10:22	43.49	68↑	25
10:22	43.49	116↑	18
10:22	43.48	108↓	30
10:22	43.48	47↑	17
10:22	43.49	107↑	16
10:22	43.50	33↑	9
10:23	43.50	35↑	6
10:23	43.50	175↑	32
10:23	43.51	43↑	10
10:23	43.52	30↑	13
10:23	43.51	10↑	3
10:23	43.52	10↑	5
10:23	43.55	30↑	12
10:23	43.54	64↑	16
10:23	43.55	23↑	8
10:23	43.55	50↓	12
10:23	43.56	24↑	7
10:23	43.56	22↓	16

图 3－1－17

判断一波涨势是否结束，要点之一就是看有没有反手单。如果在上涨过程中出现卖单主动往下砸的情况，那么大概率要走了。此时的买盘虽不算强，但是并没有出现主动性卖盘，所以可以再等一等，看 43.50 元会不会被买单吃掉再说，让赢利的单子再飘一会儿。这个时候需要做的是把平仓的委托价格修改为 43.44 元，如果卖单连续吃掉 43.48 元、43.47 元，就立刻止盈。

看图 3－1－18，盘口时间是 10：23：10。这时股价已经站上 43.50 元的整数关口，买盘上也垫出了大单。对于交易员来说，看到盘口上有垫单，继续持股就可以了。但在这里还是需要把平仓的委托价格修改为43.46元，一旦卖单连续吃掉43.50元、43.49元便立刻止盈。

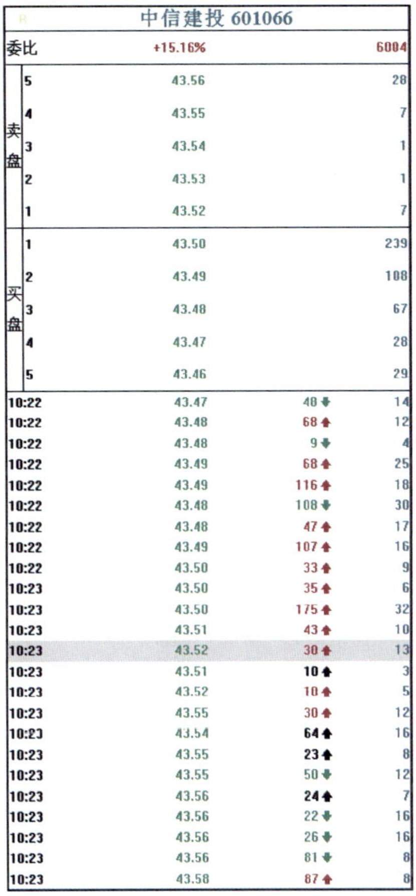

中信建投 601066			
委比	+15.16%		6004
卖盘 5	43.56		28
卖盘 4	43.55		7
卖盘 3	43.54		1
卖盘 2	43.53		1
卖盘 1	43.52		7
买盘 1	43.50		239
买盘 2	43.49		108
买盘 3	43.48		67
买盘 4	43.47		28
买盘 5	43.46		29
10:22	43.47	48↓	14
10:22	43.48	68↑	12
10:22	43.48	9↓	4
10:22	43.49	68↑	25
10:22	43.49	116↑	18
10:22	43.48	108↓	30
10:22	43.48	47↑	17
10:22	43.49	107↑	16
10:22	43.50	33↑	9
10:23	43.50	35↑	6
10:23	43.50	175↑	32
10:23	43.51	43↑	10
10:23	43.52	30↑	13
10:23	43.51	10↑	3
10:23	43.52	10↑	5
10:23	43.55	30↑	12
10:23	43.54	64↑	16
10:23	43.55	23↑	8
10:23	43.55	50↓	12
10:23	43.56	24↑	7
10:23	43.56	22↓	16
10:23	43.56	26↓	16
10:23	43.56	81↓	8
10:23	43.58	87↑	8

图3－1－18

看图3－1－19和图3－1－20，盘口时间分别是10：25：28和10：25：43。这两个盘口显示出这波涨势出现了拐点。当看到43.70元处的306手买单被主动性卖单砸掉并反压了103手时，交易员就应果断往43.65元下单卖出止盈，完成这次T+0交易。

大家可以注意看图3－1－20中红框内的分时成交情况：在接近10：25：43的时候，出现了连续的三位数卖单。有经验的职业日内交易员会在看到这种情况（市场出现了主动性卖单）时提早卖出止盈，将这笔多单平在43.70元的价格，而不是等拐点出现。

当次交易赢利：假设买入均价为43.39元，卖出均价为43.70元，那么收益率约为0.6%。

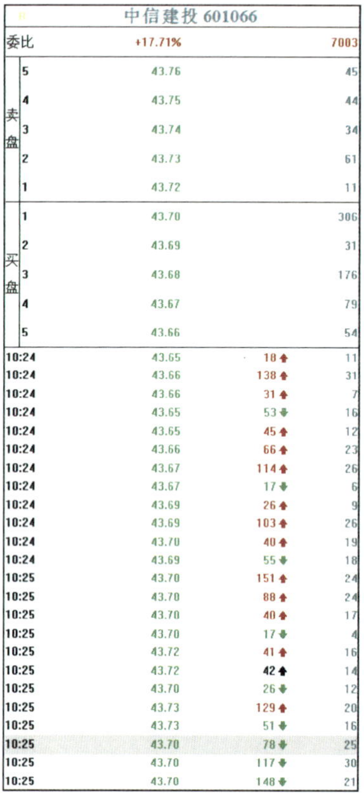

图 3-1-19

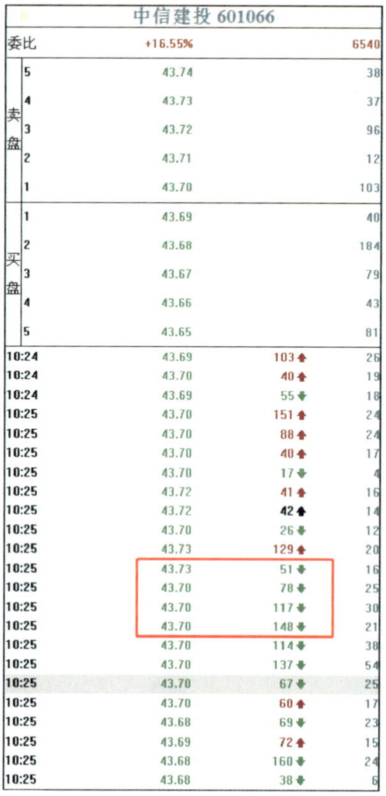

图 3-1-20

在快速上涨和快速下跌的行情中，日内交易员不能一直等到盘口出现反压现象才平仓，而是应该能感受到股价变化的速度和节奏，做多时发现股价涨不动就平仓，做空时发现股价跌不动也要平仓。如果非要等到盘口出现反压现象才平仓，那么可能会损失利润。一个优秀的职业日内交易员不仅要理解和掌握基本的盘口信号以及开仓、平仓的方法，还要能够结合实际情况，根据自身的盘感临时发挥。

图 3-1-13 中共有 3 次区间突破，上面只讲解了第一次区间突破后的操作，后面两次区间突破后的操作与之类似，在此不再展开，读者可自行研究。

（四）前高突破

前高突破指股价盘中突然快速拉升，突破之前的日内高点。在错过了启动点的情况下，交易员可以选择在股价再创日内新高时顺势买入做多，赚取股价创新高后惯性上涨带来的利润。

图 3－1－21 是长方集团（300301）2020 年 11 月 30 日的分时走势图，图中共有三次前高突破（箭头所指位置）。第一次前高突破之前股价有上穿均价线的表现，这个分时转强的信号很容易被交易员发现，从而抓住最佳开仓点，但第二次和第三次前高突破之前股价并无走强的预兆，交易员往往会错过最佳开仓点。

图 3－1－21

下面我们来分析这三波行情的开仓和平仓盘口。

图 3－1－22 是第一波行情启动时的盘口，盘口时间是 11：11：30。从图中可看到，633 手、263 手、717 手的买单连续出现，有点火之意，但对低价股来说，三位数的买单并不算强。此时买盘没有垫出四位数的买单，卖盘上的 5.44 元和 5.45 元处却压有四位数的卖单，而此前的日内高点是 5.47 元。从盘口信息可综合判断出做多动能并不强，看不到股价有突破 5.47 元的可能，只能继续观望。

长方集团 300301			
委比	-34.52%		-62713
卖盘 5	5.47		843
卖盘 4	5.46		889
卖盘 3	5.45		3514
卖盘 2	5.44		1397
卖盘 1	5.43		661
买盘 1	5.42		200
买盘 2	5.41		596
买盘 3	5.40		968
买盘 4	5.39		543
买盘 5	5.38		188
11:10	5.40	48↓	6
11:10	5.40	98↓	7
11:10	5.40	106↑	7
11:10	5.41	10↑	1
11:10	5.40	13↓	3
11:10	5.41	1048↑	22
11:10	5.41	170↑	11
11:10	5.41	110↓	3
11:10	5.41	5↓	1
11:10	5.41	–	0
11:11	5.42	43↑	1
11:11	5.41	63↓	6
11:11	5.41	20↓	1
11:11	5.42	157↑	4
11:11	5.42	41↑	3
11:11	5.42	90↑	2
11:11	5.42	67↑	2
11:11	5.42	2↑	1
11:11	5.42	633↑	14
11:11	5.42	263↑	20
11:11	5.42	717↑	24
11:11	5.43	17↑	5
11:11	5.43	–	0

图 3－1－22

图 3－1－23 是开仓盘口，盘口时间是 11：12：03。与图 3－1－22 进行对比，可以看出多头连续吃掉了 5.44 元和 5.45 元处的四位数卖单，还在 5.45 元处反垫出四位数的买单。这打单和垫单的动作发出明显的走势转强信号，交易员看到这个信号后就可以往 5.47 元的价位下单买入做多了。这种盘口比较合适的开仓量在 50000 股左右。

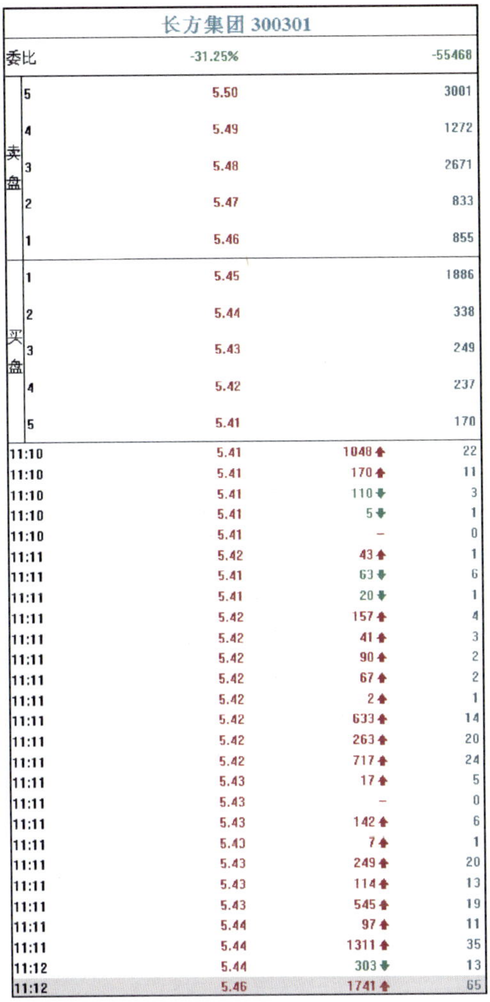

长方集团 300301			
委比	-31.25%		-55468
卖盘 5	5.50		3001
卖盘 4	5.49		1272
卖盘 3	5.48		2671
卖盘 2	5.47		833
卖盘 1	5.46		855
买盘 1	5.45		1886
买盘 2	5.44		338
买盘 3	5.43		249
买盘 4	5.42		237
买盘 5	5.41		170
11:10	5.41	1048↑	22
11:10	5.41	170↑	11
11:10	5.41	110↓	3
11:10	5.41	5↓	1
11:10	5.41	–	0
11:11	5.42	43↑	1
11:11	5.41	63↓	6
11:11	5.41	20↓	1
11:11	5.42	157↑	4
11:11	5.42	41↑	3
11:11	5.42	90↑	2
11:11	5.42	67↑	2
11:11	5.42	2↑	1
11:11	5.42	633↑	14
11:11	5.42	263↑	20
11:11	5.42	717↑	24
11:11	5.43	17↑	5
11:11	5.43	–	0
11:11	5.43	142↑	6
11:11	5.43	7↑	1
11:11	5.43	249↑	20
11:11	5.43	114↑	13
11:11	5.43	545↑	19
11:11	5.44	97↑	11
11:11	5.44	1311↑	35
11:12	5.44	303↓	13
11:12	5.46	1741↑	65

图 3－1－23

来看平仓信号。对比图 3－1－24 和图 3－1－25，可以看到图 3－1－24 中 5.54 元处的卖单没被吃掉，5.53 元处的买单反而被砸了，这是明显的转势信号，交易员看到后就可以往 5.52 元的价位下单卖出平仓了。

当次交易赢利：假设买入均价为 5.46 元，卖出均价为 5.52 元，那么收益率约为 1.1%

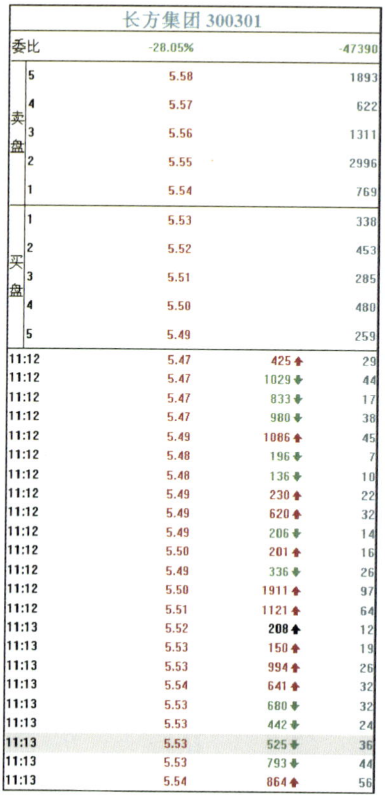

图 3－1－24

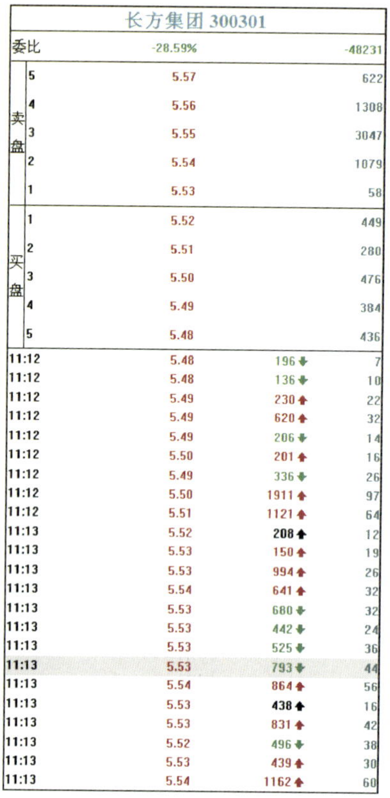

图 3－1－25

图3－1－26是第二波行情启动时的盘口，盘口时间是13：36：51。从图下方的分时成交可以看出，这时出现了连续的买单点火，股价有摆脱横盘走势的迹象。此外，在5.44元和5.45元两个价位处均有四位数的买单垫出也是一个明显的盘口现象。如果交易员这时候在盯盘，那么是可以在此时往5.47元的价位下单买入做多的。不过，这次低位启动很难从形态上看出预兆，对于要同时盯着多只股票的交易员来说，错过这个最佳开仓点也是正常的。

长方集团 300301			
委比	-40.94%		-87204
卖盘 5	5.51		1367
卖盘 4	5.50		4422
卖盘 3	5.49		892
卖盘 2	5.48		1231
卖盘 1	5.47		120
买盘 1	5.45		1098
买盘 2	5.44		2052
买盘 3	5.43		116
买盘 4	5.42		797
买盘 5	5.41		1420
13:35	5.44	6↑	2
13:35	5.44	105↑	8
13:35	5.44	40↑	3
13:35	5.44	62↑	4
13:35	5.43	41↓	5
13:35	5.43	41↓	3
13:36	5.44	10↑	1
13:36	5.43	3↓	1
13:36	5.43	118↓	5
13:36	5.43	–	0
13:36	5.43	–	0
13:36	5.44	780↑	27
13:36	5.44	–	0
13:36	5.45	7↑	1
13:36	5.44	17↓	3
13:36	5.44	10↓	1
13:36	5.45	212↑	15
13:36	5.45	664↑	23
13:36	5.45	142↑	7
13:36	5.47	1607↑	33
13:36	5.47	19↑	6
13:36	5.47	8↑	1
13:36	5.47	559↑	18
13:36	5.47	192↑	13

图3－1－26

长方集团 300301			
委比	-37.41%		-75859
卖盘 5	5.57		1021
卖盘 4	5.56		1763
卖盘 3	5.55		5762
卖盘 2	5.54		3578
卖盘 1	5.53		2060
买盘 1	5.51		531
买盘 2	5.50		921
买盘 3	5.49		332
买盘 4	5.48		420
买盘 5	5.47		383
13:36	5.44	17↓	3
13:36	5.44	10↓	1
13:36	5.45	212↑	15
13:36	5.45	664↑	23
13:36	5.45	142↑	7
13:36	5.47	1607↑	33
13:36	5.47	19↑	6
13:36	5.47	8↑	1
13:36	5.47	559↑	18
13:36	5.47	192↑	13
13:36	5.47	179↑	8
13:37	5.48	90↑	2
13:37	5.50	2714↑	100
13:37	5.48	39↓	4
13:37	5.47	573↓	18
13:37	5.50	100↑	5
13:37	5.49	276↓	5
13:37	5.50	2963↑	74
13:37	5.50	230↓	12
13:37	5.51	97↑	6
13:37	5.51	324↑	14
13:37	5.53	3517↑	116
13:37	5.53	1124↑	26
13:37	5.53	3114↑	79

图3－1－27

图3－1－28的盘口时间是13：37：33，此时的盘口发出了明显的拉升信号：与图3－1－27的盘口相比，买盘明显变厚而卖盘变薄（买盘上5.50元和5.51元处的买单从三位数变成四位数，卖盘上5.53元处的卖单从2060手减少至937手）。此时，交易员可以果断往5.53元的价位下单买入做多，如果买不到，那么就往5.54元的价位下单。一般来说，低价股的盘口普遍较厚，如无必要，不应跨价格扫单。这种盘口比较合适的开仓量是50000～100000股。

长方集团 300301				
委比		-36.44%		-73770
卖盘	5	5.57		1011
	4	5.56		1733
	3	5.55		5739
	2	5.54		3578
	1	5.53		937
买盘	1	5.52		560
	2	5.51		1014
	3	5.50		1040
	4	5.49		327
	5	5.48		293
13:36		5.45	7↑	1
13:36		5.44	17↓	3
13:36		5.44	10↓	1
13:36		5.45	212↑	15
13:36		5.45	664↑	23
13:36		5.45	142↑	7
13:36		5.47	1607↑	33
13:36		5.47	19↑	6
13:36		5.47	8↑	1
13:36		5.47	559↑	18
13:36		5.47	192↑	13
13:36		5.47	179↑	8
13:37		5.48	90↑	2
13:37		5.50	2714↑	100
13:37		5.48	39↓	4
13:37		5.47	573↓	18
13:37		5.50	100↑	5
13:37		5.49	276↓	5
13:37		5.50	2963↑	74
13:37		5.50	230↓	12
13:37		5.51	97↑	6
13:37		5.51	324↑	14
13:37		5.53	3517↑	116
13:37		5.53	1124↑	26

图 3－1－28

来看平仓盘口。在这一波上涨的过程中，买单一直都是边打边垫的，但到了后面盘口重心没有再上移。注意 5.66 元这个价位——在图 3－1－29 中垫有 842 手，而在图 3－1－30 中被反压了 26 手。这就是上涨动能衰竭的信号。交易员看到这个情况后就可以往 5.66 元的价位下单卖出，平仓离场了。这属于利用上涨的惯性来实现成交（看图 3－1－30 下方，灰色标注处成交了 2132 手 5.66 元的卖单，其后还有 5.67 元的单子成交）。

当次交易赢利：假设买入均价为 5.53 元，卖出均价为 5.66 元，那么收益率约为 2.2%。

长方集团 300301				
委比		-15.06%		-24848
卖盘	5	5.71		330
	4	5.70		4668
	3	5.69		2776
	2	5.68		2608
	1	5.67		786
买盘	1	5.66		842
	2	5.65		1467
	3	5.64		1443
	4	5.63		1672
	5	5.62		1106
13:38		5.62	1087↑	51
13:38		5.63	1614↑	71
13:38		5.63	1366↑	52
13:38		5.63	1806↑	75
13:38		5.63	914↓	46
13:38		5.65	862↑	57
13:38		5.65	814↑	38
13:38		5.65	1096↑	48
13:38		5.65	3041↑	135
13:38		5.66	1644↑	59
13:38		5.65	920↓	55
13:38		5.66	2300↑	96
13:39		5.66	1142↓	42
13:39		5.67	2158↑	98
13:39		5.66	2132↓	79
13:39		5.67	1402↑	106
13:39		5.66	1208↑	74
13:39		5.65	829↑	42
13:39		5.66	1286↑	68
13:39		5.64	533↓	51
13:39		5.64	1863↑	64
13:39		5.63	757↓	31
13:39		5.63	1264↓	60
13:39		5.63	228↑	21

图3-1-29

长方集团 300301				
委比		-17.30%		-28003
卖盘	5	5.70		4356
	4	5.69		2965
	3	5.68		2861
	2	5.67		433
	1	5.66		26
买盘	1	5.65		400
	2	5.64		799
	3	5.63		1634
	4	5.62		1007
	5	5.61		344
13:38		5.62	1087↑	51
13:38		5.63	1614↑	71
13:38		5.63	1366↑	52
13:38		5.63	1806↑	75
13:38		5.63	914↓	46
13:38		5.65	862↑	57
13:38		5.65	814↑	38
13:38		5.65	1096↑	48
13:38		5.65	3041↑	135
13:38		5.66	1644↑	59
13:38		5.65	920↓	55
13:38		5.66	2300↑	96
13:39		5.66	1142↓	42
13:39		5.67	2158↑	98
13:39		5.66	2132↓	79
13:39		5.67	1402↑	106
13:39		5.66	1208↑	74
13:39		5.65	829↑	42
13:39		5.66	1286↑	68
13:39		5.64	533↓	51
13:39		5.64	1863↑	64
13:39		5.63	757↓	31
13:39		5.63	1264↓	60
13:39		5.63	228↑	21

图3-1-30

从图3-1-31到图3-1-32的变化发出了第三波行情启动的信号：分时成交上出现了连续的千手大单点火，将5.58元处1233手的卖单吃掉并反垫出1971手买单，预示股价即将快速上涨。这波拉升的动能很强，股价每上一个台阶都有千手垫单出现。看到多头买入力度如此之强，交易员不用等到股价创新高，果断追进去做多就可以了。这种盘口比较合适的开仓量是100000～150000股。

长方集团 300301				
委比		-33.04%		-65868
卖盘	5	5.62		2841
	4	5.61		1408
	3	5.60		6249
	2	5.59		3209
	1	5.58		1233
买盘	1	5.57		1800
	2	5.56		710
	3	5.55		2450
	4	5.54		1940
	5	5.53		1610
14:52		5.58	3139↑	108
14:53		5.58	439↑	21
14:53		5.58	1085↑	62
14:53		5.58	1946↑	54
14:53		5.59	177↑	9
14:53		5.59	386↑	13
14:53		5.59	849↑	15
14:53		5.59	1424↑	58
14:53		5.59	1215↑	49
14:53		5.60	388↑	20
14:53		5.60	688↑	40
14:53		5.60	3206↑	152
14:53		5.60	2077↑	72
14:53		5.60	411↑	39
14:53		5.60	1015↓	45
14:53		5.61	1254↑	43
14:53		5.62	524↑	34
14:53		5.62	3200↑	113
14:53		5.62	220↓	21
14:53		5.63	381↑	25
14:53		5.63	443↓	28
14:54		5.64	399↑	27
14:54		5.64	4176↑	194
14:54		5.65	1099↑	40

图 3－1－31

长方集团 300301				
委比		-31.30%		-62598
卖盘	5	5.63		1345
	4	5.62		2841
	3	5.61		1408
	2	5.60		6210
	1	5.59		3166
买盘	1	5.58		1971
	2	5.57		2192
	3	5.56		668
	4	5.55		2450
	5	5.54		1863
14:52		5.56	880↑	19
14:52		5.56	92↑	9
14:52		5.56	2265↑	55
14:52		5.56	129↓	5
14:52		5.56	476↓	19
14:52		5.56	85↓	6
14:52		5.57	1070↑	30
14:52		5.56	345↓	15
14:52		5.58	3022↑	103
14:52		5.57	94↓	4
14:52		5.57	180↓	13
14:52		5.57	541↓	28
14:52		5.58	301↑	24
14:52		5.58	3139↑	108
14:53		5.58	439↑	21
14:53		5.58	1085↑	62
14:53		5.58	1946↑	54
14:53		5.59	177↑	9
14:53		5.59	386↑	13
14:53		5.59	849↑	15
14:53		5.59	1424↑	58
14:53		5.59	1215↑	49
14:53		5.60	388↑	20
14:53		5.60	688↑	40

图 3－1－32

来看何时平仓。从图 3－1－34 与图 3－1－33 的对比可以看出，盘口上出现了非常明显的反手单，这时，交易员可以卡 5.81 元的价位平仓离场。选择在 5.82 元或者 5.83 元处离场也是可以的（从图 3－1－34 下方的分时成交中也可以看到有惯性买单打到了 5.83 元），但既然已经看到了拐点，就不要再贪图蝇头小利。挂 5.83 元卖出确实有成交的可能，获利也更多，但是挂 5.81 元卖出显然更保险。这次交易的赢利已经非常可观，确保能够及时平仓出场比卖在最高价更重要。

当次交易赢利：假设买入均价为 5.59 元，卖出均价为 5.81 元，那么收益率约为 3.8% 。

长方集团 300301			
委比	+2.55%		3662
卖盘 5	5.88		2906
卖盘 4	5.87		851
卖盘 3	5.86		1140
卖盘 2	5.85		1374
卖盘 1	5.84		1344
买盘 1	5.83		422
买盘 2	5.82		126
买盘 3	5.81		129
买盘 4	5.80		1509
买盘 5	5.79		2089
14:55	5.75	3121↑	125
14:55	5.74	2936↓	137
14:55	5.75	2062↑	115
14:55	5.76	3724↑	82
14:55	5.77	2866↑	116
14:55	5.76	2644↓	135
14:55	5.76	4577↓	149
14:55	5.77	1121↑	67
14:55	5.78	3881↑	150
14:55	5.79	4353↓	147
14:55	5.79	1373↓	86
14:55	5.80	2128↑	110
14:56	5.80	1598↑	97
14:56	5.80	1689↓	80
14:56	5.81	2204↑	87
14:56	5.82	2102↑	126
14:56	5.83	1489↑	110
14:56	5.80	3092↓	100
14:56	5.83	1556↑	100
14:56	5.80	2099↓	110
14:56	5.80	1496↑	74
14:56	5.80	1220↑	76
14:56	5.79	2083↓	78
14:56	5.79	2770↓	116

图 3 – 1 – 33

长方集团 300301			
委比	+0.40%		573
卖盘 5	5.86		1262
卖盘 4	5.85		1538
卖盘 3	5.84		1047
卖盘 2	5.83		554
卖盘 1	5.82		399
买盘 1	5.80		609
买盘 2	5.79		1994
买盘 3	5.78		1998
买盘 4	5.77		1422
买盘 5	5.76		605
14:55	5.75	3121↑	125
14:55	5.74	2936↓	137
14:55	5.75	2062↑	115
14:55	5.76	3724↑	82
14:55	5.77	2866↑	116
14:55	5.76	2644↓	135
14:55	5.76	4577↓	149
14:55	5.77	1121↑	67
14:55	5.78	3881↑	150
14:55	5.79	4353↓	147
14:55	5.79	1373↓	86
14:55	5.80	2128↑	110
14:56	5.80	1598↑	97
14:56	5.80	1689↓	80
14:56	5.81	2204↑	87
14:56	5.82	2102↑	126
14:56	5.83	1489↑	110
14:56	5.80	3092↓	109
14:56	5.83	1556↑	100
14:56	5.80	2099↓	110
14:56	5.80	1496↑	74
14:56	5.80	1220↑	76
14:56	5.79	2083↓	78
14:56	5.79	2770↓	116

图 3 – 1 – 34

（五）前低跌破

前低跌破指股价在盘中突然快速下跌，跌破之前的日内低点。如果错过了启动点，那么交易员可选择在股价再创日内新低时顺势卖出做空，赚取股价创新低后惯性下跌带来的利润。

图 3 – 1 – 35 是双杰电气（300444）2020 年 9 月 9 日的分时走势图。当日下午股价不断跳水，共出现三次前低跌破。第一次和第三次前低跌破后都出现了较大幅度的惯性下跌，但第二次前低跌破是一个假跌破，股价创新低后便立刻止跌反弹。

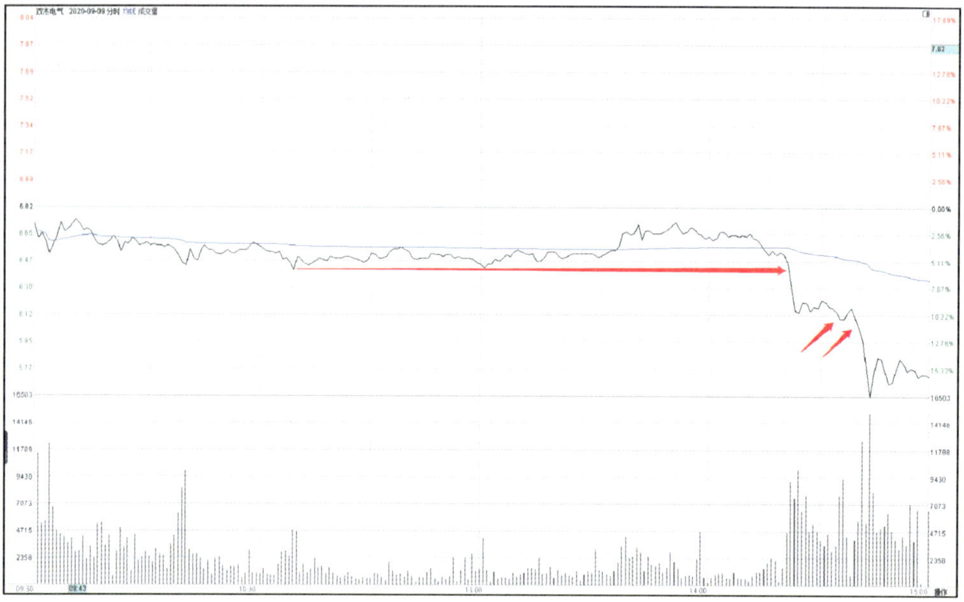

图 3－1－35

下面我们来分析这三波行情的开仓和平仓盘口。

图 3－1－36 是第一次前低跌破的启动盘口，盘口时间是 14：21：39。在此之前股价已经下破均价线，发出明显的走势转弱信号，而此时空头在 6.48 元处砸出了一笔超过 4000 手的大卖单（挂着的2647 手加上成交的 1412 手），做空动能十足。股价在此之前的最低价是 6.40 元，破前低是大概率的事。如果交易员盘中能够及时捕捉到这个信号，抓住启动点的话，那么将获利不菲。

下面我们再来看看破前低时的开仓盘口。

从图 3－1－37 中可见，在股价接近前低的时候，空头砸出了一笔 2397 手的大卖单，砸空了 6.43 元、6.42 元、6.41 元三挡价格。对于仅有 6 元多的股价来说，0.03 元的价差约等于 0.5% 的波动幅度了，而实际止损空间可能更大，所以这里并不适合追空，应等

双杰电气 300444

委比	-47.77%		-33892
卖盘 5	6.53		120
卖盘 4	6.52		119
卖盘 3	6.51		382
卖盘 2	6.50		200
卖盘 1	6.48		2647
买盘 1	6.47		225
买盘 2	6.46		345
买盘 3	6.45		833
买盘 4	6.44		223
买盘 5	6.43		202
14:21	6.52	114↑	4
14:21	6.51	173↓	7
14:21	6.51	70↓	2
14:21	6.51	63↑	2
14:21	6.51	20↑	1
14:21	6.50	126↓	7
14:21	6.50	75↓	4
14:21	6.50	203↓	16
14:21	6.50	371↓	25
14:21	6.48	1412↓	56
14:21	6.47	175↓	13
14:21	6.46	210↓	22
14:21	6.46	196↓	18
14:21	6.45	313↓	12
14:21	6.46	74↑	3
14:21	6.46	321↑	19
14:22	6.44	207↓	21
14:22	6.43	274↓	18
14:22	6.44	88↑	6
14:22	6.40	2397↓	112
14:22	6.40	-	0
14:22	6.40	44↓	4
14:22	6.40	499↓	33

图 3－1－36

盘口跳两下到图3－1－38所示盘口时再开仓。在图3－1－38中，6.43元和6.42元两挡都压出了卖单，可作为止损盘，交易员此时就可以往6.40元的价位做空了。这种盘口比较合适的开仓量是40000～50000股。

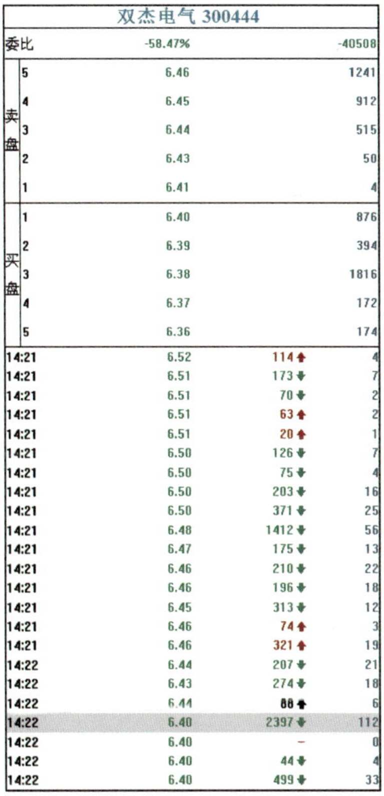

双杰电气 300444			
委比	-58.47%		-40508
卖盘 5	6.46		1241
卖盘 4	6.45		912
卖盘 3	6.44		515
卖盘 2	6.43		50
卖盘 1	6.41		4
买盘 1	6.40		876
买盘 2	6.39		394
买盘 3	6.38		1816
买盘 4	6.37		172
买盘 5	6.36		174
14:21	6.52	114↑	4
14:21	6.51	173↓	7
14:21	6.51	70↓	2
14:21	6.51	63↑	2
14:21	6.51	20↑	1
14:21	6.50	126↓	7
14:21	6.50	75↓	4
14:21	6.50	203↓	16
14:21	6.50	371↓	25
14:21	6.48	1412↓	56
14:21	6.47	175↓	13
14:21	6.46	210↓	22
14:21	6.46	196↓	18
14:21	6.45	313↓	12
14:21	6.46	74↑	3
14:21	6.46	321↑	19
14:22	6.44	207↓	21
14:22	6.43	274↓	18
14:22	6.44	88↑	6
14:22	6.40	2397↓	112
14:22	6.40	–	0
14:22	6.40	44↓	4
14:22	6.40	499↓	33

图3－1－37

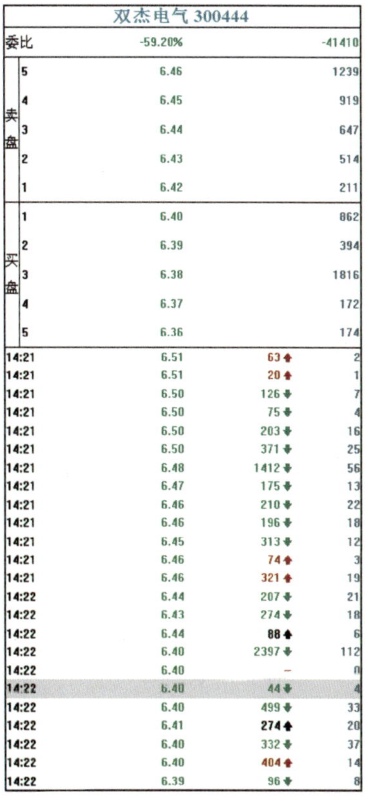

双杰电气 300444			
委比	-59.20%		-41410
卖盘 5	6.46		1239
卖盘 4	6.45		919
卖盘 3	6.44		647
卖盘 2	6.43		514
卖盘 1	6.42		211
买盘 1	6.40		862
买盘 2	6.39		394
买盘 3	6.38		1816
买盘 4	6.37		172
买盘 5	6.36		174
14:21	6.51	63↑	2
14:21	6.51	20↑	1
14:21	6.50	126↓	7
14:21	6.50	75↓	4
14:21	6.50	203↓	16
14:21	6.50	371↓	25
14:21	6.48	1412↓	56
14:21	6.47	175↓	13
14:21	6.46	210↓	22
14:21	6.46	196↓	18
14:21	6.45	313↓	12
14:21	6.46	74↑	3
14:21	6.46	321↑	19
14:22	6.44	207↓	21
14:22	6.43	274↓	18
14:22	6.44	88↑	6
14:22	6.40	2397↓	112
14:22	6.40	–	0
14:22	6.40	44↓	4
14:22	6.40	499↓	33
14:22	6.41	274↑	20
14:22	6.40	332↓	37
14:22	6.40	404↑	14
14:22	6.39	96↓	8

图3－1－38

再来看平仓盘口。比较图3－1－39和图3－1－40，如果光看盘口变化的话，那么只能看到6.12元处的卖单从789手减少至215手这个信息，而这个信息显然还不能视为止跌的信号。但如果看盘口下方的分时成交，就可以发现在股价跌破6.14元后连续出现了多笔主动性买单，说明在6.12～6.14元的价格区间有资金在大量买入。交易员看到这种现象时，就应该果断往6.12元的价位买入平仓。

当次交易赢利：假设卖出均价为6.40元，买入均价为6.12元，那么收益率约为4.2%。

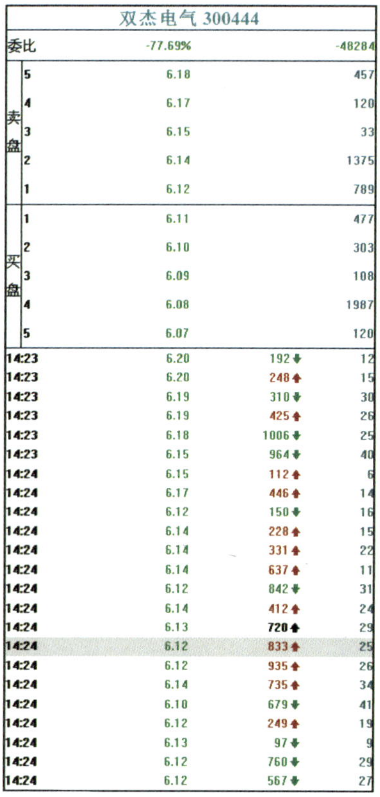

双杰电气 300444

委比		-77.69%	-48284
卖盘	5	6.18	457
	4	6.17	120
	3	6.15	33
	2	6.14	1375
	1	6.12	789
买盘	1	6.11	477
	2	6.10	303
	3	6.09	108
	4	6.08	1987
	5	6.07	120

14:23	6.20	192↓	12
14:23	6.20	248↑	15
14:23	6.19	310↓	30
14:23	6.19	425↑	26
14:23	6.18	1006↓	25
14:23	6.15	964↓	40
14:24	6.15	112↑	6
14:24	6.17	446↑	14
14:24	6.12	150↓	16
14:24	6.14	228↑	15
14:24	6.14	331↑	22
14:24	6.14	637↑	11
14:24	6.12	842↓	31
14:24	6.14	412↑	24
14:24	6.13	720↑	29
14:24	6.12	833↑	25
14:24	6.12	935↑	26
14:24	6.14	735↑	34
14:24	6.10	679↓	41
14:24	6.12	249↑	19
14:24	6.13	97↓	9
14:24	6.12	760↓	29
14:24	6.12	567↓	27

图 3-1-39

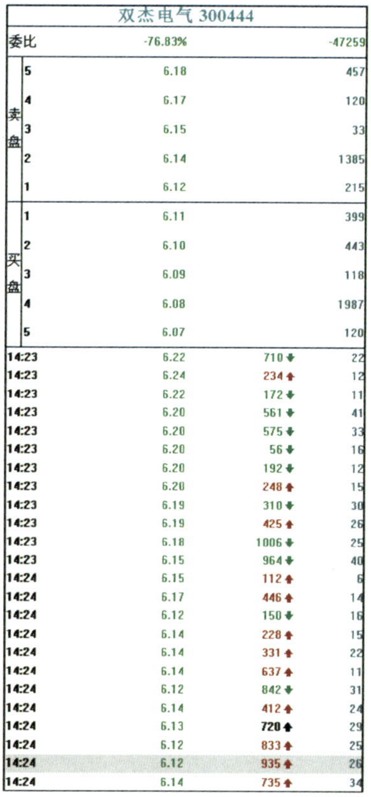

双杰电气 300444

委比		-76.83%	-47259
卖盘	5	6.18	457
	4	6.17	120
	3	6.15	33
	2	6.14	1385
	1	6.12	215
买盘	1	6.11	399
	2	6.10	443
	3	6.09	118
	4	6.08	1987
	5	6.07	120

14:23	6.22	710↓	22
14:23	6.24	234↑	12
14:23	6.22	172↓	11
14:23	6.20	561↓	41
14:23	6.20	575↓	33
14:23	6.20	56↓	16
14:23	6.20	192↓	12
14:23	6.20	248↑	15
14:23	6.19	310↓	30
14:23	6.19	425↑	26
14:23	6.18	1006↓	25
14:23	6.15	964↓	40
14:24	6.15	112↑	6
14:24	6.17	446↑	14
14:24	6.12	150↓	16
14:24	6.14	228↑	15
14:24	6.14	331↑	22
14:24	6.14	637↑	11
14:24	6.12	842↓	31
14:24	6.14	412↑	24
14:24	6.13	720↑	29
14:24	6.12	833↑	25
14:24	6.12	935↑	26
14:24	6.14	735↑	34

图 3-1-40

图 3-1-41 的盘口时间是 14：35：06。在此之前，股价已经弱势横盘了 12 分钟。从图中可见，买盘上 6.10～6.12 元的价位都有四位数的买单，而卖盘上只有 6.15 元一个价位有四位数的卖单，无论是从买卖盘的对比来看还是从下方的分时成交来看，做空动能都较弱，这种盘口显然还不适合下手做空。

图 3-1-42 是第二次前低跌破的开仓盘口，盘口时间是 14：35：57。从图中可见，空头已将之前在 6.10～6.12 元三挡价格上的四位数买单全部砸掉并在 6.10 元反压了四位数的卖单。虽然 6.11 元、6.12 元两挡价位处的压单稀少，但 6.10 元处的买单被砸掉并形成反压已经是个明确的走势转弱信号，交易员这时可以往 6.09 元的价位卖出做空，同时做好 6.10 元处的压单即将被吃掉时卡 6.11 元的价位止损的准备。这种盘口比较合适的开仓量是 50000 股。

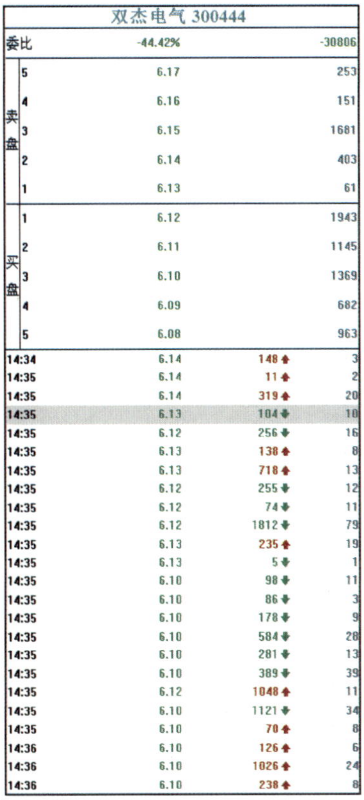

图 3－1－41

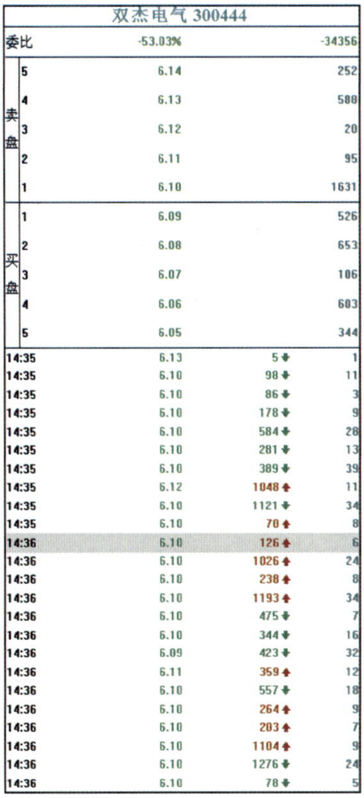

图 3－1－42

从图 3－1－42 下方的分时成交可以看出，股价跌破 6.10 元后，又出现了连续的买单把 6.10 元处的压单吃掉。交易员看到这种情况时必须果断按照预案卡 6.11 元止损离场，如果 6.11 元止损不成，就往 6.15 元扫着出。看错了就要严格止损，这是铁律。

当次交易赢利：假设卖出均价为 6.09 元，买入均价为 6.11 元，那么收益率约为 －0.5% 。

图 3－1－43 的盘口时间是 14：40：12。多空双方在 6.10 元处展开一番反复争夺后，股价再次选择向下，6.09 元的价位上压了 914 手卖单。从盘口情况看，此时还不具备做空的条件，因为卖盘上只在卖 1 一个挡位上有数百手的卖单，再往上的挡位卖单极少，一旦判断错误的话，想在临近的价格止损会很困难。

图 3－1－44 才是第三次前低跌破的开仓盘口，盘口时间是 14：40：24。此时股价重心下移，空头在 6.07 元和 6.09 元处压出了较大手数的卖单。交易员可以往 6.06 元的价位下单卖出做空，止损位设置在 6.09 元，一旦 6.07 元和 6.08 元两个价位上的卖单被反吃即止损。这种盘口比较合适的开仓量是 50000～60000 股。

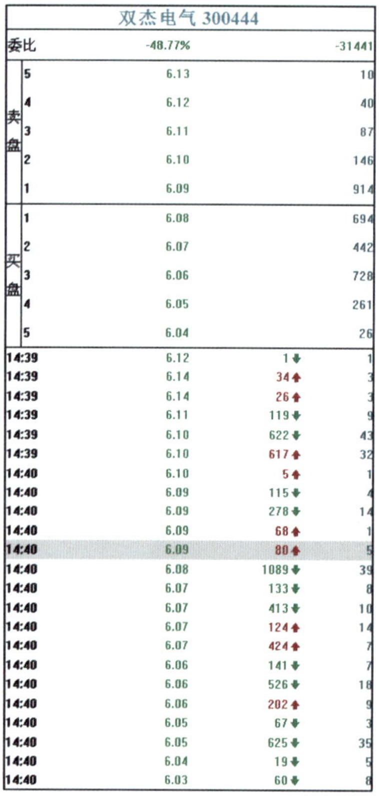

双杰电气 300444			
委比	-48.77%		-31441
卖盘 5	6.13		10
卖盘 4	6.12		40
卖盘 3	6.11		87
卖盘 2	6.10		146
卖盘 1	6.09		914
买盘 1	6.08		694
买盘 2	6.07		442
买盘 3	6.06		728
买盘 4	6.05		261
买盘 5	6.04		26
14:39	6.12	1↓	1
14:39	6.14	34↑	3
14:39	6.14	26↑	3
14:39	6.11	119↓	9
14:39	6.10	622↓	43
14:39	6.10	617↑	32
14:40	6.10	5↑	1
14:40	6.09	115↓	4
14:40	6.09	278↓	14
14:40	6.09	68↑	1
14:40	6.09	80↑	5
14:40	6.08	1089↓	39
14:40	6.07	133↓	8
14:40	6.07	413↓	10
14:40	6.07	124↑	14
14:40	6.07	424↑	7
14:40	6.06	141↓	7
14:40	6.06	526↓	18
14:40	6.06	202↑	9
14:40	6.05	67↓	3
14:40	6.05	625↓	35
14:40	6.04	19↓	5
14:40	6.03	60↓	8

图3-1-43

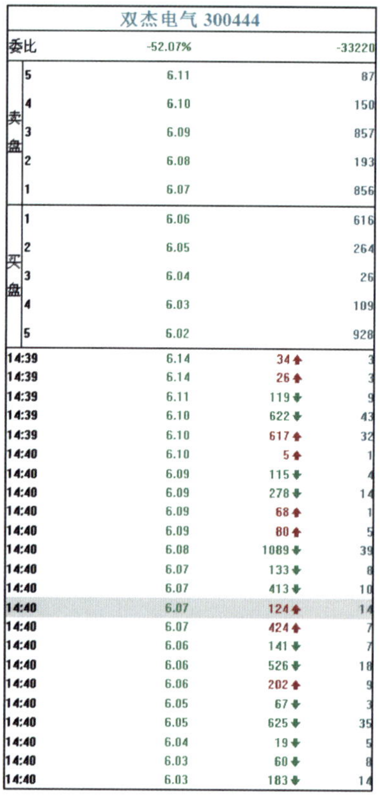

双杰电气 300444			
委比	-52.07%		-33220
卖盘 5	6.11		87
卖盘 4	6.10		150
卖盘 3	6.09		857
卖盘 2	6.08		193
卖盘 1	6.07		856
买盘 1	6.06		616
买盘 2	6.05		264
买盘 3	6.04		26
买盘 4	6.03		109
买盘 5	6.02		928
14:39	6.14	34↑	3
14:39	6.14	26↑	3
14:39	6.11	119↓	9
14:39	6.10	622↓	43
14:39	6.10	617↑	32
14:40	6.10	5↑	1
14:40	6.09	115↓	4
14:40	6.09	278↓	14
14:40	6.09	68↑	1
14:40	6.09	80↑	5
14:40	6.08	1089↓	39
14:40	6.07	133↓	8
14:40	6.07	413↓	10
14:40	6.07	124↑	14
14:40	6.07	424↑	7
14:40	6.06	141↓	7
14:40	6.06	526↓	18
14:40	6.06	202↑	9
14:40	6.05	67↓	3
14:40	6.05	625↓	35
14:40	6.04	19↓	5
14:40	6.03	60↓	8
14:40	6.03	183↓	14

图3-1-44

再来看平仓盘口，如图3-1-45和图3-1-46所示。对比两张图可以看到，图3-1-45中5.55元处的卖单被多头吃掉后，买盘上的挂单价位出现了较大的空当。这一波下跌的跌幅巨大（9%左右），而这种大幅快速下跌的行情一旦终止，反弹往往会又快又猛，所以，交易员在此时不能把平仓价位卡得太死。我们看到买盘上在5.54元处有1147手买单支撑，而卖盘上只在5.62元处有309手卖单，鉴于这次交易获取的利润已经很多，可以选择主动去吃5.62元的卖单，平掉仓位以保住利润。

双杰电气 300444			
委比	-85.51%		-56545
卖盘 5	5.66		243
卖盘 4	5.65		27
卖盘 3	5.64		87
卖盘 2	5.62		120
卖盘 1	5.55		484
买盘 1	5.54		1310
买盘 2	5.53		8
买盘 3	5.52		97
买盘 4	5.51		455
买盘 5	5.50		457
14:42	5.77	99↓	6
14:42	5.75	151↓	14
14:42	5.76	63↑	10
14:43	5.74	273↓	17
14:43	5.72	902↓	35
14:43	5.69	2539↓	30
14:43	5.69	134↑	14
14:43	5.70	696↑	26
14:43	5.66	188↓	14
14:43	5.60	205↓	20
14:43	5.64	251↑	17
14:43	5.63	637↑	21
14:43	5.55	736↓	36
14:43	5.58	1020↑	28
14:43	5.70	1599↑	52
14:43	5.69	447↓	7
14:43	5.56	998↓	37
14:43	5.58	47↑	3
14:43	5.69	1461↑	47
14:43	5.66	652↑	20
14:43	5.66	1336↑	38
14:43	5.60	131↓	15
14:43	5.60	751↑	28
14:44	5.62	301↑	11

图3－1－45

双杰电气 300444			
委比	-85.47%		-55343
卖盘 5	5.65		27
卖盘 4	5.64		91
卖盘 3	5.63		5
卖盘 2	5.62		309
卖盘 1	5.61		55
买盘 1	5.58		31
买盘 2	5.54		1147
买盘 3	5.53		8
买盘 4	5.52		97
买盘 5	5.51		455
14:43	5.55	736↓	36
14:43	5.58	1020↑	28
14:43	5.70	1599↑	52
14:43	5.69	447↓	7
14:43	5.56	998↓	37
14:43	5.58	47↑	3
14:43	5.69	1461↑	47
14:43	5.66	652↑	20
14:43	5.66	1336↑	38
14:43	5.60	131↓	15
14:43	5.60	751↑	28
14:44	5.62	301↑	11
14:44	5.60	939↓	32
14:44	5.64	231↑	9
14:44	5.60	1945↓	50
14:44	5.63	454↑	27
14:44	5.68	440↑	16
14:44	5.68	86↓	6
14:44	5.68	488↓	4
14:44	5.69	425↑	16
14:44	5.68	731↑	26
14:44	5.69	164↑	20
14:44	5.69	545↑	12
14:44	5.69	150↓	7

图3－1－46

看图3－1－47，紧接着出现了一笔1599手的买单，直接跳挡吃到了5.70元，5.69元处还垫出了1034手的买单。往5.62元平仓的单子看起来不一定能够成交。不用着急，在急速下跌行情的拐点处总是反手单频出。买盘上的挂单价格有很大的空当，5.69元的买单大概率是要被空头砸掉的，因此，挂出的5.62元的买单如果没成交，也不必急着撤单往上扫。看图3－1－48，紧接着就出现了447手和998手的两笔惯性卖单，其中那笔998手的卖单将价格砸到了5.56元，此时，5.62元的平仓单确定已成交了。

在这种特殊的极端行情下，交易员不能把平仓价格卡得太死。这次理论上最低可以平在5.56元的价格，平在5.62元似乎少赚了许多，但是，在极端行情下，保住胜利果实比实现利润最大化更重要。极端行情之下，平仓价格的选择更多取决于交易员的瞬时判断，想快速平仓的人会挂更高的价格，想赚更多利润的人会去卡最低的价格，两种选择都无对错之分——愿意牺牲利润的人获得了确定性，想赚取更多利润的人有可能会因平仓失败而导致利润被反噬。最重要的是，无论选择了什么价格，如果不能及时成交，那么一定要反应迅速，马上撤单重新委托。

当次交易赢利：假设卖出均价为 6.06 元，买入均价为 5.62 元，那么收益率约为 7.1%。

双杰电气 300444			
委比	-84.86%		-52633
卖盘 5	5.74		110
卖盘 4	5.73		55
卖盘 3	5.72		407
卖盘 2	5.71		40
卖盘 1	5.70		761
买盘 1	5.69		1034
买盘 2	5.58		31
买盘 3	5.55		43
买盘 4	5.53		13
买盘 5	5.52		117
14:42	5.85	458↓	17
14:42	5.85	289↑	20
14:42	5.85	169↑	9
14:42	5.81	702↓	19
14:42	5.82	702↑	37
14:42	5.79	185↓	21
14:42	5.79	151↑	15
14:42	5.77	99↓	6
14:42	5.75	151↓	14
14:42	5.76	63↑	10
14:43	5.74	273↓	17
14:43	5.72	902↓	35
14:43	5.69	2539↓	30
14:43	5.69	134↑	14
14:43	5.70	696↑	26
14:43	5.66	188↓	14
14:43	5.60	205↓	20
14:43	5.64	251↑	17
14:43	5.63	637↑	21
14:43	5.55	736↓	36
14:43	5.58	1020↑	28
14:43	5.70	1599↑	52
14:43	5.69	447↓	7

图 3-1-47

双杰电气 300444			
委比	-81.87%		-51027
卖盘 5	5.71		15
卖盘 4	5.70		661
卖盘 3	5.64		4
卖盘 2	5.63		263
卖盘 1	5.58		126
买盘 1	5.56		81
买盘 2	5.55		1805
买盘 3	5.53		8
买盘 4	5.52		127
买盘 5	5.51		476
14:42	5.79	185↓	21
14:42	5.79	151↑	15
14:42	5.77	99↓	6
14:42	5.75	151↓	14
14:42	5.76	63↑	10
14:43	5.74	273↓	17
14:43	5.72	902↓	35
14:43	5.69	2539↓	30
14:43	5.69	134↑	14
14:43	5.70	696↑	26
14:43	5.66	188↓	14
14:43	5.60	205↓	20
14:43	5.64	251↑	17
14:43	5.63	637↑	21
14:43	5.55	736↓	36
14:43	5.58	1020↑	28
14:43	5.70	1599↑	52
14:43	5.69	447↓	7
14:43	5.56	998↓	37
14:43	5.58	47↑	3
14:43	5.69	1461↑	47
14:43	5.66	652↑	20
14:43	5.66	1336↑	38

图 3-1-48

以下是标准的前低跌破案例（时间为跌破时刻），读者可以利用同花顺、通达信等软件进行复盘研究：

智飞生物（300122），2020 年 10 月 23 日，13：12

中信建投（601066），2020 年 7 月 16 日，14：31

东方财富（300059），2021 年 1 月 14 日，09：51

东方财富（300059）2021 年 1 月 15 日，11：13

（六）翻红突破

翻红突破指股价开盘后先在水下（绿盘）振荡，后快速拉升翻红。股价翻红对市场的做多情绪有强烈的鼓舞作用。交易员可在股价临近翻红时买入做多，赚取后面惯性上涨带来的利润。

图3－1－49是中信证券（600030）2020年8月7日的分时走势图。股价早盘低开后一直在水下运行；下午开盘后一度出现平台破位，场内多头被暴锤；14：00过后股价开始放量拉升并在翻红后出现了一波加速上涨的行情。

图3－1－49

下面我们来分析这波行情的开仓点和平仓点。

看图3－1－50，盘口时间是14：13：50。股价从水下一路上涨，此时已经逼近当日的平盘位（前一交易日的收盘价位）32.08元。盘口显示在32.00元及31.99元的价位处压着两个万手卖单。其实，有经验的交易员看到这种情况就会知道，虽然股价的翻红点是32.08元，但是翻红的确认点已经提前到了整数关32.00元。如果接下来多方能够快速扫掉这两个万手卖单，那么凭借强劲的上涨动能，股价大概率会顺势突破32.08元平盘位，翻红并打开上涨空间。

对于中信证券这种大市值的股票而言，股价一旦启动，通常是会有惯性的。盘口上的两个万手卖单是股价冲击平盘位的最后一道阻力，一旦这道阻力被消除，就会大大激发做多者的信心。这就像在古代战场上，攻城的将士们如果看到城门将破，那么取胜的信心会被极大地激发起来。回到交易上，此时职业的交易员通常会有两种操作预案：第一种是当股价突破32.00元后便往32.08元的价位买入做多。第二种是万一在 31.95～32.00 元的价格区间反压出大卖单而多头又没有能力往上吃时，往 31.90 元的价位卖出做空。结合股价短期处于向上趋势的情况来看，往上突破的概率更大一些。

中信证券 600030			
委比	-36.07%		-192523
卖盘 5	32.02		489
卖盘 4	32.01		900
卖盘 3	32.00		15919
卖盘 2	31.99		13626
卖盘 1	31.98		4226
买盘 1	31.96		979
买盘 2	31.95		1283
买盘 3	31.94		333
买盘 4	31.93		107
买盘 5	31.92		68
14:12	31.62	421↓	55
14:12	31.64	934↑	72
14:12	31.65	479↑	75
14:13	31.66	654↑	42
14:13	31.68	846↑	69
14:13	31.74	803↑	83
14:13	31.80	653↑	74
14:13	31.80	572↑	59
14:13	31.84	1126↑	119
14:13	31.86	607↑	56
14:13	31.87	457↑	30
14:13	31.88	1718↑	69
14:13	31.88	2593↑	199
14:13	31.92	1901↑	224
14:13	31.90	847↑	79
14:13	31.93	1303↑	107
14:13	31.95	1495↑	185
14:13	31.96	1479↑	158
14:13	31.96	1866↑	210
14:13	31.96	843↓	149
14:13	31.98	2194↑	218
14:13	31.97	2429↓	161
14:13	31.98	2705↑	331
14:14	31.98	3930↑	362

图 3-1-50

看图 3-1-51，盘口时间是 14：14：53。从图中下方的分时成交可以看到，连续出现了四位数、五位数的买单，股价一举突破 32.00 元。这时只要按第一种操作预案往 32.08 元（或者 32.10 元）的价位买入做多就可以了。这种盘口比较合适的开仓量是 100000 股左右。

中信证券 600030			
委比	-33.04%		-169095
卖盘 5	32.09		571
卖盘 4	32.08		9599
卖盘 3	32.07		1181
卖盘 2	32.06		953
卖盘 1	32.05		369
买盘 1	32.04		4
买盘 2	32.03		1
买盘 3	32.01		24
买盘 4	32.00		3246
买盘 5	31.99		1061
14:14	31.98	4035↑	379
14:14	31.99	9420↑	413
14:14	32.00	14598↑	660
14:14	31.99	10618↓	1058
14:14	32.04	5504↑	433
14:14	32.05	1955↑	177
14:14	32.08	2997↑	287
14:15	32.08	4357↑	197
14:15	32.10	7670↑	561
14:15	32.12	3188↑	250
14:15	32.18	1289↑	132
14:15	32.20	4607↑	367
14:15	32.28	3563↑	284
14:15	32.29	1111↑	114
14:15	32.29	3918↑	251
14:15	32.33	5853↑	473
14:15	32.36	1696↑	122
14:15	32.39	3121↑	270
14:15	32.42	4627↑	400
14:15	32.42	4438↓	376
14:15	32.45	3488↑	352
14:15	32.52	5876↑	664
14:15	32.53	9507↑	625
14:15	32.59	3775↑	205

图3－1－51

开如此之大的单后怎么样才能拿得住，吃到整波行情？对于交易员来说，开一笔金额达几百万元的单后，出现心理波动是正常的，例如出现心跳加速、害怕亏损的心理等。与开中小单后通常买卖盘都看不同，开大单后一般主要看一个方向的盘——做多就只看买盘，做空就只看卖盘。简单点说，就是只看出场单。实际上，不管开多大的单，只要有出场单在就不怕。如图3－1－52所示，股价往32.30元吃的时候，多头在刚被突破的32.27元的位置垫出了1959手的买单，这就是交易员的出场单。在股价上涨的过程中，交易员只需要留意买盘上的重要垫单有没有被砸掉或者买盘的重心有没有延续上移的势头即可。如果出现了反向单或者上涨势头有所停滞，那么就要做好平仓的准备了。

中信证券 600030			
委比	-22.96%		-116509
卖盘 5	32.33		261
卖盘 4	32.32		331
卖盘 3	32.31		7
卖盘 2	32.30		1520
卖盘 1	32.29		1673
买盘 1	32.28		11
买盘 2	32.27		1959
买盘 3	32.26		58
买盘 4	32.25		338
买盘 5	32.24		780
14:14	32.04	5504↑	433
14:14	32.05	1955↑	177
14:14	32.08	2997↑	287
14:15	32.08	4357↑	197
14:15	32.10	7670↑	561
14:15	32.12	3188↑	250
14:15	32.18	1289↑	132
14:15	32.20	4607↑	367
14:15	32.28	3563↑	284
14:15	32.29	1111↑	114
14:15	32.29	3918↑	251
14:15	32.33	5853↑	473
14:15	32.36	1696↑	122
14:15	32.39	3121↑	270
14:15	32.42	4627↑	400
14:15	32.42	4438↓	376
14:15	32.45	3488↑	352
14:15	32.52	5876↑	664
14:15	32.53	9507↑	625
14:15	32.59	3775↑	205
14:15	32.60	4730↑	422
14:15	32.65	3427↑	367
14:15	32.69	6017↑	429

图3－1－52

接下来我们来看平仓盘口。看图3－1－53，盘口时间是14：16：11。此时，我们要观察32.80元能不能被突破，同时做好往32.69元卖出平仓的准备。时间来到14：16：17，盘口变成图3－1－54所示的样子。在这段时间里，分时成交已经跳了两次，而股价并没有突破32.80元，买盘重心反而有所下移（买1从32.75元变成了32.70元）。这是明显的滞涨信号，表明股价涨不动了。这时交易员就可以果断往32.69元的价位卖出平仓了。

当次交易赢利：假设买入均价为32.08元，卖出均价为32.69元，那么收益率约为1.8%。

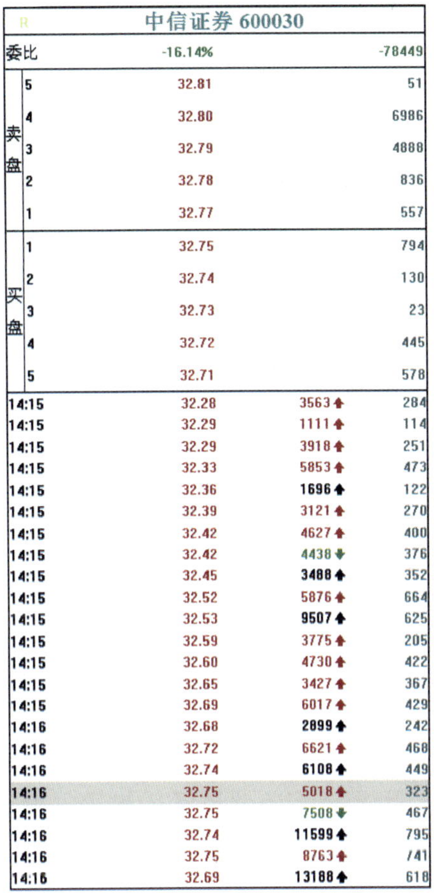

中信证券 600030			
委比	-16.14%		-78449
卖盘 5	32.81		51
卖盘 4	32.80		6986
卖盘 3	32.79		4888
卖盘 2	32.78		836
卖盘 1	32.77		557
买盘 1	32.75		794
买盘 2	32.74		130
买盘 3	32.73		23
买盘 4	32.72		445
买盘 5	32.71		578
14:15	32.28	3563↑	284
14:15	32.29	1111↑	114
14:15	32.29	3918↑	251
14:15	32.33	5853↑	473
14:15	32.36	1696↑	122
14:15	32.39	3121↑	270
14:15	32.42	4627↑	400
14:15	32.42	4438↓	376
14:15	32.45	3488↑	352
14:15	32.52	5876↑	664
14:15	32.53	9507↑	625
14:15	32.59	3775↑	205
14:15	32.60	4730↑	422
14:15	32.65	3427↑	367
14:15	32.69	6017↑	429
14:16	32.68	2899↑	242
14:16	32.72	6621↑	468
14:16	32.74	6108↑	449
14:16	32.75	5018↑	323
14:16	32.75	7508↓	467
14:16	32.74	11599↑	795
14:16	32.75	8763↑	741
14:16	32.69	13188↑	618

图 3－1－53

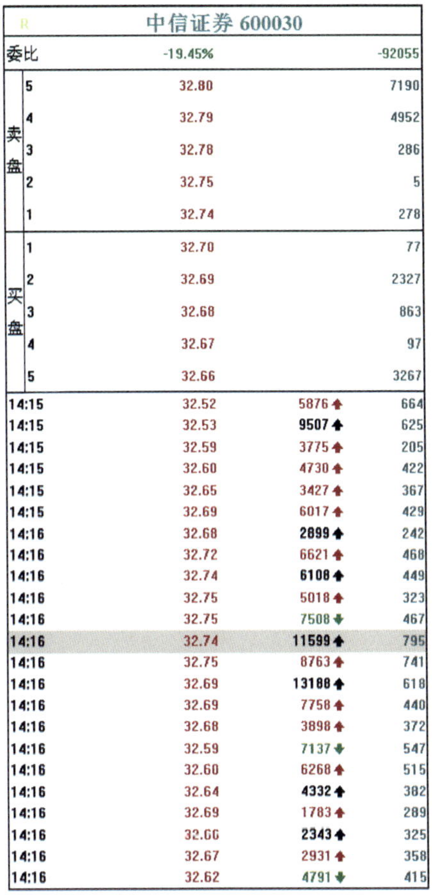

中信证券 600030			
委比	-19.45%		-92055
卖盘 5	32.80		7190
卖盘 4	32.79		4952
卖盘 3	32.78		286
卖盘 2	32.75		5
卖盘 1	32.74		278
买盘 1	32.70		77
买盘 2	32.69		2327
买盘 3	32.68		863
买盘 4	32.67		97
买盘 5	32.66		3267
14:15	32.52	5876↑	664
14:15	32.53	9507↑	625
14:15	32.59	3775↑	205
14:15	32.60	4730↑	422
14:15	32.65	3427↑	367
14:15	32.69	6017↑	429
14:16	32.68	2899↑	242
14:16	32.72	6621↑	468
14:16	32.74	6108↑	449
14:16	32.75	5018↑	323
14:16	32.75	7508↓	467
14:16	32.74	11599↑	795
14:16	32.75	8763↑	741
14:16	32.69	13188↑	618
14:16	32.69	7758↑	440
14:16	32.68	3898↑	372
14:16	32.59	7137↓	547
14:16	32.60	6268↑	515
14:16	32.64	4332↑	382
14:16	32.69	1783↑	289
14:16	32.66	2343↑	325
14:16	32.67	2931↑	358
14:16	32.62	4791↓	415

图 3－1－54

这里要注意，我们之前讲的案例，平仓的主要依据是出现反向单，但本案例平仓的依据是股价涨不动。两者并无优劣之分，都是平仓的信号，是相辅相成的关系，至于选择哪一个作为依据，要看哪一个更能满足实际操作的需求。读者在这里需要去理解每一种方法背后的逻辑。

上面这个案例的标的是中信证券，这种大票的盘口厚，盘口信号也比较明显，但那些中小盘股或者流通盘较小的大盘股出现翻红突破这种急速拉升的行情时很可能会出现价格空当多、没有止损单等情况，新手交易员面对此类情况时很可能会没有信心去追涨。

在实际操作中，并不是每一次翻红突破都可以“无脑追”的。可以追的盘口大多符合以下情况：

（1）上涨动能强。动能主要看两个指标：打单速度、打单量。打单速度指的是连续打单的频率，打单量指的是成交量的大小。最强的盘口就是有连续的大单往上吃并且边吃边垫。上面案例中中信证券突破时买单手数都达到了四位数、五位数，如果手数只有三位数、四位数，就不宜追涨了。

（2）股性活跃。利用翻红突破形态做交易是一种比较容易获取暴利的交易模式，操作一些股性活跃的市场热点股时，遇到翻红突破的机会基本上是必打的，因为股价后市大概率会惯性冲高。

（3）历史走势出现过类似情况。市场上有一些股票的走势是经常“拉杆子”的（走势呈脉冲式上涨），比如中芯国际在 2020 年 9 月 15～17 日连续 3 天出现翻红突破的走势，每次行情都有 0.5% 以上的利润空间。

（4）有其他因素支撑。比如当时大盘指数正在拉升，整个市场普涨，或者当时个股所属板块的其他个股都在快速上涨，板块趋势向好。

每次开仓都是有逻辑、有原因的，交易员只有理解开仓的逻辑并找到可以支撑交易的因素，才能驾驭各种行情。

下面再来看一个翻红突破的案例。

图 3－1－55 是飞天诚信（300386）2020 年 11 月 23 日的分时走势图。图 3－1－56 是当日下午股价接近翻红时的盘口，盘口时间是 14：22：35。当时有大单往上扫，股价被快速拉升到了翻红点。这波拉升的特征是速度快，买单往上扫但有停顿，并非连续扫。图 3－1－56 中卖 1 处的 23. 50 元就是翻红点，但是买 1 处却几无垫单，往 23. 51 元追涨的话，又好像看不到止损位在哪里，该不该追呢？

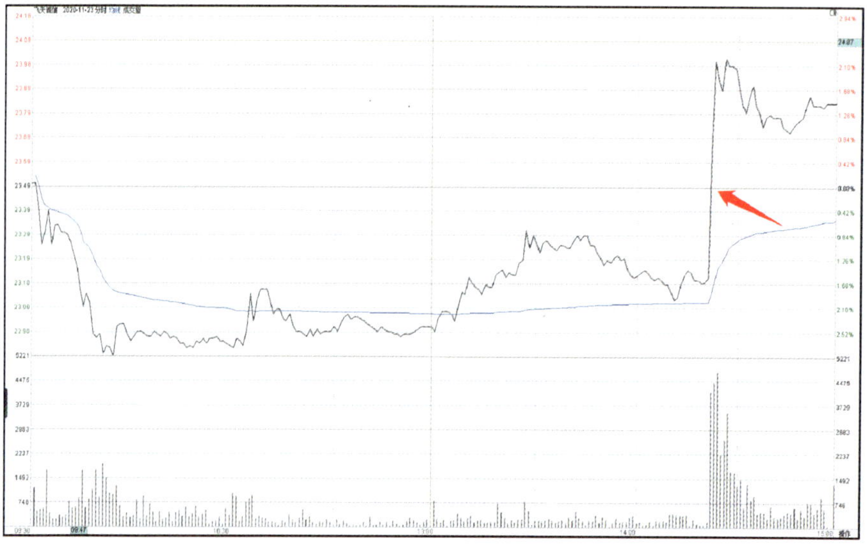

图 3－1－55

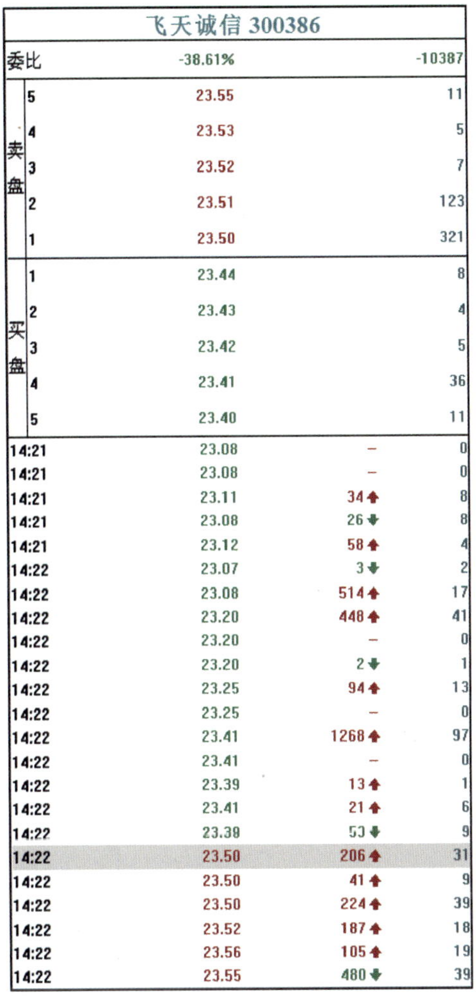

飞天诚信 300386			
委比	-38.61%		-10387
卖盘 5	23.55		11
卖盘 4	23.53		5
卖盘 3	23.52		7
卖盘 2	23.51		123
卖盘 1	23.50		321
买盘 1	23.44		8
买盘 2	23.43		4
买盘 3	23.42		5
买盘 4	23.41		36
买盘 5	23.40		11
14:21	23.08	–	0
14:21	23.08	–	0
14:21	23.11	34↑	8
14:21	23.08	26↓	8
14:21	23.12	58↑	4
14:22	23.07	3↓	2
14:22	23.08	514↑	17
14:22	23.20	448↑	41
14:22	23.20	–	0
14:22	23.20	2↓	1
14:22	23.25	94↑	13
14:22	23.25	–	0
14:22	23.41	1268↑	97
14:22	23.41	–	0
14:22	23.39	13↑	1
14:22	23.41	21↑	6
14:22	23.39	53↓	9
14:22	23.50	206↑	31
14:22	23.50	41↑	9
14:22	23.50	224↑	39
14:22	23.52	187↑	18
14:22	23.56	105↑	19
14:22	23.55	480↓	39

图 3 – 1 – 56

用前面所说的条件来衡量就能得到答案：飞天诚信属于数字货币概念，股性活跃，经常有“拉杆子”的走势出现，而且这时同属数字货币概念的汇金股份（300368）也在直线拉升（见图 3 – 1 – 57），板块效应明显。由此可以判断，飞天诚信的股价大概率能够翻红，是可以往 23.51 的价位元买入做多的。这种盘口比较合适的开仓量是 10000 股，等股价涨上去，看得到止损位后可考虑加仓。

注意：操作这种行情时，一旦发现判断错误，就应果断卡差价止损，即利用惯性买单出场，降低亏损的幅度，如果卡差价卖不出去，那么再调低止损价位。

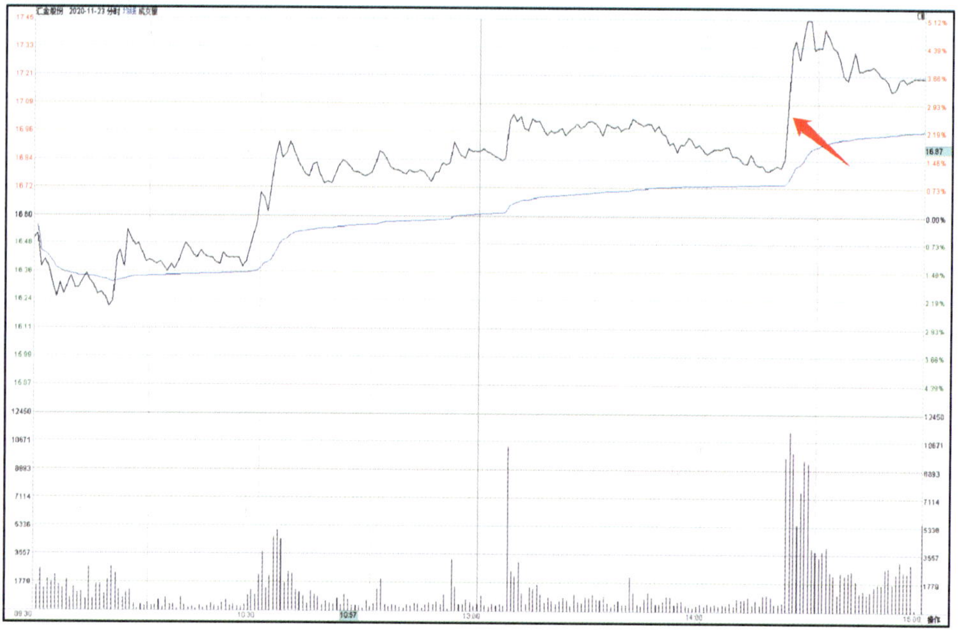

图 3－1－57

看图 3－1－58，盘口时间是 14：22：45。从图中下方的分时成交可以看出，股价翻红后打单的频率要比翻红前快很多，说明股价翻红给了看多者信心，跟风盘不断，盘面也呈现出股价越往上涨盘口越厚的特征。

图 3－1－59 和图 3－1－60 显示出这波涨势来到拐点。拐点出现在股价突破 24.00 元整数位后。此时做多的力量开始衰竭，一个明显的信号就是股价涨不动了——分时成交跳了几下而盘口重心并没有上移。根据盘口的情况，此时交易员应往 23.97 元的价位卖出平仓。

当次交易赢利：假设买入均价为 23.51 元，卖出均价为 23.97 元，那么收益率约为 1.8%。

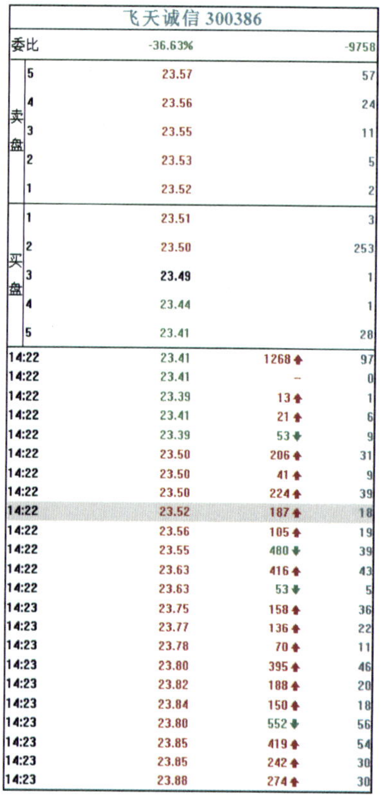

飞天诚信 300386			
委比	-36.63%		-9758
卖盘 5	23.57		57
卖盘 4	23.56		24
卖盘 3	23.55		11
卖盘 2	23.53		5
卖盘 1	23.52		2
买盘 1	23.51		3
买盘 2	23.50		253
买盘 3	23.49		1
买盘 4	23.44		1
买盘 5	23.41		28
14:22	23.41	1268↑	97
14:22	23.41	–	0
14:22	23.39	13↑	1
14:22	23.41	21↑	6
14:22	23.39	53↓	9
14:22	23.50	206↑	31
14:22	23.50	41↑	9
14:22	23.50	224↑	39
14:22	23.52	187↑	18
14:22	23.56	105↑	19
14:22	23.55	480↓	39
14:22	23.63	416↑	43
14:22	23.63	53↓	5
14:23	23.75	158↑	36
14:23	23.77	136↑	22
14:23	23.78	70↑	11
14:23	23.80	395↑	46
14:23	23.82	188↑	20
14:23	23.84	150↑	18
14:23	23.80	552↓	56
14:23	23.85	419↑	54
14:23	23.85	242↑	30
14:23	23.88	274↑	30

图 3－1－58

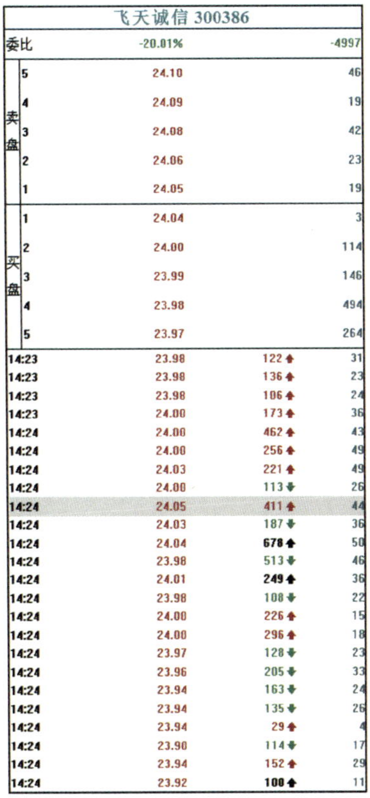

飞天诚信 300386			
委比	-20.01%		-4997
卖盘 5	24.10		46
卖盘 4	24.09		19
卖盘 3	24.08		42
卖盘 2	24.06		23
卖盘 1	24.05		19
买盘 1	24.04		3
买盘 2	24.00		114
买盘 3	23.99		146
买盘 4	23.98		494
买盘 5	23.97		264
14:23	23.98	122↑	31
14:23	23.98	136↑	23
14:23	23.98	106↑	24
14:23	24.00	173↑	36
14:24	24.00	462↑	43
14:24	24.00	256↑	49
14:24	24.03	221↑	49
14:24	24.00	113↓	26
14:24	24.05	411↑	44
14:24	24.03	187↓	36
14:24	24.04	678↑	50
14:24	23.98	513↓	46
14:24	24.01	249↑	36
14:24	23.98	108↓	22
14:24	24.00	226↑	15
14:24	24.00	296↑	18
14:24	23.97	128↓	23
14:24	23.96	205↓	33
14:24	23.94	163↓	24
14:24	23.94	135↓	26
14:24	23.94	29↑	4
14:24	23.90	114↓	17
14:24	23.94	152↑	29
14:24	23.92	100↑	11

图3－1－59

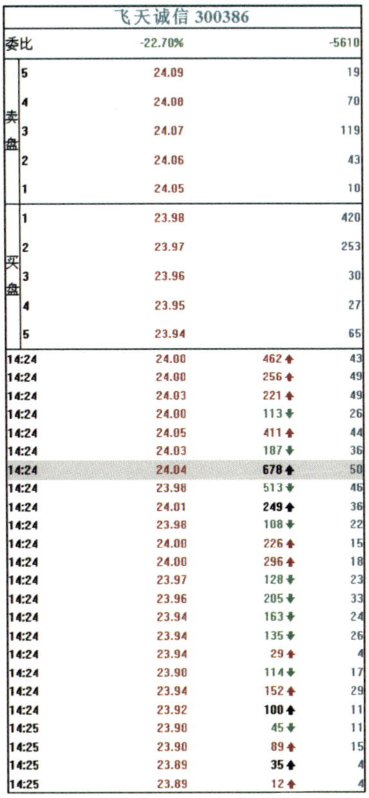

飞天诚信 300386			
委比	-22.70%		-5610
卖盘 5	24.09		19
卖盘 4	24.08		70
卖盘 3	24.07		119
卖盘 2	24.06		43
卖盘 1	24.05		10
买盘 1	23.98		420
买盘 2	23.97		253
买盘 3	23.96		30
买盘 4	23.95		27
买盘 5	23.94		65
14:24	24.00	462↑	43
14:24	24.00	256↑	49
14:24	24.03	221↑	49
14:24	24.00	113↓	26
14:24	24.05	411↑	44
14:24	24.03	187↓	36
14:24	24.04	678↑	50
14:24	23.98	513↓	46
14:24	24.01	249↑	36
14:24	23.98	108↓	22
14:24	24.00	226↑	15
14:24	24.00	296↑	18
14:24	23.97	128↓	23
14:24	23.96	205↓	33
14:24	23.94	163↓	24
14:24	23.94	135↓	26
14:24	23.94	29↑	4
14:24	23.90	114↓	17
14:24	23.94	152↑	29
14:24	23.92	100↑	11
14:25	23.90	45↓	11
14:25	23.90	89↑	15
14:25	23.89	35↑	4
14:25	23.89	12↑	4

图3－1－60

即便是最优秀的交易系统也无法达到百分之百的成功率，偶遇亏损是必然的，交易员要做的是确认交易模式没有问题，对于市场原因导致的亏损坦然接受。亏损是因市场不好（这里所说的市场不好一般指市场整体缩量、窄幅振荡）而导致的，交易员心理上很容易接受，但如果是因为自己没有遵循交易系统而导致的，那就很难接受了。下面我们就来看一个翻红突破失败的案例。

图3－1－61是飞天诚信（300386）2020年11月19日的分时走势图。当日股价开盘后一直在水下运行；下午股价起飞，上冲翻红，但翻红后很快便回落。下面我们来分析这种走势的特征，探究为什么突破后未能走出空间，在交易中避免参与类似的行情。

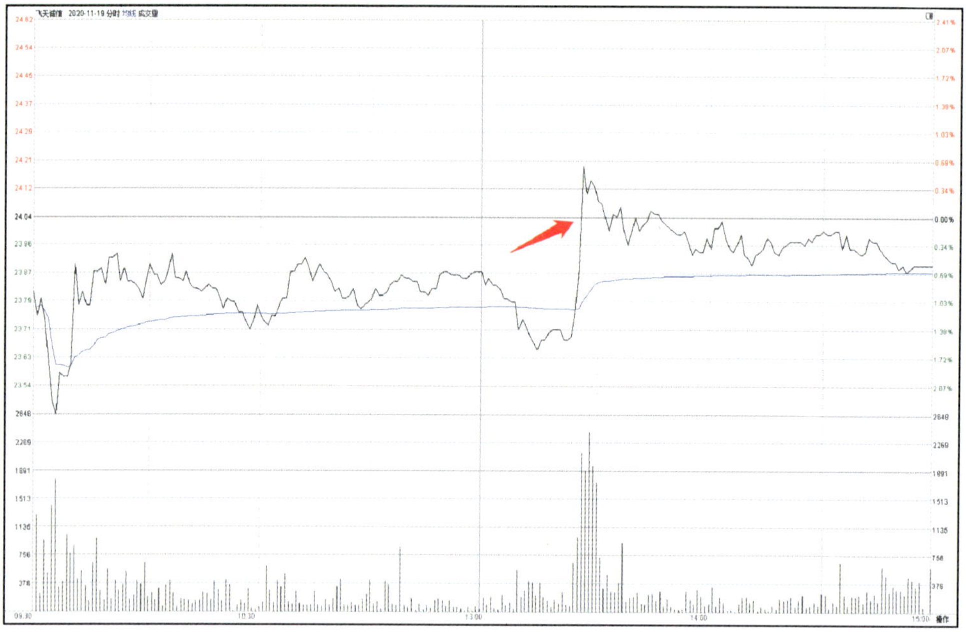

图3-1-61

图3-1-62是该股在快速上涨阶段某个时刻的盘口。从下方的分时成交可以看出，在短短的时间内，股价从23.70元上涨到了23.90元，势头确实很猛。但我们再细看就可以看出异常：股价虽然上涨了两角钱，但是点火的单子中最大的一单只有217手。回头翻看图3-1-56就能对比出，同样是飞天诚信，同样是拉升，但那一次从低位快速拉升，点火的单子中有514手、448手、1268手的中、大单，显然，这两次上涨的动能就不是一个级别的。

其实从买卖盘的挂单情况也可以看出问题。从图3-1-62中可见，盘口挂单非常稀少，从卖5到买5的十档价位都没有超过两位数的挂单。对日内交易来说，绝大多数好的开仓机会对应的盘口都是比较厚的，即在多个价位上都有较大的挂单。从市场角度来看，一个价位上挂有大单，可能只是一个大的投资者挂的，但是如果多个价位上都有比较大的挂单，就表明市场中很多投资者都有交易的冲动，参与者众多，这种情况下行情才能够持续。

看图3-1-63，直到股价翻红的那一刻都没有点火的大单出现，买卖盘上的挂单也依旧稀少。看到打单动能这么弱，交易员应该放弃交易的念头，转而寻求其他的机会。

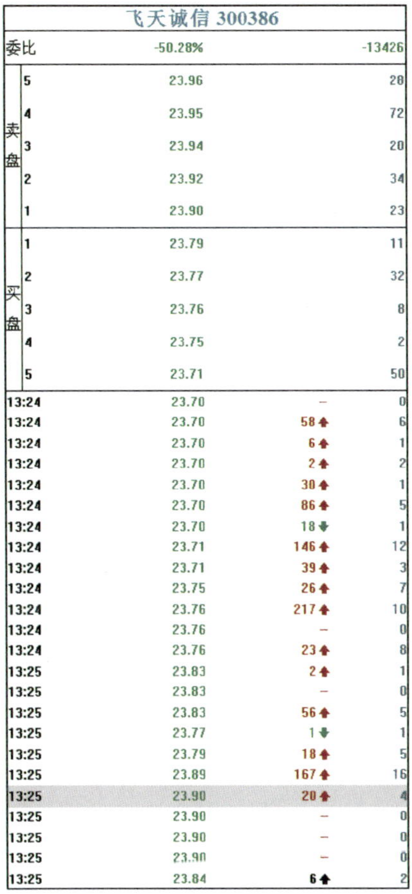

飞天诚信 300386			
委比	-50.28%		-13426
卖盘 5	23.96		28
卖盘 4	23.95		72
卖盘 3	23.94		20
卖盘 2	23.92		34
卖盘 1	23.90		23
买盘 1	23.79		11
买盘 2	23.77		32
买盘 3	23.76		8
买盘 4	23.75		2
买盘 5	23.71		50
13:24	23.70	–	0
13:24	23.70	58↑	6
13:24	23.70	6↑	1
13:24	23.70	2↑	2
13:24	23.70	30↑	1
13:24	23.70	86↑	5
13:24	23.70	18↓	1
13:24	23.71	146↑	12
13:24	23.71	39↑	3
13:24	23.75	26↑	7
13:24	23.76	217↑	10
13:24	23.76	–	0
13:24	23.76	23↑	8
13:25	23.83	2↑	1
13:25	23.83	–	0
13:25	23.83	56↑	5
13:25	23.77	1↓	1
13:25	23.79	18↑	5
13:25	23.89	167↑	16
13:25	23.90	20↑	4
13:25	23.90	–	0
13:25	23.90	–	0
13:25	23.90	–	0
13:25	23.84	6↑	2

图 3－1－62

飞天诚信 300386			
委比	-47.95%		-12591
卖盘 5	24.08		37
卖盘 4	24.07		2
卖盘 3	24.06		60
卖盘 2	24.05		15
卖盘 1	24.04		11
买盘 1	23.99		17
买盘 2	23.97		42
买盘 3	23.96		2
买盘 4	23.95		10
买盘 5	23.92		4
13:26	23.99	200↑	15
13:26	23.89	5↑	1
13:26	24.03	126↑	17
13:26	24.03	43↑	14
13:26	23.99	10↓	2
13:26	24.04	62↑	7
13:26	24.08	131↑	17
13:26	24.08	46↑	13
13:26	24.09	65↑	12
13:26	24.10	109↑	14
13:26	24.11	76↑	6
13:26	24.15	135↑	10
13:26	24.15	30↑	7
13:26	24.16	45↑	7
13:26	24.16	49↓	18
13:26	24.16	238↓	34
13:26	24.17	169↓	25
13:26	24.18	163↑	28
13:26	24.19	255↑	40
13:27	24.10	54↓	11
13:27	24.18	97↑	16
13:27	24.18	116↑	18
13:27	24.20	151↑	15

图 3－1－63

我们将这一个翻红突破失败的案例与前一个翻红突破成功的案例进行对比，可以明显感受到大行情和小行情的盘口情况是不同的。面对相同的形态，交易员应通过打单动能和盘口厚度去分析行情的级别。真正好的机会是能够给交易员上股数的，如果想上股数都找不到盘口进，也看不到匹配的止损位，那么基本就可以确定不是机会，而是陷阱。

（七）翻绿跌破

翻绿突破指股价开盘后原先处于水上（红盘）振荡，后来快速下跌翻绿。股价由红翻绿会瓦解市场做多者的信心，让部分多头转为空头，同时也会引发持仓不坚定者恐慌性卖出。交易员在股价临近翻绿的位置卖出做空，赚取股价翻绿后惯性下跌带来的利润。

图 3－1－64 是比亚迪（002594）2020 年 11 月 3 日的分时走势图。当日股价高开约 2%，后横盘整理，约从 9：50 开始急速下跌。从形态上看，这次下跌是有明显的预兆的。股价高开后横盘，后市通常要么往上突破，要么往下跌破，判断方向的方法比较简单：股价在均价线上方时偏向于向上突破，股价在均价线下方时偏向于向下跌破。这次向下跌破前，股价在下穿均价线后两次反弹至均价线附近都受阻，算是比较明显的走势转弱的信号了。

图 3－1－64

图 3－1－65 是本次行情启动时的盘口。比亚迪属于高价趋势大票，个股单日成交金额在 2020 年 11 月经常排在整个市场的前 5 名。这种热点股票的市场参与资金众多，故而呈现出一个特点——分时成交量比盘口的挂单量还要多。做这类股票的 T+0，主要依据十挡买卖盘的变化以及各交易软件 Level－2 行情中的逐笔委托明细，看买卖单偏向哪个方向。

每次开仓我们都尽可能开在启动点或拐点，以掌握先机，实现利润最大化，但如果错过了启动点，就要去找新的开仓点。就本例而言，9：50 出现的启动点不容易抓住，那么接下来我们可以把股价跌破平盘价的位置作为开仓点。

下面我们来具体分析此次股价翻绿跌破的盘口特征。

比亚迪 002594

委比		-33.93%	-21514
卖盘	5	170.00	445
	4	169.97	20
	3	169.93	16
	2	169.92	4
	1	169.91	4
买盘	1	169.80	76
	2	169.79	4
	3	169.78	64
	4	169.77	62
	5	169.76	3

09:50	170.15	306↑	44
09:50	170.15	123↑	21
09:50	170.12	399↓	40
09:50	170.12	408↓	42
09:50	170.10	316↓	71
09:50	170.07	356↓	81
09:51	170.08	186↑	64
09:51	169.92	448↓	130
09:51	169.87	297↓	114
09:51	169.80	332↓	126
09:51	169.76	249↓	106
09:51	169.77	126↑	32
09:51	169.70	408↓	53
09:51	169.63	654↓	69
09:51	169.59	202↓	92
09:51	169.50	232↓	91
09:51	169.55	188↑	92
09:51	169.43	763↓	227
09:51	169.46	101↑	41
09:51	169.40	144↓	54
09:51	169.40	225↓	68
09:51	169.33	526↓	116
09:51	169.22	329↓	129

图3－1－65

看图3－1－66、图3－1－67和图3－1－68。当日该股的平盘价是167.98元。大家注意，在股价下跌过程中，空头先后在168.20元、168.15元、168.10元处压出了三位数的卖单，呈现出边打边压之势。跌势看起来还是比较流畅的，而且对于做空价格100多元的高价股来说，有这种密度的压单也是比较理想的。结合打单速度和盘口的压单情况，可以感觉到下跌动能充足，股价大概率会跌破平盘价，可以开仓。交易员可以往167.90元的价位卖出做空，止损位设在168.20元。这种盘口比较合适的开仓量是10000股左右。

看图3－1－69，盘口时间是9：53：27。股价翻绿后加速下跌，但是在下跌过程中出现了一笔1362手的买单，将股价扫回了167.82元。这笔单笔的反向单虽然很大，但是没有出现明显的垫单及跟风盘，因此并不足以扭转整个下跌趋势。在图下方的分时成交窗口可以看到，这一笔反向单很快被连续出现的卖单淹没。面对这类不能改变下跌趋势的单笔反向单时，交易员不必恐慌，只需集中注意力分析盘口有没有明确的转势信号即可。

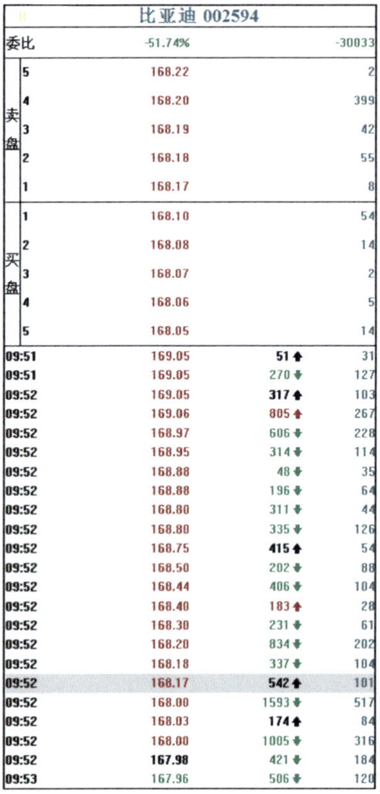

比亚迪 002594

委比	-51.74%		-30033
卖盘 5	168.22		2
卖盘 4	168.20		399
卖盘 3	168.19		42
卖盘 2	168.18		55
卖盘 1	168.17		8
买盘 1	168.10		54
买盘 2	168.08		14
买盘 3	168.07		2
买盘 4	168.06		5
买盘 5	168.05		14
09:51	169.05	51↑	31
09:51	169.05	270↓	127
09:52	169.05	317↑	103
09:52	169.06	805↑	267
09:52	168.97	606↓	228
09:52	168.95	314↓	114
09:52	168.88	48↓	35
09:52	168.88	196↓	64
09:52	168.80	311↓	44
09:52	168.80	335↓	126
09:52	168.75	415↑	54
09:52	168.50	202↓	88
09:52	168.44	406↓	104
09:52	168.40	183↑	28
09:52	168.30	231↓	61
09:52	168.20	834↓	202
09:52	168.18	337↓	104
09:52	168.17	542↑	101
09:52	168.00	1593↓	517
09:52	168.03	174↑	84
09:52	168.00	1005↓	316
09:52	167.98	421↓	184
09:53	167.96	506↓	120

图 3-1-66

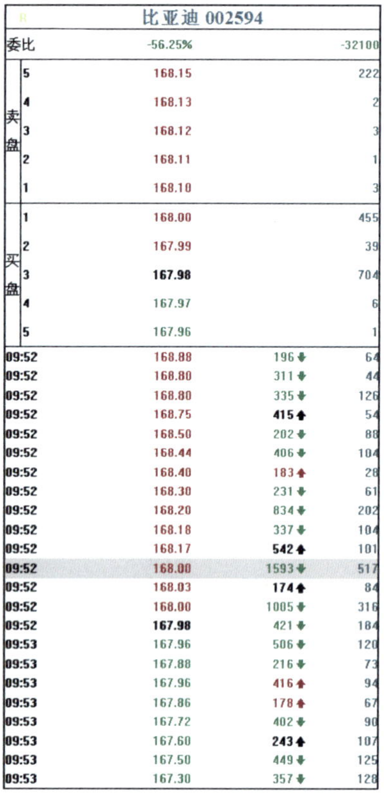

比亚迪 002594

委比	-56.25%		-32100
卖盘 5	168.15		222
卖盘 4	168.13		2
卖盘 3	168.12		3
卖盘 2	168.11		1
卖盘 1	168.10		3
买盘 1	168.00		455
买盘 2	167.99		39
买盘 3	167.98		704
买盘 4	167.97		6
买盘 5	167.96		1
09:52	168.88	196↓	64
09:52	168.80	311↓	44
09:52	168.80	335↓	126
09:52	168.75	415↑	54
09:52	168.50	202↓	88
09:52	168.44	406↓	104
09:52	168.40	183↑	28
09:52	168.30	231↓	61
09:52	168.20	834↓	202
09:52	168.18	337↓	104
09:52	168.17	542↑	101
09:52	168.00	1593↓	517
09:52	168.03	174↑	84
09:52	168.00	1005↓	316
09:52	167.98	421↓	184
09:53	167.96	506↓	120
09:53	167.88	216↓	73
09:53	167.96	416↑	94
09:53	167.86	178↑	67
09:53	167.72	402↓	90
09:53	167.60	243↑	107
09:53	167.50	449↓	125
09:53	167.30	357↓	128

图 3-1-67

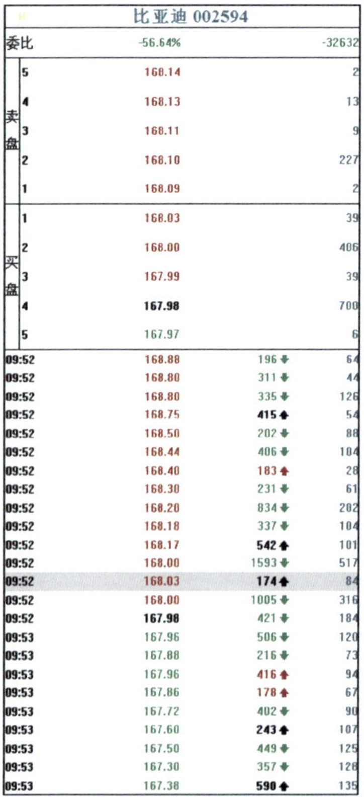

比亚迪 002594

委比	-56.64%		-32632
卖盘 5	168.14		2
卖盘 4	168.13		13
卖盘 3	168.11		9
卖盘 2	168.10		227
卖盘 1	168.09		2
买盘 1	168.03		39
买盘 2	168.00		406
买盘 3	167.99		39
买盘 4	167.98		700
买盘 5	167.97		6
09:52	168.88	196↓	64
09:52	168.80	311↓	44
09:52	168.80	335↓	126
09:52	168.75	415↑	54
09:52	168.50	202↓	88
09:52	168.44	406↓	104
09:52	168.40	183↑	28
09:52	168.30	231↓	61
09:52	168.20	834↓	202
09:52	168.18	337↓	104
09:52	168.17	542↑	101
09:52	168.00	1593↓	517
09:52	168.03	174↑	84
09:52	168.00	1005↓	316
09:52	167.98	421↓	184
09:53	167.96	506↓	120
09:53	167.88	216↓	73
09:53	167.96	416↑	94
09:53	167.86	178↑	67
09:53	167.72	402↓	90
09:53	167.60	243↑	107
09:53	167.50	449↓	125
09:53	167.30	357↓	128
09:53	167.38	590↑	135

图 3-1-68

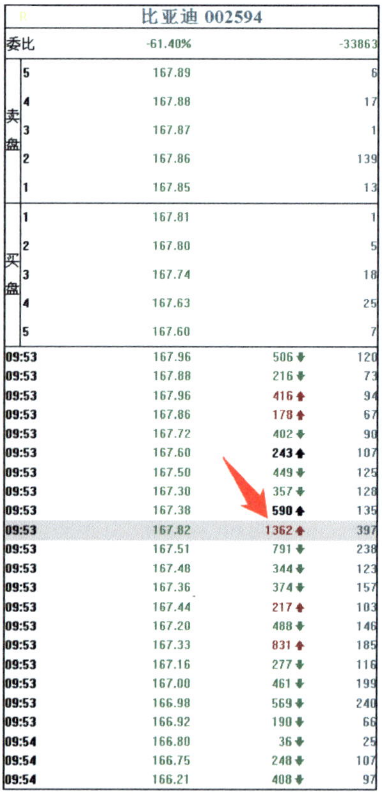

比亚迪 002594

委比	-61.40%		-33863
卖盘 5	167.89		6
卖盘 4	167.88		17
卖盘 3	167.87		1
卖盘 2	167.86		139
卖盘 1	167.85		13
买盘 1	167.81		1
买盘 2	167.80		5
买盘 3	167.74		18
买盘 4	167.63		25
买盘 5	167.60		7
09:53	167.96	506↓	120
09:53	167.88	216↓	73
09:53	167.96	416↑	94
09:53	167.86	178↑	67
09:53	167.72	402↓	90
09:53	167.60	243↑	107
09:53	167.50	449↓	125
09:53	167.30	357↓	128
09:53	167.38	590↑	135
09:53	167.82	1362↑	397
09:53	167.51	791↓	238
09:53	167.48	344↓	123
09:53	167.36	374↓	157
09:53	167.44	217↑	103
09:53	167.20	488↓	146
09:53	167.33	831↑	185
09:53	167.16	277↓	116
09:53	167.00	461↓	199
09:53	166.98	569↓	240
09:53	166.92	190↓	66
09:54	166.80	36↓	25
09:54	166.75	248↓	107
09:54	166.21	408↓	97

图 3-1-69

看图3－1－70，盘口时间是9：55：03。这是这波跌势真正的止跌盘口。对于比亚迪或中信证券之类的大票而言，拐点来临时交易员是可以通过盘口感知到的，会有一种股价明显跌不动了的感觉，“跌不动”在本案例中的具体表现就是出现了连续的主动性买单。看图下方的分时成交就可以看到绿色的卖单变得不连续，反而出现了连续的红色买单。在实际操作中，交易员可通过观察盘口下方的支撑位有没有被跌破、盘口上方的压单有没有被反吃来感知拐点是否到来。这里交易员发现股价跌速减缓、盘口出现连续的反向单后就应立马往165.50元的价位买入平仓。

当次交易赢利：假设卖出均价为168.00元，买入均价为165.50元，那么收益率约为1.3%。

比亚迪 002594			
委比	-71.44%		-37636
卖盘 5	165.36		23
卖盘 4	165.35		16
卖盘 3	165.34		1
卖盘 2	165.33		1
卖盘 1	165.31		21
买盘 1	165.28		40
买盘 2	165.24		1
买盘 3	165.11		14
买盘 4	165.10		43
买盘 5	165.09		47
09:54	166.10	151↓	79
09:54	166.00	250↓	142
09:54	166.00	390↓	160
09:54	166.00	937↓	292
09:54	165.99	510↓	184
09:54	165.92	1300↑	330
09:54	165.91	182↑	101
09:54	165.55	176↓	83
09:54	165.52	262↓	75
09:54	165.51	235↓	86
09:54	165.44	390↓	126
09:54	165.44	207↑	82
09:54	165.35	333↓	91
09:54	165.36	351↑	145
09:54	165.30	464↑	139
09:54	165.31	773↑	255
09:55	165.30	3034↓	778
09:55	165.28	595↑	216
09:55	165.40	486↑	216
09:55	165.45	736↑	182
09:55	165.31	616↓	201
09:55	165.50	764↑	231
09:55	165.60	327↑	141
09:55	165.88	445↑	151

图3－1－70

（八）整数位突破

整数位突破是指股价在突发的行情中向上或向下突破整数位，打开上行或下行的空间。利用这种形态进行交易，止损的空间有限，从盈亏比的角度来看值得一试。这也是在突发行情下追涨或追跌的一种特殊方法。

图 3－1－71 是中信证券（600030）2020 年 4 月 14 日的分时走势图。股价启动初期上涨动能并不强劲，点火的单子不够大，而且在上涨过程中不断有反向单砸出。对于这种长期没有走出过行情的股票，交易员这时一般都不敢去追单，自然也容易错过最佳的开仓点。后来，股价没有回调并开始加速上行，交易员可以在股价准备突破 23.00 元的整数位时开仓。

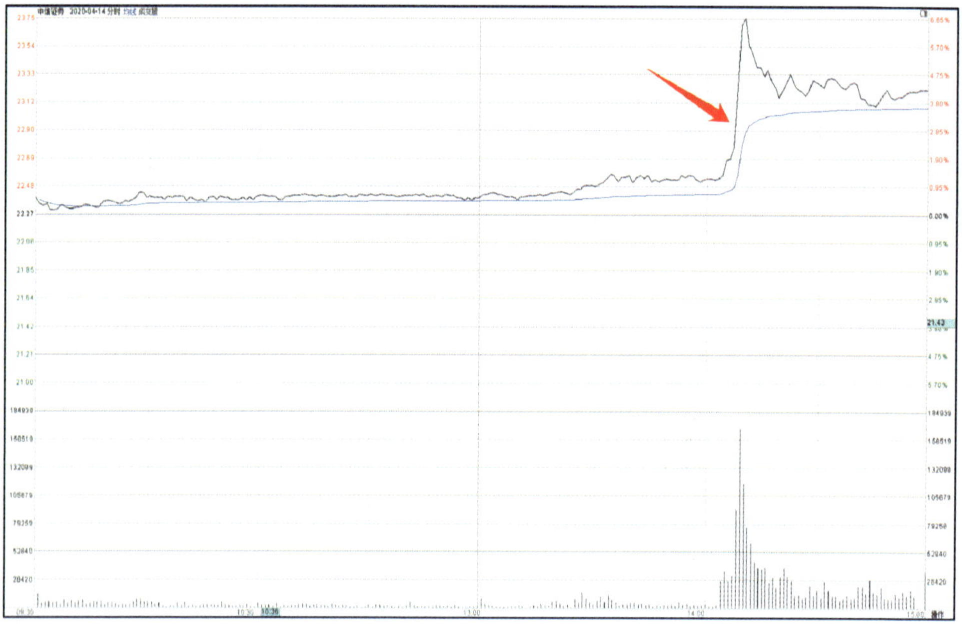

图 3－1－71

下面我们来作具体的盘口分析。

看图 3－1－72，盘口时间是 14：05：13。这时股价刚开始上涨。对于中信证券这种大盘股来说，一两千手的买单并不算大，盘口上买盘与卖盘相比也没有绝对的优势。因此，从此时的盘口信息中看不出股价有走出至少 0.5% 的涨幅的可能，交易员只能继续观察。

中信证券 600030				
委比		-29.91%		-57681
卖盘	5	22.67		667
	4	22.66		3271
	3	22.65		3669
	2	22.64		2697
	1	22.63		912
买盘	1	22.62		1690
	2	22.61		1328
	3	22.60		783
	4	22.59		2542
	5	22.58		102
14:04		22.55	133↓	30
14:04		22.54	5308↓	193
14:04		22.57	294↑	10
14:04		22.56	3250↓	137
14:04		22.58	344↑	42
14:04		22.59	651↑	57
14:04		22.59	837↑	83
14:04		22.59	1898↑	120
14:04		22.60	573↑	49
14:04		22.56	1571↓	64
14:05		22.60	4451↑	134
14:05		22.59	1122↑	98
14:05		22.60	2337↑	93
14:05		22.61	2440↑	195
14:05		22.62	1481↑	85
14:05		22.64	1845↑	90
14:05		22.63	964↓	25
14:05		22.83	936↓	40
14:05		22.63	438↓	66
14:05		22.65	1782↑	89
14:05		22.65	649↑	40
14:05		22.64	1317↓	65
14:05		22.65	1619↑	81
14:05		22.64	819↓	64

图3－1－72

看图3－1－73，盘口时间是14：08：31。当时股价持续上涨，来到了22.90元的位置。对于中信证券这种大盘股而言，不出意外的话，23.00元的整数位上会挂有比较大的卖单。如果到时盘口合适，股价有突破的趋势，那么就是一个绝佳的追涨开仓的机会，因为一旦突破了23.00元的整数位压制，上涨空间就被打开了，而就算无法突破，也大概率可以止损在22.90元以上的价位，损失有限。有经验的交易员会条件反射般地准备挂单追涨，提前在交易软件上设好往23.01～23.03元的价位区间委托买入的单。

中信证券 600030			
委比	-12.95%		-22229
卖盘 5	22.97		863
卖盘 4	22.96		1049
卖盘 3	22.95		1255
卖盘 2	22.94		499
卖盘 1	22.93		624
买盘 1	22.90		67
买盘 2	22.89		93
买盘 3	22.88		1704
买盘 4	22.87		3043
买盘 5	22.86		106
14:07	22.78	1269↑	77
14:08	22.78	624↓	66
14:08	22.79	1665↑	166
14:08	22.80	1428↑	153
14:08	22.81	2714↑	275
14:08	22.81	1362↑	128
14:08	22.83	4288↑	183
14:08	22.85	1879↑	121
14:08	22.84	3217↓	251
14:08	22.85	2489↑	160
14:08	22.88	4153↑	279
14:08	22.90	3977↑	364
14:08	22.95	2253↑	183
14:08	22.97	4051↑	399
14:08	22.98	4308↑	342
14:08	23.00	7847↑	639
14:08	23.05	22768↑	737
14:08	23.05	6850↑	263
14:08	23.10	5135↑	201
14:08	23.10	3687↑	289
14:08	23.23	7347↑	396
14:09	23.25	4977↑	234
14:09	23.27	5086↑	301
14:09	23.30	9263↑	409

图 3－1－73

接下来看图 3－1－74 和图 3－1－75。注意，前者不是开仓盘口，因为买盘太稀少，看不到止损位所在；后者才是开仓盘口，因为此时在 22.95～22.98 元的价位处都已经垫出了四位数的买单，后市突破 23.00 元是大概率事件，即便突破后遇到反手单的压制，涨不上去，也还可以往 22.95 元止损。当图 3－1－75 所示的盘口出现时，交易员可以果断往 23.03 元买入并第一时间设下 22.95 元的止损单。这种盘口比较合适的开仓量是 100000～200000 股。这里读者要注意理解以上价格的选择：交易员的职业习惯是往大单后面的价格下委托，以获得价格优势，在竞价时优先成交。

中信证券 600030			
委比	-3.88%		-6919
卖盘 5	23.02		258
卖盘 4	23.01		453
卖盘 3	23.00		21718
卖盘 2	22.99		4415
卖盘 1	22.98		3023
买盘 1	22.97		32
买盘 2	22.96		63
买盘 3	22.95		62
买盘 4	22.94		491
买盘 5	22.93		506
14:07	22.75	1352↑	129
14:07	22.76	913↑	66
14:07	22.76	3012↑	99
14:07	22.77	899↑	69
14:07	22.78	2057↑	155
14:07	22.78	1359↑	89
14:07	22.77	1601↑	115
14:07	22.78	1538↑	122
14:07	22.78	1269↑	77
14:08	22.78	624↓	66
14:08	22.79	1665↑	166
14:08	22.80	1428↑	153
14:08	22.81	2714↑	275
14:08	22.81	1362↑	128
14:08	22.83	4288↑	183
14:08	22.85	1879↑	121
14:08	22.84	3217↓	251
14:08	22.05	2489↑	160
14:08	22.88	4153↑	279
14:08	22.90	3977↑	364
14:08	22.95	2253↑	183
14:08	22.97	4051↑	399
14:08	22.98	4308↑	342

图3－1－74

中信证券 600030			
委比	-0.28%		-496
卖盘 5	23.04		51
卖盘 4	23.03		190
卖盘 3	23.02		258
卖盘 2	23.01		453
卖盘 1	23.00		20343
买盘 1	22.99		58
买盘 2	22.98		1270
买盘 3	22.97		1279
买盘 4	22.96		1657
买盘 5	22.95		1139
14:07	22.78	1269↑	77
14:08	22.78	624↓	66
14:08	22.79	1665↑	166
14:08	22.80	1428↑	153
14:08	22.81	2714↑	275
14:08	22.81	1362↑	128
14:08	22.83	4288↑	183
14:08	22.85	1879↑	121
14:08	22.84	3217↓	251
14:08	22.85	2489↑	160
14:08	22.88	4153↑	279
14:08	22.90	3977↑	364
14:08	22.95	2253↑	183
14:08	22.97	4051↑	399
14:08	22.98	4308↑	342
14:08	23.00	7847↑	639
14:08	23.06	22768↑	737
14:08	23.05	6850↑	263
14:08	23.10	5135↑	201
14:08	23.10	3687↑	289
14:08	23.23	7347↑	396
14:09	23.25	4977↑	234
14:09	23.27	5086↑	301

图3－1－75

图3－1－76是平仓盘口，盘口特征是分时成交上有连续的万手大单出现，但是买盘上挂单稀少。股价突破23.50元之后，买盘上并没有垫出手数可观的买单，可见股价涨到这个程度后，市场意见出现了比较大的分歧。从图中下方的分时成交窗口可以看到，在股价到达23.50元的位置后，有多笔万手大单打出，但股价并没有向上，表明出现了滞涨的现象。对于中信证券这种大盘股来说，股价在快速上涨的过程中如果出现停顿，那么大概率预示着拐点将至，所以交易员此时可以往23.45元果断卖出平仓，锁定利润。在此之后股价又继续上涨，最高达到23.70元。虽然没能平在最高点，但不用感到惋惜，因为我们不可能赚尽每一分钱。

当次交易赢利：假设买入均价为23.03元，卖出均价为23.49元，那么收益率约为1.9%。

中信证券 600030				
委比		+34.10%		53310
卖盘	5	23.62		96
	4	23.61		1529
	3	23.60		105
	2	23.55		1
	1	23.52		23
买盘	1	23.50		77
	2	23.49		828
	3	23.48		39
	4	23.47		25
	5	23.46		10
14:08		22.90	3977↑	364
14:08		22.95	2253↑	183
14:08		22.97	4051↑	399
14:08		22.98	4308↑	342
14:08		23.00	7847↑	639
14:08		23.05	22768↑	737
14:08		23.05	6850↑	263
14:08		23.10	5135↑	201
14:08		23.10	3687↑	289
14:08		23.23	7347↑	396
14:09		23.25	4977↑	234
14:09		23.27	5086↑	301
14:09		23.30	9263↑	409
14:09		23.31	5193↑	420
14:09		23.44	3644↑	332
14:09		23.50	9936↑	650
14:09		23.40	10203↓	732
14:09		23.42	11441↑	801
14:09		23.50	15259↑	831
14:09		23.51	11162↑	798
14:09		23.50	12364↓	599
14:09		23.55	8728↑	359
14:09		23.49	12734↓	820

图3－1－76

（九）假突破的辨析及应对

假突破是指股价在突破了关键位置后并没有延续走势，而是马上朝反方向运行。一个优秀的交易员下单前一定会综合考虑盘口的动能、个股的股性、分时走势的形态、大盘的方向等因素，只做高胜算的交易，放弃那些自己觉得没有把握的机会。但是，即便如此，在现实交易中也还是难免会遇到假突破。如果被假突破迷惑，开了仓，那么后面需要做的就是严格止损并保持好心态，不要被失败的交易影响。

假突破常出现在市场缩量和个股股性较差的情况下。下面具体讲解一下几种常见的假突破情形，新手可以根据案例进行复盘，熟悉假突破与真突破的区别，避免在实际交易中“交学费”。

1. **盘口较薄情况下的假突破**

盘口较薄是指股价突破时盘口挂单偏薄，比如股票向上突破时买盘上都是小单，或者股价向下跌破时卖盘上都是小单。盘口薄说明当时的做多动能或做空动能不强，就算勉强突破，突破后跟风盘也会较少，难以走出持续的行情。

真正好的机会，大多具有突破的时候盘口挂单比较厚、多个挡位上的挂单不断增加的特征。

图3－1－77是智光电气（002169）2020年12月7日的分时走势图。股价当日早上高开高走，在涨幅4%上下的位置横盘了约50分钟，构筑了一个平台，然后在10：23小幅放量突破，结果突破失败，转而掉头向下。

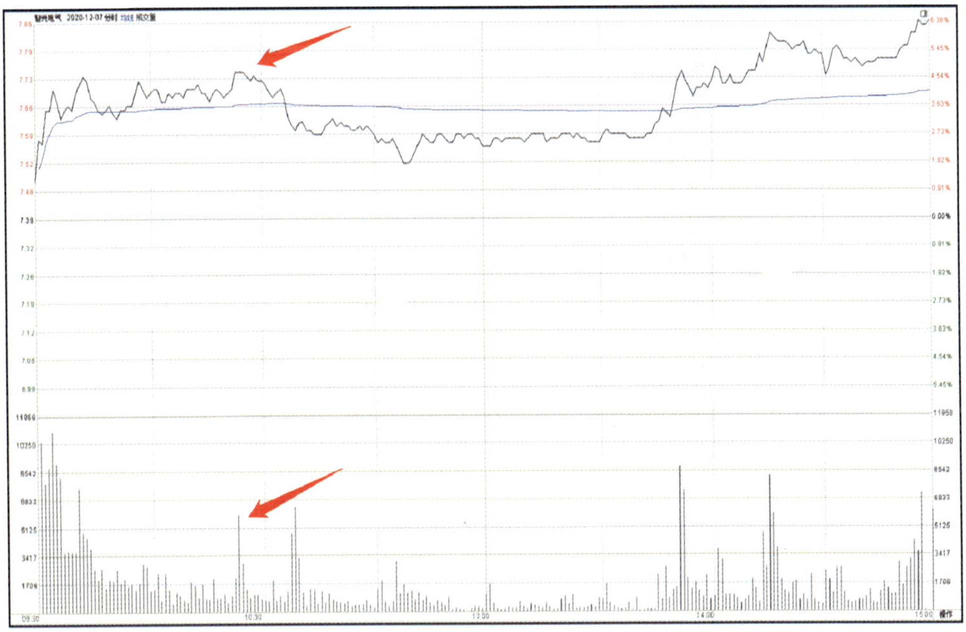

图3－1－77

我们通过图3－1－78来看一下当时的盘口特征。从图中可以看出，虽然当时有两笔千手的大单点火，但是买盘上挂单稀少，买1至买4各挡上的垫单都只有三位数。显而易见，如果交易员此时买入1000手做多，那么都不知道止损位该设在哪里。在实际交易中，如果遇到突破行情但是盘口看起来又不够配合的情况（类似本案例这种买卖盘不匹配的情况），那么交易员应放弃交易，宁愿错过也不要做错。

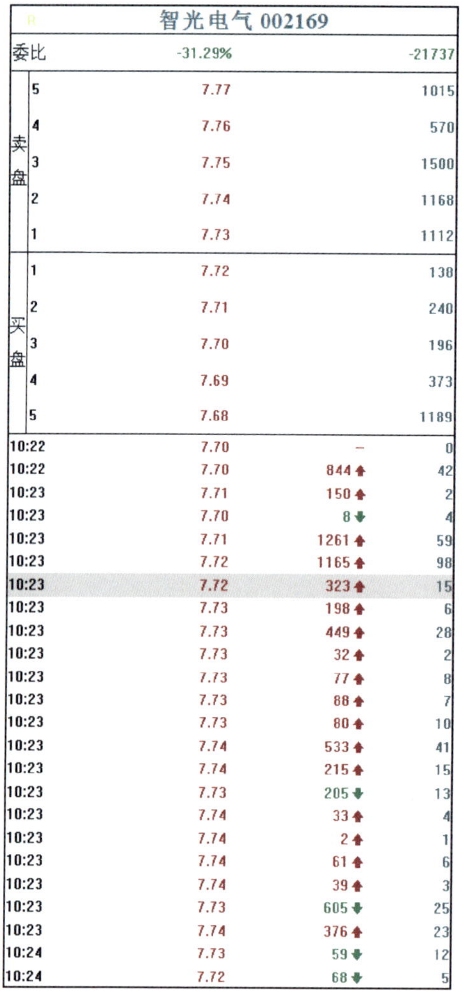

智光电气 002169			
委比	-31.29%		-21737
卖盘 5	7.77		1015
卖盘 4	7.76		570
卖盘 3	7.75		1500
卖盘 2	7.74		1168
卖盘 1	7.73		1112
买盘 1	7.72		138
买盘 2	7.71		240
买盘 3	7.70		196
买盘 4	7.69		373
买盘 5	7.68		1189
10:22	7.70	–	0
10:22	7.70	844↑	42
10:23	7.71	150↑	2
10:23	7.70	8↓	4
10:23	7.71	1261↑	59
10:23	7.72	1165↑	98
10:23	7.72	323↑	15
10:23	7.73	198↑	6
10:23	7.73	449↑	28
10:23	7.73	32↑	2
10:23	7.73	77↑	8
10:23	7.73	88↑	7
10:23	7.73	80↑	10
10:23	7.74	533↑	41
10:23	7.74	215↑	15
10:23	7.73	205↓	13
10:23	7.74	33↑	4
10:23	7.74	2↑	1
10:23	7.74	61↑	6
10:23	7.74	39↑	3
10:23	7.73	605↓	25
10:23	7.74	376↑	23
10:24	7.73	59↓	12
10:24	7.72	68↓	5

图 3－1－78

我们回看一下该股过去的一次成功突破，看当时的盘口是什么样的。

图 3－1－79 是智光电气 2020 年 7 月 7 日的分时走势图。约 13：34 的时候，股价向上突破并最终取得成功。图 3－1－80 是突破前高时的盘口，从中我们可以看到当时出现了多达万手的大单点火，而且在突破 11.00 元的整数位后买 2 处垫出了四位数的买单。这种盘口之下，交易员往 11.03 元买入 1000 手做多，把止损位设在 11.00 元，心里自然踏实多了。

图 3－1－79

智光电气 002169			
委比	-36.20%		-37257
卖盘 5	11.06		787
卖盘 4	11.05		2843
卖盘 3	11.04		160
卖盘 2	11.03		358
卖盘 1	11.02		2061
买盘 1	11.01		782
买盘 2	11.00		2012
买盘 3	10.99		617
买盘 4	10.98		197
买盘 5	10.97		107
13:34	10.98	29↑	4
13:34	10.98	1224↑	15
13:34	10.98	222↑	13
13:34	10.98	84↓	5
13:34	10.98	115↓	11
13:34	10.99	196↑	12
13:34	10.99	137↑	15
13:34	10.99	160↑	16
13:34	10.99	1941↑	52
13:34	11.00	10044↑	356
13:35	11.01	841↑	20
13:35	11.05	5519↑	187
13:35	11.06	1665↑	74
13:35	11.08	1999↑	85
13:35	11.08	1256↑	83
13:35	11.12	7463↑	306
13:35	11.16	396↑	39
13:35	11.18	131↑	14
13:35	11.20	2443↑	126
13:35	11.20	1107↑	66
13:35	11.20	2793↑	140
13:35	11.20	1832↑	95
13:35	11.17	2523↓	105

图 3－1－80

盘口厚度是 T+0 交易重要的参考指标，从盘口的厚薄度可看出上涨或下跌的动能以及对应的波动空间。在交易中，不要一看到突破形态就开仓参与，而是应先观察盘口的厚薄度，如果盘口很薄，那么基本上可以直接放弃，反之则可以考虑开仓。

图 3-1-81 是江淮汽车（600418）2020 年 12 月 7 日的分时走势图。当日 10：20 左右，股价向下跌破前低，短暂创出新低后马上拐头向上，是典型的假跌破。图 3-1-82 是假跌破时的盘口。当时出现了 4411 手和 10182 手的两笔大单，往下砸破 9.90 元，创出新低，但是卖盘上各挡的挂单都只有三位数，与买盘上众多的四位数的挂单相比，显得势单力薄。卖盘没有压出足够多的卖单，是这次假跌破的主要特征。

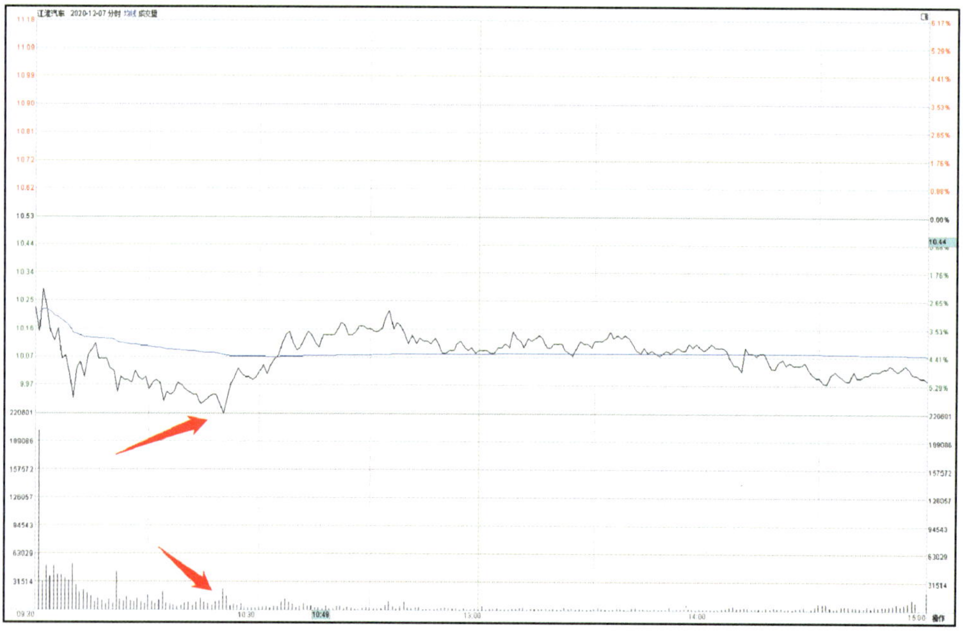

图 3-1-81

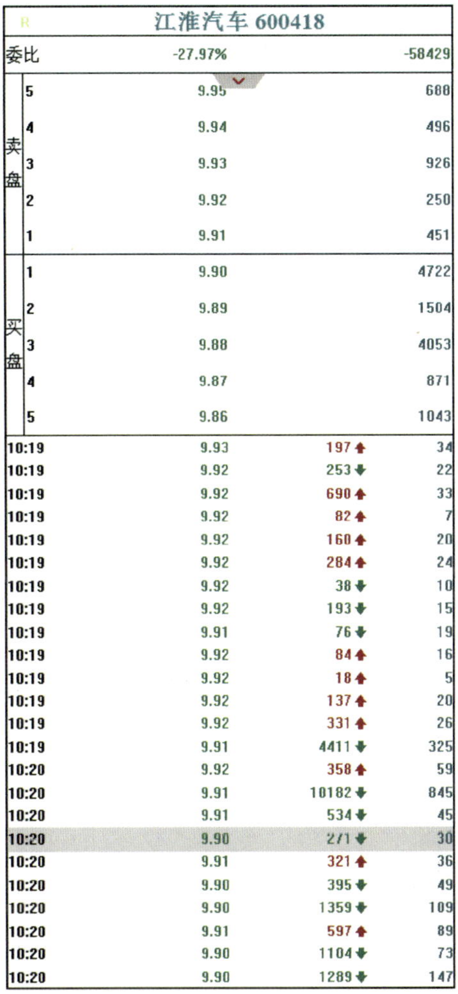

江淮汽车 600418			
委比	-27.97%		-58429
卖盘 5	9.95		688
卖盘 4	9.94		496
卖盘 3	9.93		926
卖盘 2	9.92		250
卖盘 1	9.91		451
买盘 1	9.90		4722
买盘 2	9.89		1504
买盘 3	9.88		4053
买盘 4	9.87		871
买盘 5	9.86		1043
10:19	9.93	197↑	34
10:19	9.92	253↓	22
10:19	9.92	690↑	33
10:19	9.92	82↑	7
10:19	9.92	160↑	20
10:19	9.92	284↑	24
10:19	9.92	38↓	10
10:19	9.92	193↓	15
10:19	9.91	76↓	19
10:19	9.92	84↑	16
10:19	9.92	18↑	5
10:19	9.92	137↑	20
10:19	9.92	331↑	26
10:19	9.91	4411↓	325
10:20	9.92	358↑	59
10:20	9.91	10182↓	845
10:20	9.91	534↓	45
10:20	9.90	271↓	30
10:20	9.91	321↑	36
10:20	9.90	395↓	49
10:20	9.90	1359↓	109
10:20	9.91	597↑	89
10:20	9.90	1104↓	73
10:20	9.90	1289↓	147

图3－1－82

我们再来看一下该股过去的一次真跌破，看其盘口表现。

图3－1－83是江淮汽车2020年7月16日的分时走势图。当日14：33左右，股价下跌并创下新低，其后跌势延续，跌幅可观。图3－1－84是跌破前低时的盘口。我们可以看到，在跌破9.70元创下新低后，卖2和卖3两挡都出现了四位数的压单。虽然这个压单量并不算很大，但至少和买盘上的单量是匹配的，可以给到交易员做空的信心，也给出了明确的止损位，即便做错，亏损也有限。

图 3-1-83

江淮汽车 600418			
委比	-54.40%		-90199
卖盘 5	9.73		89
卖盘 4	9.72		219
卖盘 3	9.71		1186
卖盘 2	9.70		1710
卖盘 1	9.69		397
买盘 1	9.68		3449
买盘 2	9.67		1182
买盘 3	9.66		620
买盘 4	9.65		555
买盘 5	9.64		133
14:32	9.70	224↓	48
14:32	9.70	1321↓	37
14:32	9.70	2395↓	94
14:32	9.70	1140↓	168
14:33	9.70	1857↓	168
14:33	9.70	3301↓	183
14:33	9.69	235↓	26
14:33	9.69	644↓	51
14:33	9.69	369↓	55
14:33	9.67	3681↓	159
14:33	9.68	200↑	15
14:33	9.67	666↓	14
14:33	9.66	501↓	35
14:33	9.67	280↑	35
14:33	9.67	232↑	22
14:33	9.65	652↓	74
14:33	9.65	147↑	12
14:33	9.64	104↓	12
14:33	9.64	134↓	15
14:33	9.63	231↓	22
14:33	9.63	414↓	24
14:33	9.62	487↓	27
14:33	9.63	480↑	13

图 3-1-84

职业日内交易员在做交易之前必定会对个股的历史走势进行复盘，仔细研究过往真假突破的盘口和打单情况，辨析真突破和假突破发生时盘口的不同，提升辨别交易机会的能力。

2. 大盘不配合情况下的假突破

大盘不配合指个股准备向上突破的时候，大盘指数却正在往下跌，或者个股准备向下跌破的时候，大盘指数却正在往上涨。虽然大盘和个股的走势方向并不一定会保持一致，但大盘的走势会影响市场交易者的情绪，如果个股突破时大盘指数恰好正在往反方向走，就很容易出现反向单将个股走势逆转。

股指期货的1分钟K线图是职业日内交易员看盘必备界面之一，因为它的走势可以代表大盘指数的走势，甚至领先于大盘指数的走势。

看图3－1－85和图3－1－86，两者都是股指期货的1分钟K线图。如果个股准备往上突破时股指期货的走势如图3－1－85所示，那么应谨慎做多。当时股指期货走出了一根大阴线，预示着大盘指数正准备破位下跌，因此，如果个股当时往上突破的动能并不是特别强，那么交易员就应主动放弃交易机会，以避免遭遇假突破。

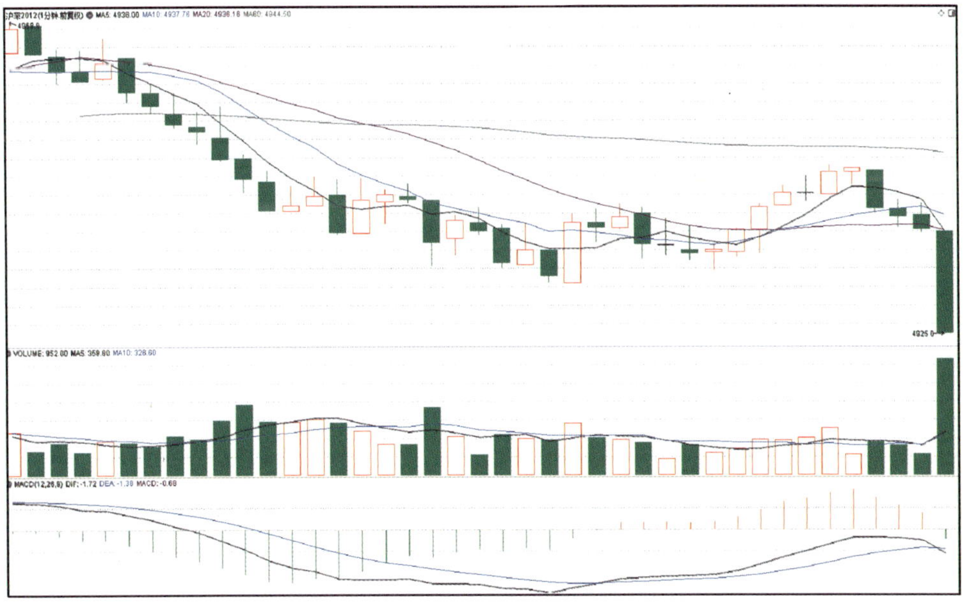

图3－1－85

反过来，如果个股准备往下跌破时股指期货的走势如图3－1－86所示，那么应谨慎做空。当时股指期货拉出了一根大阳线，预示着大盘指数正准备快速上涨，如果这时个股往下跌破的动能不是特别强，交易员就应该主动放弃交易机会，等待个股走势和股指期货走势趋向一致再找机会。

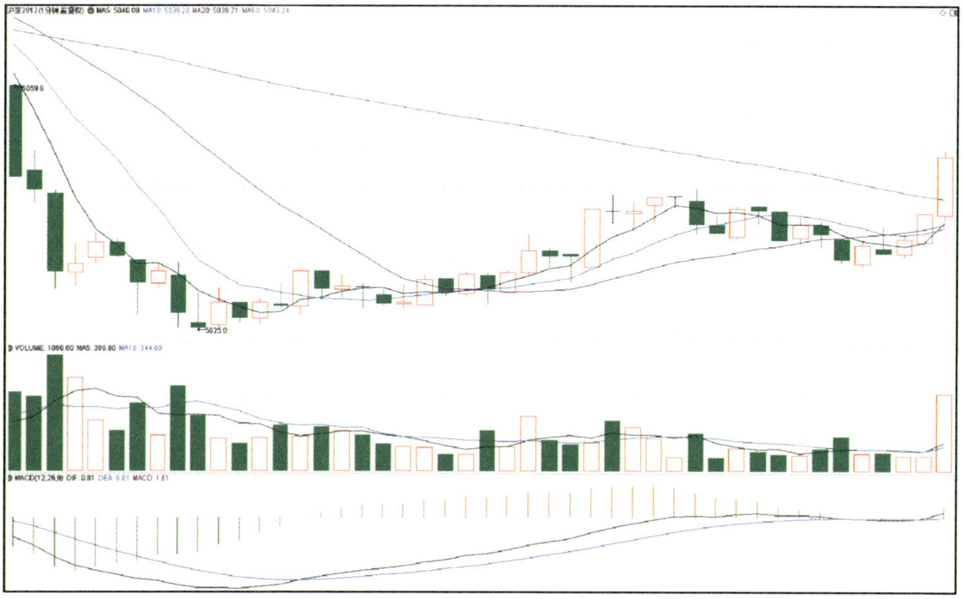

图 3-1-86

在 T+0 交易中，当个股走势和大盘指数走势方向不一致而交易员又不是特别有把握时，应当果断放弃交易，但如果个股盘口显示出打单动能充足，给出的信号非常强烈，那就可以暂时忽略大盘的影响，以个股的盘口为准。根据我们的历史经验，做顺势单是最容易赚到钱的，所以开仓时应尽量顺势而为。

3. 分时启动点过低（过高）情况下的假突破

分时启动点过低（过高），是指股价到达突破位的时候，股价已经上涨（下跌）了一段距离。分时启动点过低（过高）会导致蓄势不够充分，再继续上涨（下跌）的动能不足，容易反转，即便没有反转，后市能走出的空间也不大。

图 3-1-87 是东方财富（300059）2020 年 7 月 6 日的分时走势图。该股在 11：17 试图突破 9：50 创下的前高，结果失败（见图中箭头 1 指示处）。失败的原因是当时这一波上涨已经是分时启动后的第二波上涨，而且上涨的启动点较低，当股价涨到前高位置时，继续上涨的动能已经有点不足了。这一次突破失败后，股价小幅回调并横盘振荡，然后于 11：29 在靠近前高的位置启动并突破成功（见图中箭头 2 指示处）。这一次突破能够成功的原因是启动位置靠近前高，而且经历了横盘蓄势的过程。

图 3－1－87

图 3－1－88 是蓝思科技（300433）2020 年 7 月 3 日的分时走势图。该股在 10：01 跌破前低（左边箭头所指位置），但跌破后并没有再走出空间，而是出现止跌反弹的走势，原因在于这波下跌的启动点偏高，股价跌到前低位置的时候做空力量接近衰竭。之后，股价短暂横盘蓄势，然后再度下跌并创下新低。这次下跌很顺畅，跌幅也不小，原因是这次下跌的启动点就在前低附近（右边箭头所指位置），而且股价经历了短暂的横盘蓄势，做空动能充沛。

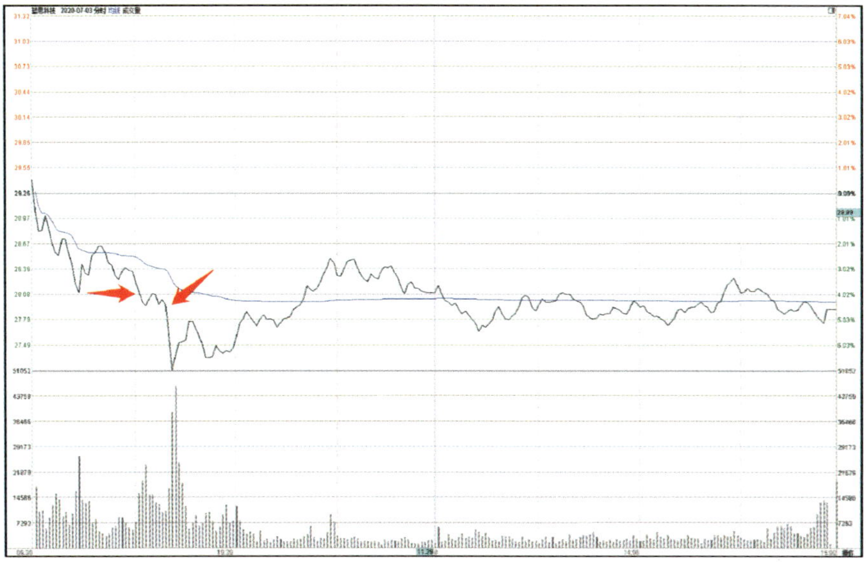

图 3－1－88

看到这里，有些读者可能会觉得困惑："这假突破的情况和之前讲的平台突破新高、平台跌破新低似乎有冲突——同样是创出新高或者新低，为什么之前说的是打开了新的空间，可以追，现在却又说是启动点过高或过低，不能追？"要理解清楚，前两者说的是在行情突发，错过了启动点的情况下，选择在创新高或新低时追单，而且追单是有强势盘口作为支撑的，分时线的斜率也较大。而后者并没有强势盘口的配合，分时线的斜率也不大。在 T+0 交易中，即便采用同样的交易模式，也会获得不同的结果，而职业日内交易员的本事之一就是通过逻辑思考，利用盘口信息去正确判断行情的真假，这也正是 T+0 交易的难点所在。

4. 个股股性较差情况下的假突破

股性较差的个股有以下几个共同特征：走势没有规律，盘口没有规律，经常出现反向单。这类股票多是市值较大的白马股，但一些国内资金坐庄的小市值股票也在此类。

图 3-1-89 是亿纬锂能（300014）2020 年 11 月 5 日的分时走势图。该股当日大涨，盘中涨幅一度达到 9%，但是上涨的方式让交易员感到比较难受：上涨波段有很多个，但是长的短的都有，缺乏规律。一般情况下，在涨势中交易员会选择顺势做多，但是该股下午的三次突破都是创了新高后就涨不动，如果交易员每次突破都打进去，那基本上每次都要平砍出来，亏掉手续费。

图 3-1-89

在实际交易中，还有一些个股的盘口表现符合要求，但交易员开仓之后，却突然出现反手单跳着价位砸穿止损位，当交易员严格执行交易纪律止损出来之后，走势又马上回到原来的方向去，造成交易员看对了方向却还是要亏钱，交易心态受到严重影响。这类个股之所以会这样，主要原因是有机构投资者在调仓。这些机构投资者资金雄厚，扔出一笔反向单就足以改变个股的运行趋势。对于这类个股，交易员应采取正确的交易策略：策略之一是等待个股走势变流畅，每一波行情都有1%以上的波幅的时候再去参与。策略之二是等一个大波段的衰竭点，在有大盘明显配合之时抄底或盖帽。策略之三是对于股性不好的个股，尽量不做第一波行情，而是考虑做第二波、第三波行情。

上面一共讲解了8种形态：平台突破新高、平台跌破新低、区间突破、前高突破、前低跌破、翻红突破、翻绿跌破、整数位突破。不管遇到哪一种形态，最终决定是否开仓交易的都是当时的盘口表现。新手交易员常犯的错误就是“为了做形态而做形态”“为了交易而交易”，忽略了盘口显示的“动能不足”的信号，从而造成亏损。正确的心态应该是为了赢利而交易，没有确定的机会不开仓，管住手，对自己对账户负责。

二、波浪交易模式

波浪交易模式也是重要的T+0交易模式之一。简单来说，波浪交易模式就是运用波浪理论来理解个股即时走势的强弱与趋势，按照分时走势做交易。

在波浪交易模式下，主要观察对象是分时走势图形，其中有价值的图形为上涨波浪图形、下跌波浪图形，还有与前者相关的见顶图形和与后者相关的见底图形。

（一）上涨波浪图形

1. 三浪上涨图形

图3-2-1是典型的三浪上涨图形，其中有3个主升浪和2个调整浪。这类图形有两个要求：

（1）第一个主升浪的涨幅必须大于1%，涨幅越大，说明行情级别越大。若涨幅小于1%的话，我们通常认为股价的上涨空间还没打开，涨势不算强。

（2）第一个调整浪的回调幅度最好不超过第一个主升浪涨幅的1/3，回调幅度越小，说明买方力量越强，走出第二个主升浪的概率就越大。如果回调幅度接近第一个主升浪涨幅的1/2，就说明涨势转弱，大概率不会有第二个主升浪出现；如果回调幅度超过第一个主升浪涨幅的1/2，则说明走势已经逆转，要转向看空了。

在实际交易中如何利用这种走势图形进行交易呢？首先，交易员在看到第一个主升浪并确定涨势将延续之后，准备好做第二个主升浪。其次，重点注意回调情况，集中注意力去观察回调的幅度和力度，如果回调幅度有限（回调幅度等于或小于第一个主升浪涨幅的1/3），就可以选择在股价跌不动的时候果断买入做多（接拐点），或是选择在确定成功突破第一个主升浪高点的时候买入做多（打新高确认点）。至于是选择前者还是选择后者，应视当时的盘口情况和自己的信心而定。如果拐点处的盘口情况理想，打单动能很强，就可以选择接拐点，不用等打新高确认点。如果对个股的股性十分了解，有信心会出现第二个主升浪，就可以选择先接拐点，等到突破第一主升浪高点的时候再打新高确认点进行加仓。

止损位设置：无论是接拐点还是打新高确认点，止损位都放在开仓点附近的买盘上，一旦股价走势与预期不一致即止损。

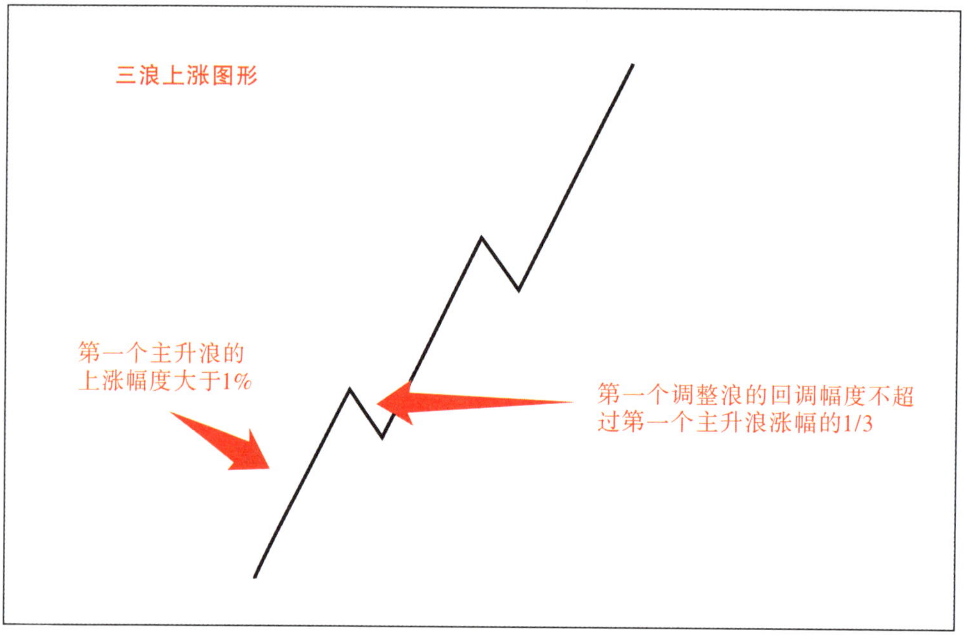

图3-2-1

图3－2－2是华友钴业（603799）2019年5月30日的分时走势图。图中红框内有三个非常明显的主升浪，每个主升浪的涨幅都大于1%。前两个主升浪后面的调整浪回调幅度都非常小（明显不到其前面主升浪涨幅的1/3），显示出走势健康，而当第三个主升浪出现后，股价深度回调，涨势就此结束。

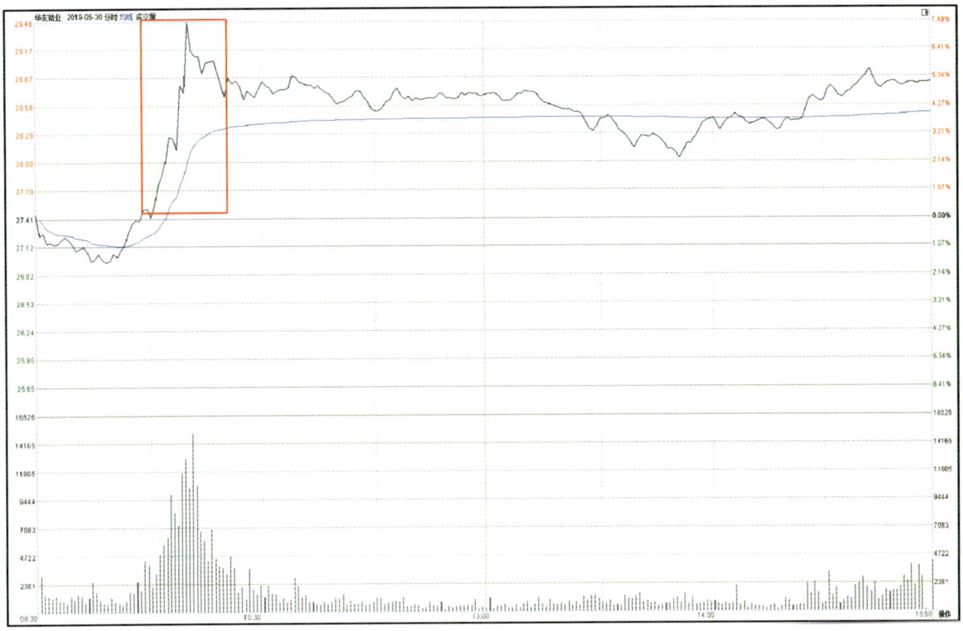

图3－2－2

2. 有调整浪的上涨图形

图3－2－3是典型的有调整浪的上涨图形。这种图形的特征是在第二个主升浪之前有一个“A—B—C”结构的调整浪。这次调整是一个充分蓄势的过程，有助于下一个主升浪走出空间。在实际操作中，交易员可以在C浪结束，股价拐头向上的时候买入做多。止损位的设置与三浪上涨图形相同。

图3－2－4是南大光电（300346）2020年5月6日上午的分时走势图。箭头所指的两处都是“A—B—C”结构的调整浪。

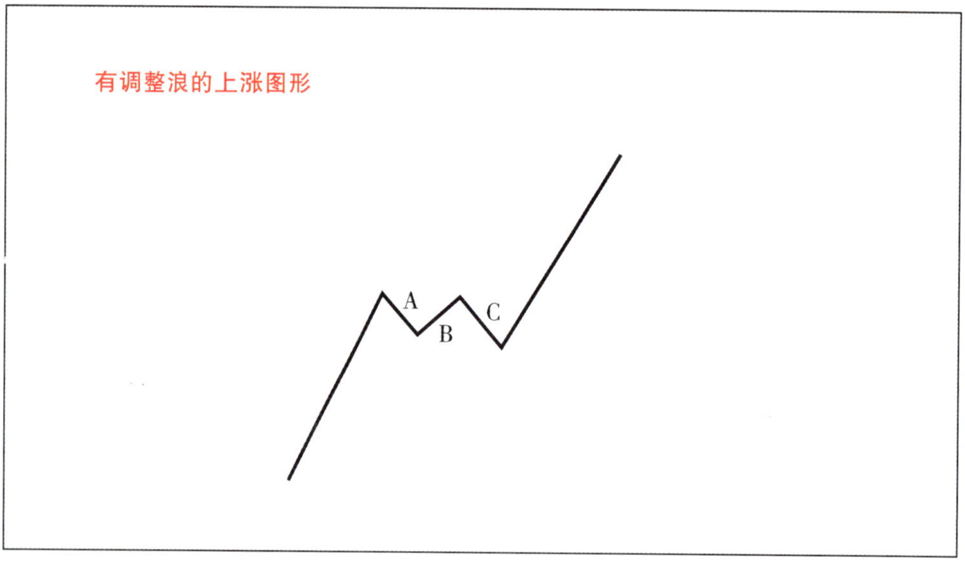
有调整浪的上涨图形
A
B
C

图 3-2-3

南大光电 2020-05-06 分时 均线 成交量
28.12
27.75
27.39
27.02
26.66
26.29
25.93
25.56
25.19
24.83
24.46

图 3-2-4

3. 变异上涨图形

图3－2－5和图3－2－6都是典型的变异上涨图形，特征是没有走出具有连贯性的大幅上涨行情，而是在涨势中夹杂着很多小级别的调整。这些小级别的调整并没有改变整体走势，股价还会择时再度进入主升浪。

止损位设置：变异上涨图形中常夹杂着假突破、假启动，因此止损位应设在开仓点附近的买盘上，一旦股价走势与预期不一致即止损。

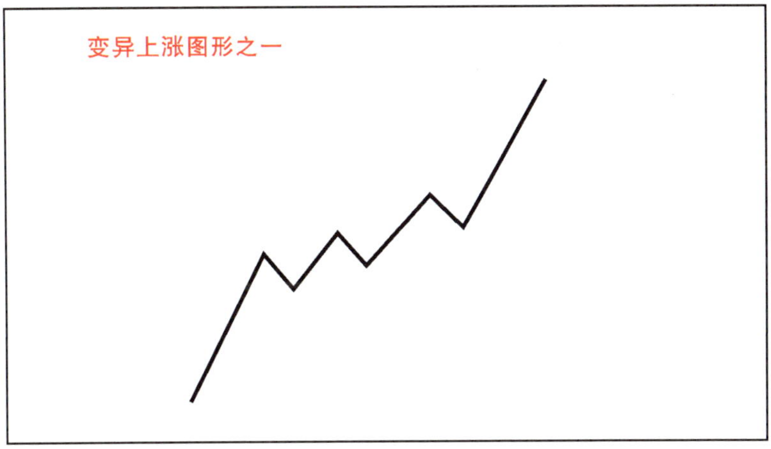

图3－2－5

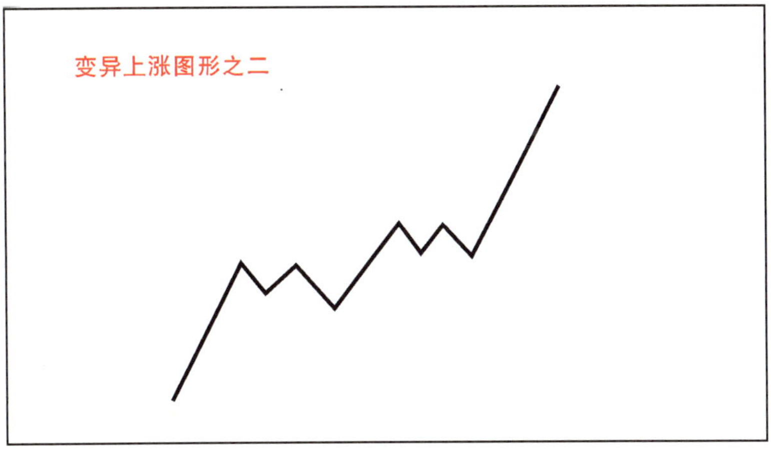

图3－2－6

图3－2－7是东方财富（300059）2020年11月30日的分时走势图。在图中红框处，股价先是走出了一个“A—B—C”结构的调整浪（红框处），创了新高后又再度短暂回调，之后才走出真正的主升浪。在这种情况下，很多交易员可能会在C浪的拐点处做多，但在短暂回调时觉得涨不动了就平仓了，从而错

过了后面真正的主升浪。如果交易员对个股上涨趋势有正确的判断，就会看到股价整体涨势还很明显，回调幅度有限，走势结构并未被破坏，不会轻易平掉手中的多单，甚至可以在股价再度向上时加仓。

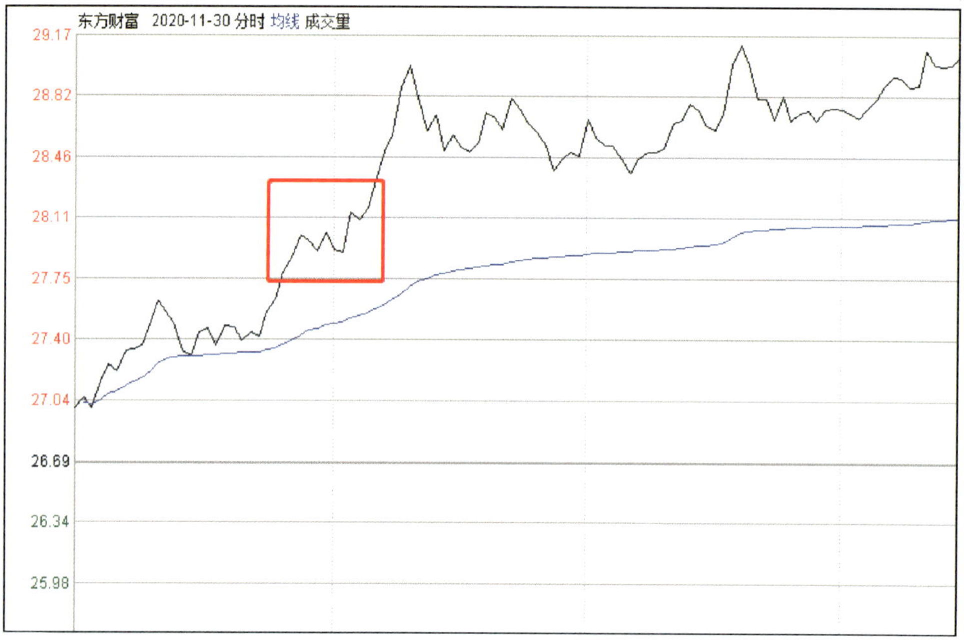

图 3－2－7

图 3－2－8 是东方财富（300059）2020 年 10 月 12 日的分时走势图。股价在早盘连续走了两个“A—B—C”结构的调整浪（红框处）后才进入第二个主升浪。如果把时间拉长一点来看的话，就可以发现这两个调整浪组成了一个更大的“A—B—C”结构的调整浪。对于东方财富这种大盘股来说，出现连续快速上涨行情的概率较小，在一波快速上涨后股价能够横住就已经代表多头处于强势了。

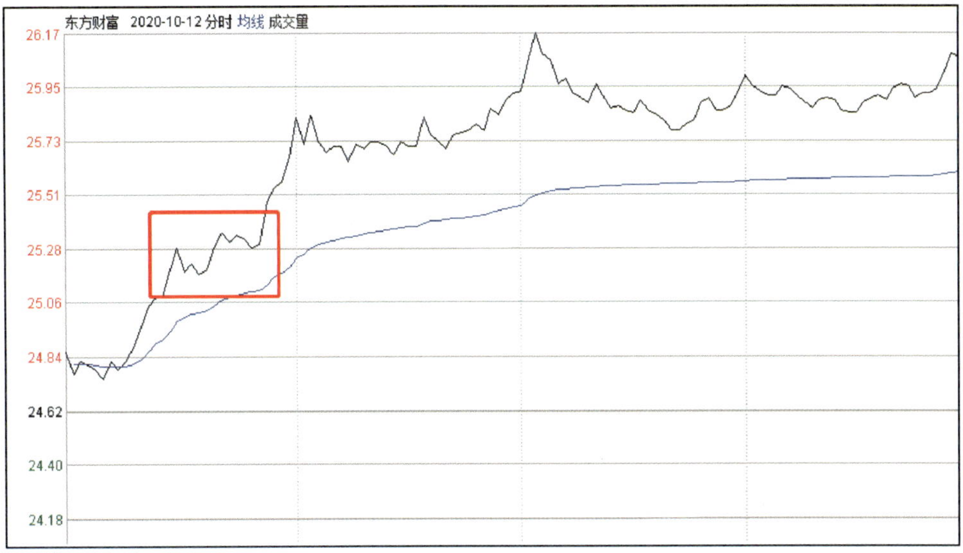

图3-2-8

在实际交易中看到的大部分上涨图形都是变异上涨图形，交易员首先要做的是判断股价的趋势是不是持续上涨的，如果是，那么再根据盘口的打单动能、期指和大盘的配合情况、联动个股的走势等找到多信号共振的点去做多。

（二）见顶图形

涨势结束的时候，通常会出现明显的见顶信号，而我们通常会把见顶后的次高点视为最佳做空点。常见的见顶图形有两种，下面我们结合案例来作详细讲解。

1. 不创新高见顶图形

图3-2-9是典型的不创新高见顶图形，其主要特征有3个：

（1）振幅较大，主升浪的涨幅均大于1%。

（2）某个主升浪后的回调跌幅较大，达到或超过该主升浪涨幅的1/2。这是走势转弱的第一个信号。

（3）再上涨时股价无法创出新高。这是走势转弱的第二个信号。这次上涨形成的次高点就是最佳做空点。

止损位设置：在次高点做空，预期收益一般比较高且止损空间很小。止损位可以设在前一波上涨的高点处。前一波上涨的高点处通常压有大卖盘，一旦此卖盘被突破就必须立刻止损。

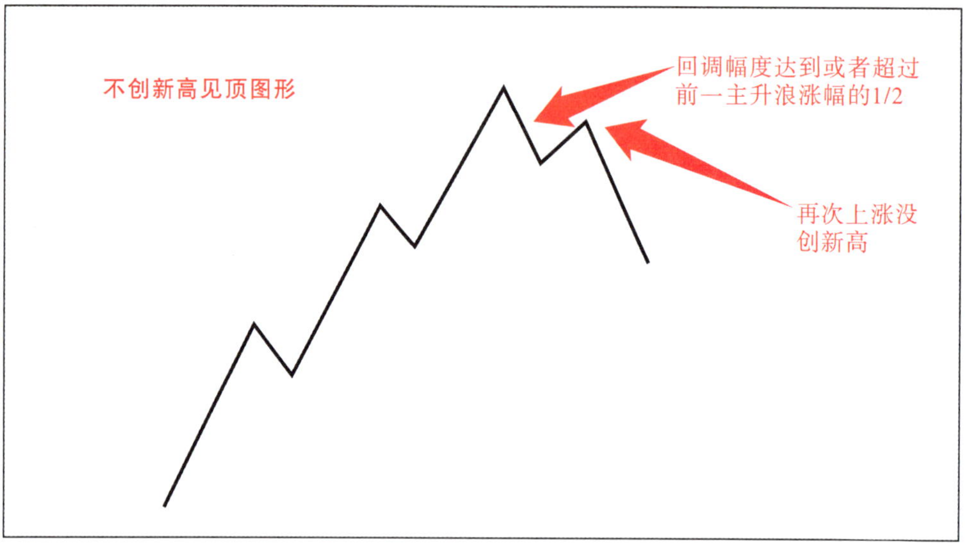

图 3-2-9

图 3-2-10 是江淮汽车（600418）2020 年 8 月 18 日的分时走势图。在图中红框处，股价冲高后回落，跌幅颇大，发出明显的走势转弱信号，接下来反弹形成的次高点就是绝好的做空点。在实际交易中，交易员看到这种走势时，应做好在次高点做空的准备。

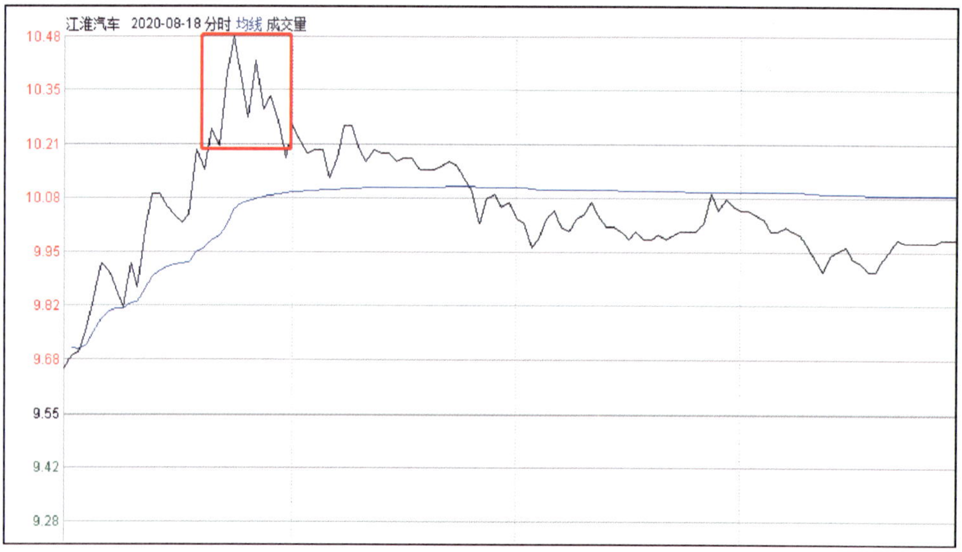

图 3-2-10

图 3-2-10 呈现的是教科书般的走势，但在现实中，还有大量的回调很浅、第一个走势转弱信号不明显的情况。

图3－2－11是寒锐钴业（300618）2020年8月6日的分时走势图。在图中红框处，股价见到89.90元的高点后回落，回调幅度很小，没有第一个走势转弱信号发出，但后来的反弹同样无力，涨势宣告结束。这里的次高点同样是最佳做空点。

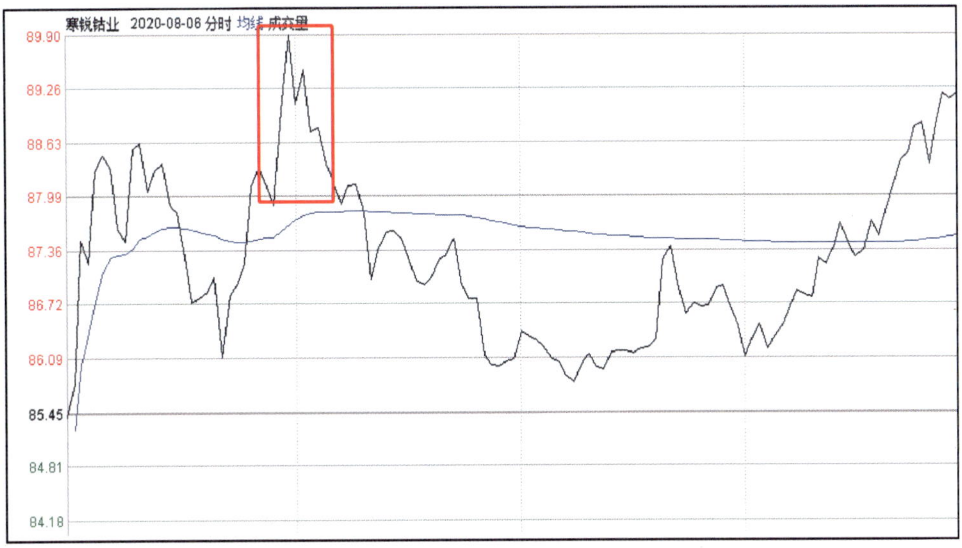

图3－2－11

2. 创新高见顶图形

图3－2－12是典型的创新高见顶图形，其主要特征是股价虽然继续上涨并创出新高，但是某一波上涨的涨幅与其前面一个主升浪的涨幅相比明显缩小，或者涨速变缓（表现为分时线斜率变小），有上涨动能衰竭的表现。创新高的这波上涨大概率是最后一波上涨了，交易员可以在股价涨不动的时候卖出做空，止损位设在开仓点附近的卖盘上。

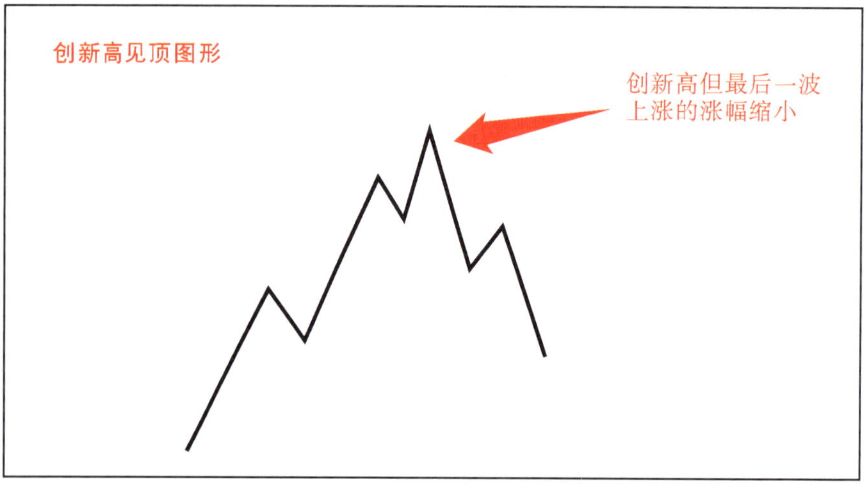

图 3-2-12

图 3-2-13 是江淮汽车（600418）2020 年 11 月 25 日的分时走势图。图中红框标注出的第二波上涨虽然创出了新高，但是涨幅较前一波上涨明显缩小，这是上涨动能衰竭的表现。交易员可以在拐点处平掉多单，转开空单。

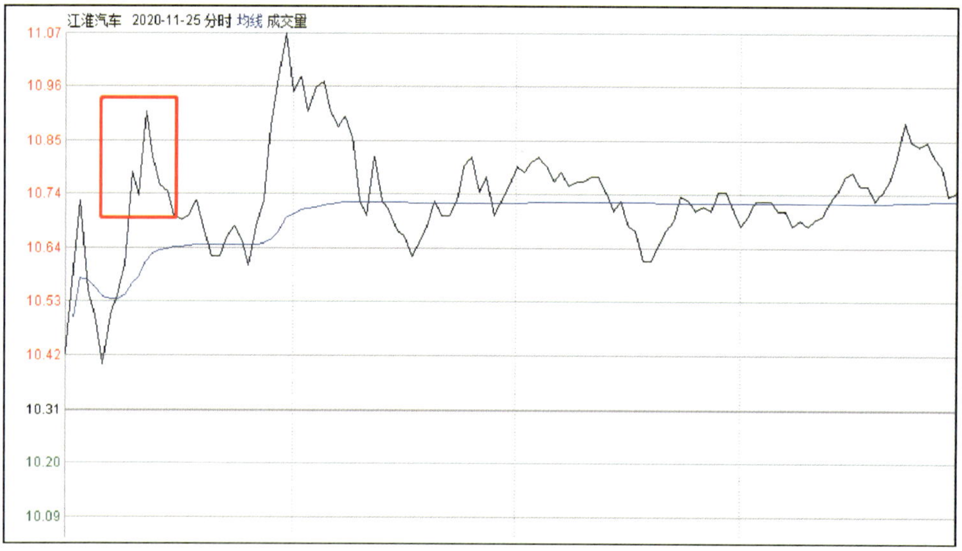

图 3-2-13

图 3-2-14 是东方财富（300059）2021 年 2 月 9 日的分时走势图。图中红框标注出的第二波上涨也是创出了新高但涨幅较前一波上涨明显缩小。之后，股价走势转为快速下跌。这波上涨夭折的原因是受到当时大盘快速下跌的影响。与上例一样，交易员可以在创新高后的拐点处平掉多单，转开空单。

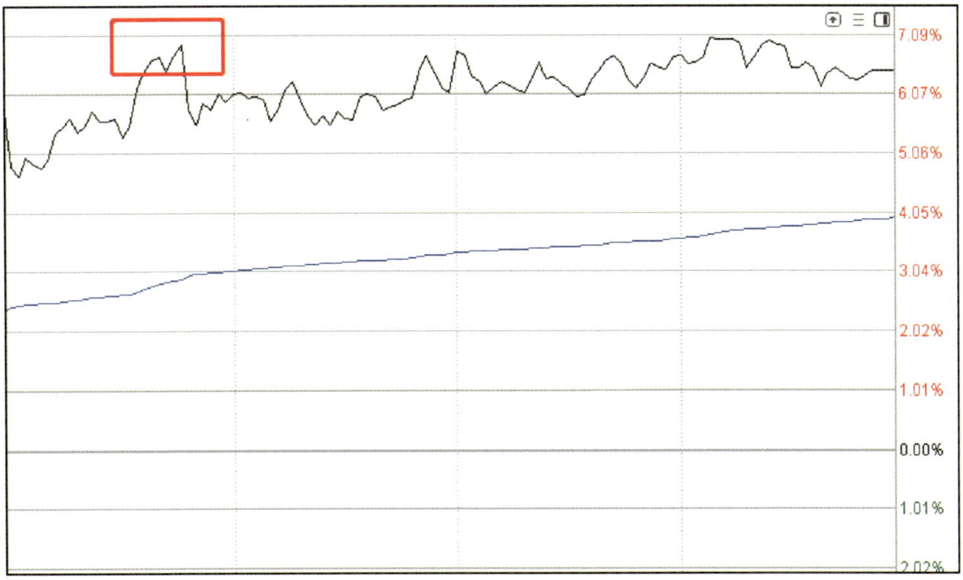

图 3－2－14

（三）下跌波浪图形

1. 三浪下跌图形

图 3－2－15 是典型的三浪下跌图形。该图形所呈现的股价走势与三浪上涨图形刚好相反。这类图形也有两个要求：

（1）第一个主跌浪的跌幅必须大于 1%，幅度越大，说明行情级别越大。跌幅小于 1% 的话，我们通常认为股价的下跌空间还没打开，跌势不算猛。

（2）第一个主跌浪后的反弹（调整浪），其涨幅最好不超过第一个主跌浪跌幅的 1/3，反弹幅度越小，说明卖方力量越强，走出第二个主跌浪的概率就越大。如果反弹幅度接近第一个主跌浪跌幅的 1/2，就说明跌势转弱，大概率不会有第二个主跌浪了。如果反弹幅度超过第一个主跌浪跌幅的 1/2，则说明个股走势已经被逆转，要转向看多了。

在实际交易中，交易员看到个股大幅下跌时，首先要看准方向，准备好做第二个主跌浪。重点是集中注意力去观察反弹的幅度，感受反弹的力度，如果断定反弹较弱，那么可以在反弹结束的拐点处果断做空，或是在新低确认点做空。至于是做拐点还是做新低确认点，取决于当时的盘口情况，如果拐点处空单压制明显，那么可以选择直接在拐点处做空，而不用等新低确认点出现后再做空。

止损位设置：无论是在拐点处做空还是等新低确认点出现后再做空，止损位都设在开仓点附近的卖盘上，一旦股价走势与预期不一致即止损。做错时先控制亏损，再重新去分析股价走势和调整交易节奏。

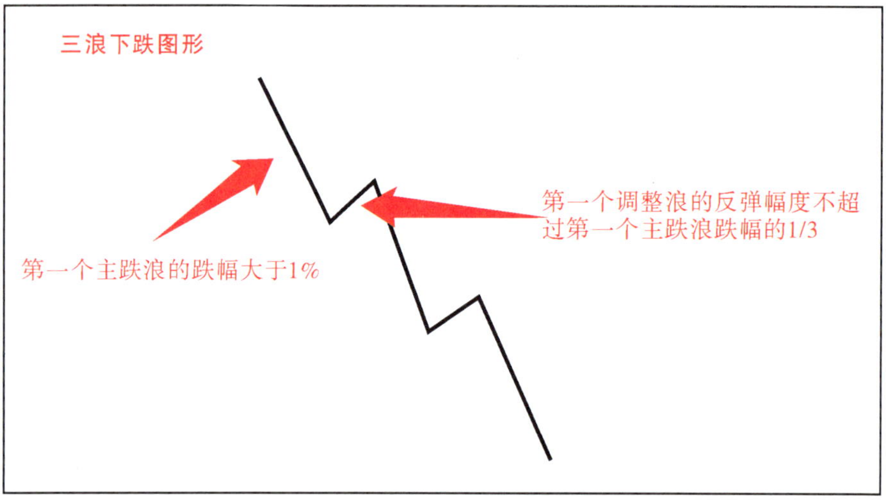

图 3-2-15

图 3-2-16 是福鞍股份（603315）2020 年 12 月 21 日的分时走势图。在图中红框标注的地方出现了三波明显的下跌，每波下跌的幅度都明显大于 1%，而前两次反弹的幅度都明显小于各自前面主跌浪跌幅的 1/3。第三波下跌后的反弹幅度超过了其前面主跌浪跌幅的 1/2，之后股价重回升势。

图 3-2-16

2. **有调整浪的下跌图形**

图3－2－17是典型的有调整浪的下跌图形，其特征是第二浪下跌并不是干脆利落地跌下去，而是先走一个“A—B—C”结构的调整浪再跌下去。这个“A—B—C”结构的调整浪是一个蓄势的过程，有助于下一个主跌浪跌出空间。在实际操作中，交易员可以在C浪反弹结束，股价拐头向下的时候卖出做空。

止损位设置：开仓是在C浪反弹结束，股价拐头向下的时候，打的是新跌势的启动点，因此，应把止损位设在开仓点附近的卖盘上，一旦股价走势与预期不一致即止损。

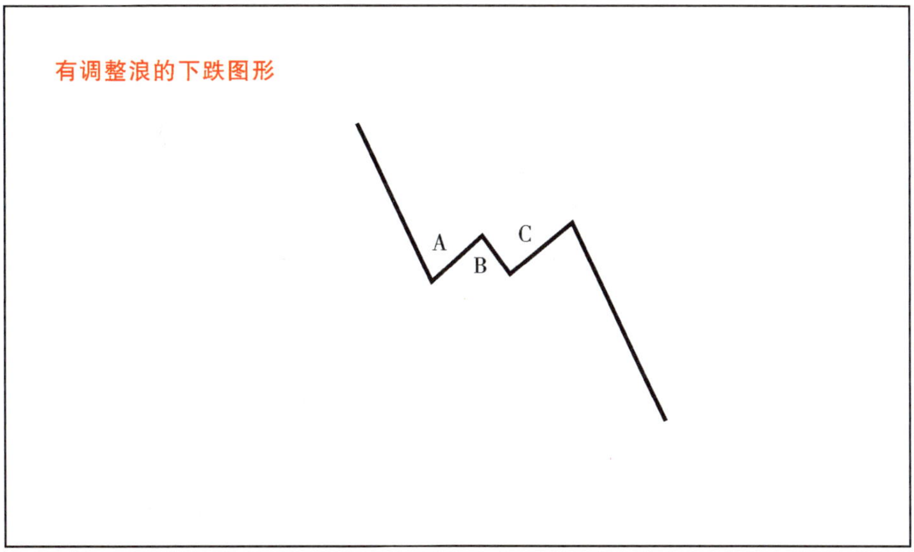

图3－2－17

图3－2－18是智光电气（002169）2020年3月24日上午的分时走势图。红框处股价走出一个“A—B—C”结构的调整浪后再度向下。这种走势在下跌行情中非常常见。

图 3-2-18

3. 变异下跌图形

图 3-2-19 和图 3-2-20 都是典型的变异下跌图形，特征是跌势中夹杂着很多小结构的反弹。这些小结构的反弹并没有改变股价的整体走势，只是数次短暂整理的过程，股价还会择时再度进入主跌浪。

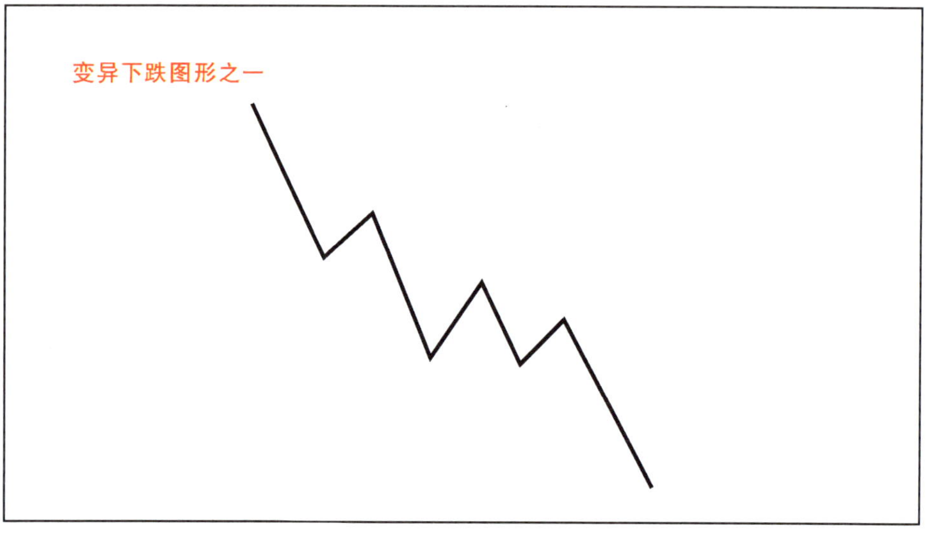

图 3-2-19

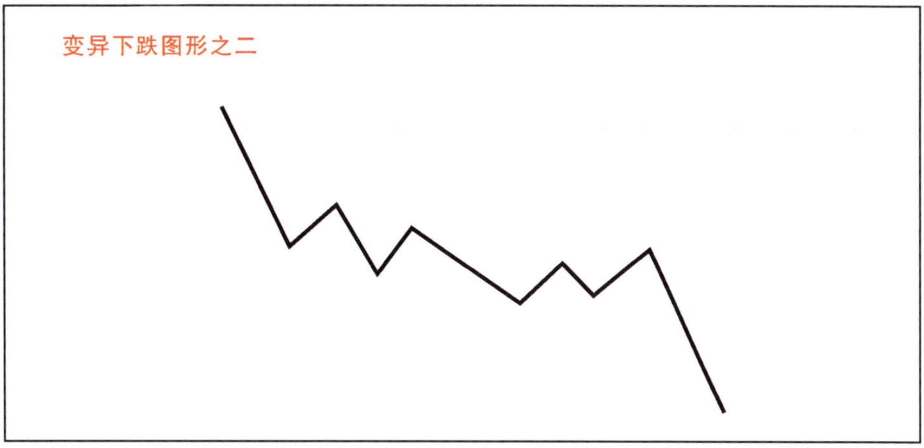

图3-2-20

在实际交易中看到的大部分下跌走势都是变异下跌图形。变异下跌图形的具体呈现形态有多种，但它们都具有共同的特征：反弹无力（反弹的幅度有限），股价走势整体呈被压制的状态。面对变异下跌图形，交易员首先要做的是确认股价的趋势是不是持续下跌的，如果是，那么再根据盘口的打单动能、股指期货和大盘的走势、联动个股的走势等找到多信号共振的点去做空。

止损位设置：止损位设在开仓点附近的卖盘上，一旦股价走势与预期不一致即止损。

图3-2-21是兆易创新（603986）2020年7月15日上午的分时走势图。图中红框内就是一个变异下跌图形。

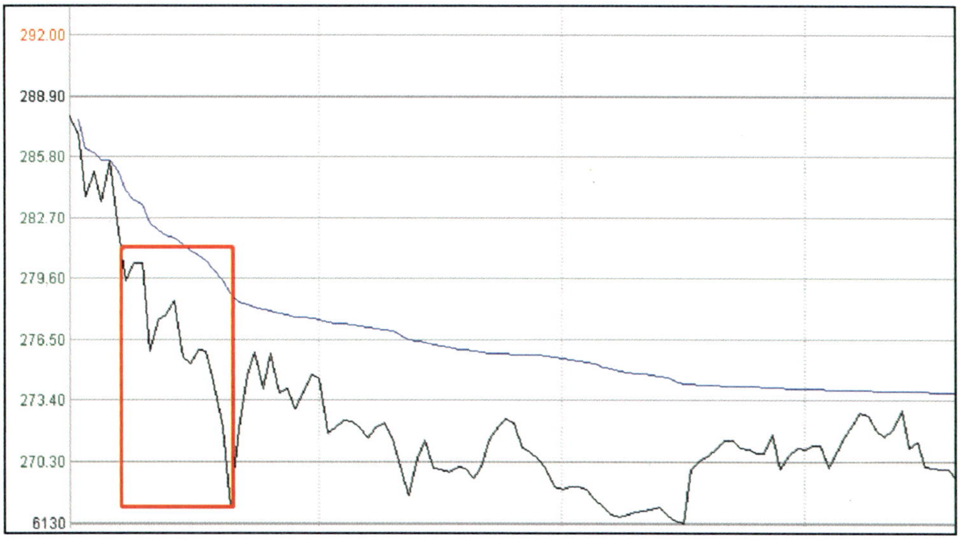

图3-2-21

图3-2-22是兆易创新2020年12月7日上午的分时走势图。图中红框内有两个变异下跌图形。

图3-2-22

（四）见底图形

1. 不创新低见底图形

图3-2-23是典型的不创新低见底图形，其主要特征有3个：

（1）振幅较大，主跌浪的跌幅均大于1%。

（2）某个主跌浪后的反弹涨幅较大，达到或超过该主跌浪跌幅的1/2。这是走势转强的第一个信号。

（3）再下跌时无法再创出新低。这是走势转强的第二个信号。这次下跌形成的次低点就是最佳做多点。

止损位设置：在次低点做多，预期收益一般比较高且止损空间很小。止损位应设在前一波下跌的低点位置。前一波下跌的低点位置一般垫有大买盘，一旦被跌破就立刻止损。

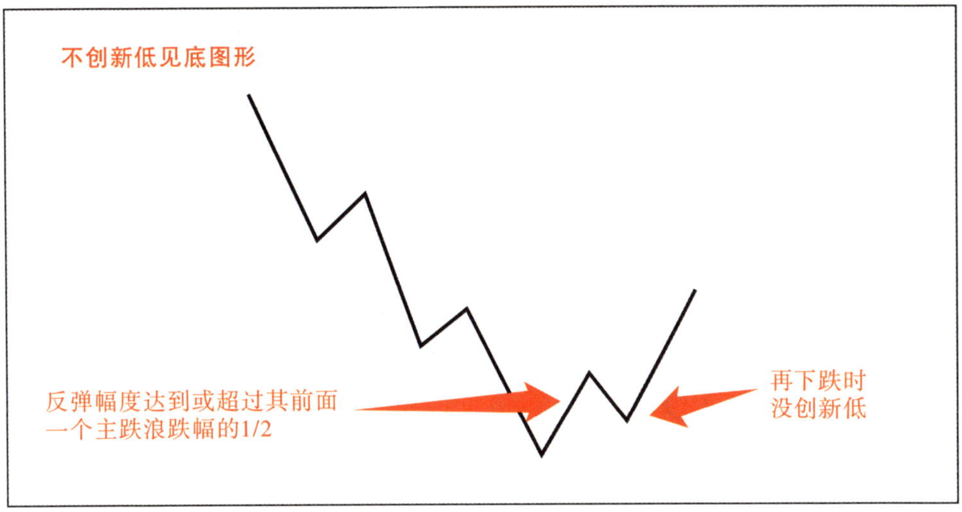

图 3－2－23

图 3－2－24 是泸州老窖（000568）2020 年 12 月 23 日的分时走势图。图中三个红框内都是典型的不创新低见底图形。

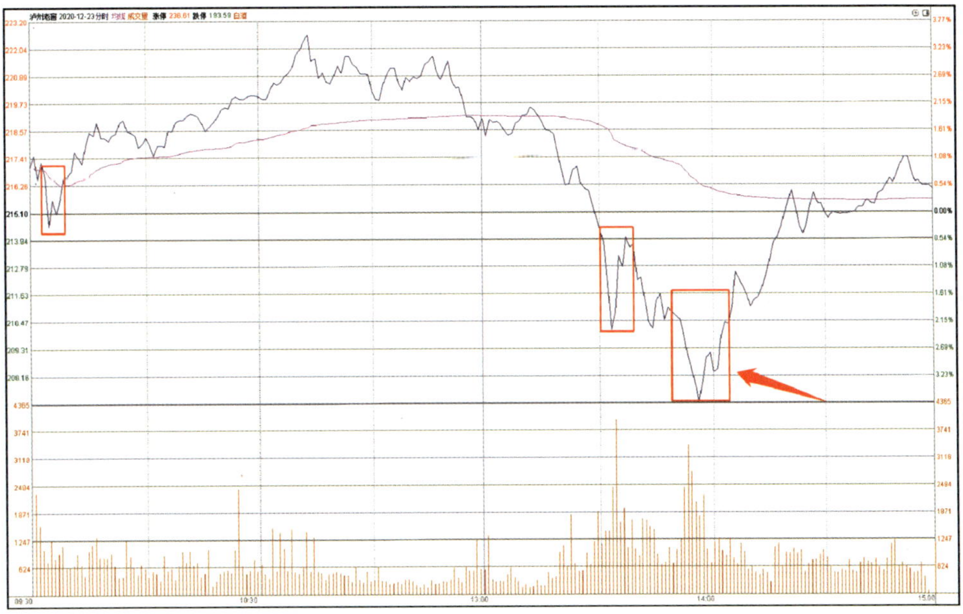

图 3－2－24

2. 创新低见底图形

图 3－2－25 是典型的创新低见底图形，其主要特征是股价虽然继续下跌并创出新低，但是这一波下跌的跌幅与其前面一个主跌浪的跌幅相比明显缩小，或者跌速变缓（表现为分时线斜率变小），有下跌动能衰竭的表现。创新低的这

波下跌大概率是最后一波下跌了，交易员可以在股价跌不动的时候买入做多。

止损位设置：止损位设在开仓点附近的买盘上。

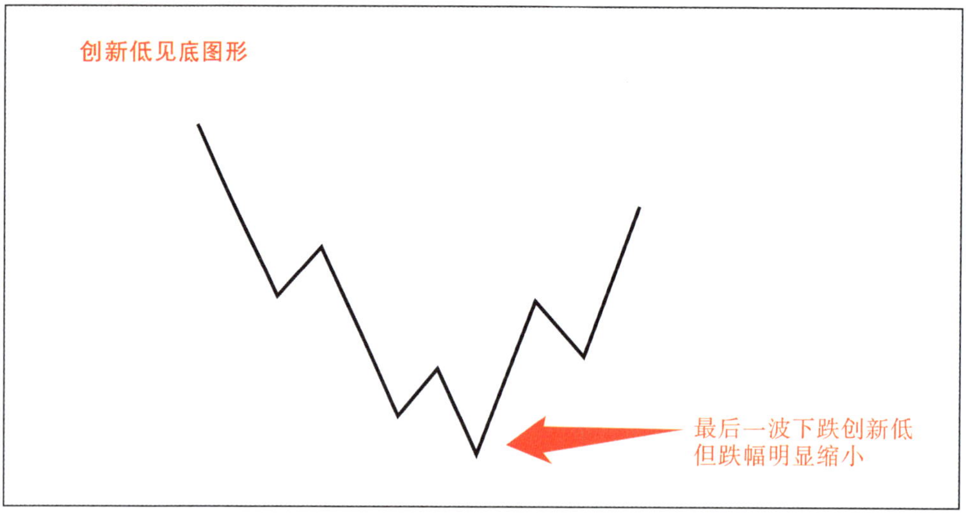

图 3－2－25

图 3－2－26 是长安汽车（000625）2020 年 12 月 23 日的分时走势图。在两个红框内的走势中，第二个主跌浪都创出了新低，但跌幅与前一个主跌浪相比明显缩小，有下跌动能衰竭的表现。交易员可以在拐点处平掉空单，转开多单。

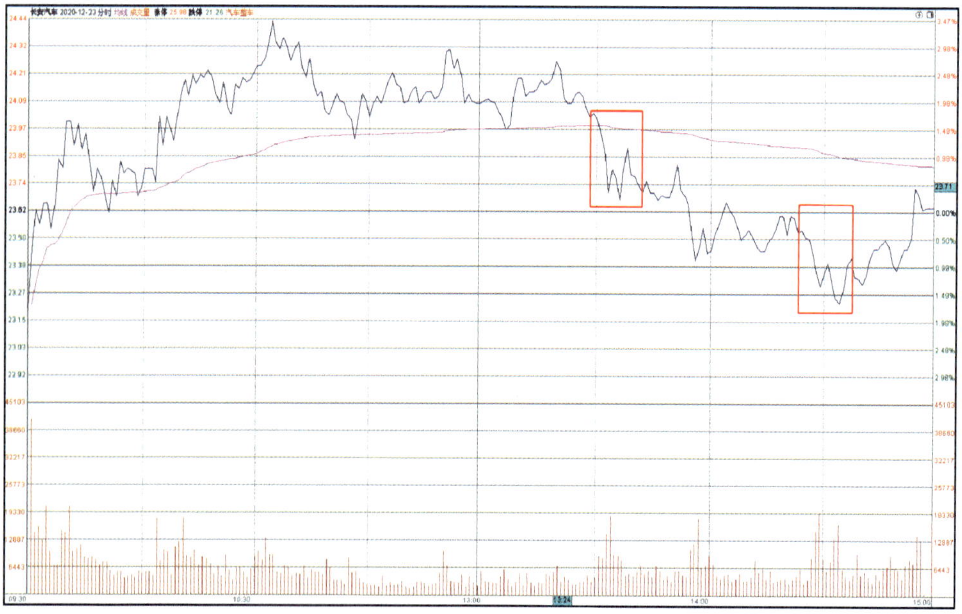

图 3－2－26

波浪交易模式的要点总结如下：

（1）涨跌幅度大的走势才有价值，因为大波浪才有规律，小波浪是无序的。

（2）通过主升浪和调整浪看清楚股价波动的趋势，没有转势信号出现之前只做顺势交易。

（3）在大盘配合的情况下，个股走势更有可能延续。

（4）有把握的话可直接打拐点，没把握就等新高确认点或新低确认点出现。

（5）做有“A—B—C”结构的调整浪的变异图形通常更稳妥一些，因为股价走势经历了整固阶段。

（6）要经常进行复盘，熟悉个股在过去顺利走出三浪行情时对应的盘口特征，以及需要走出调整浪时对应的盘口特征。

三、联动交易模式

所谓联动交易模式，指的是如果股票A、股票B之间存在紧密的联动关系，那么交易者就可以利用股票A快速上涨对股票B的带动作用，在股票A快速上涨时买入股票B，赚取利润。

在A股市场中主要有以下几种联动关系：

（1）同行业个股的联动。比如证券行业个股的联动、地产行业个股的联动、芯片行业个股的联动。

（2）同概念个股的联动。比如工业大麻概念个股的联动、数字货币概念个股的联动、虚拟现实概念个股的联动。

（3）同地区个股的联动。比如上海地区个股的联动、福建地区个股的联动、新疆地区个股的联动。

（4）其他类型的联动。比如同一实际控制人个股的联动、同公司A股与H股的联动、“中字头”个股的联动。

在讲解案例之前，先重点提示联动交易模式的两个要点：一是在日内行情中，个股突发性涨停的瞬间对同板块其他个股的影响最为强烈。当发现某个板块有多只个股异动走强的时候，要第一时间选出日内龙头并将其放到看盘界面的主窗口重点监视。一般而言，即时涨幅最大尤其是最早涨停的个股就是板块的日内龙头。板块内已经有个股涨停时，可以把其他接近涨停的个股视为联动交易标的重点观察。二是如果股票 B 跟着股票 A 波动，那么股票 B 的开仓时机往往与股票 A 的开仓时机同步。

要用好联动交易模式，必须要做历史复盘，研究过往行情出现时相关个股的联动关系，了解的内容要具体到盘口、打单速度及波动空间，以便在后期出现类似行情时有经验可参考。下面我们通过具体案例来解析部分联动关系以及相应的交易方法。

（一）同行业个股的联动

下面以光大证券、中信建投、东方财富的联动和国联证券、中金公司的联动为例来讲解同行业个股的联动，这几只个股同属证券行业。

先来看联动跟涨的例子。

图 3－3－1 是光大证券（601788）2020 年 6 月 22 日的分时走势图。当日该股开盘后快速飙涨，短时间内涨幅就达到 8%，成为证券行业板块日内龙头。从该股分时走势的表现可以看出做多力量势头强劲，股价有机会冲击涨停。如果这时交易员关注到此现象，那么就可以在光大证券向涨停发起冲击的时候在中信建投或东方财富等同行业个股上开仓做多，赚取个股跟涨带来的利润。

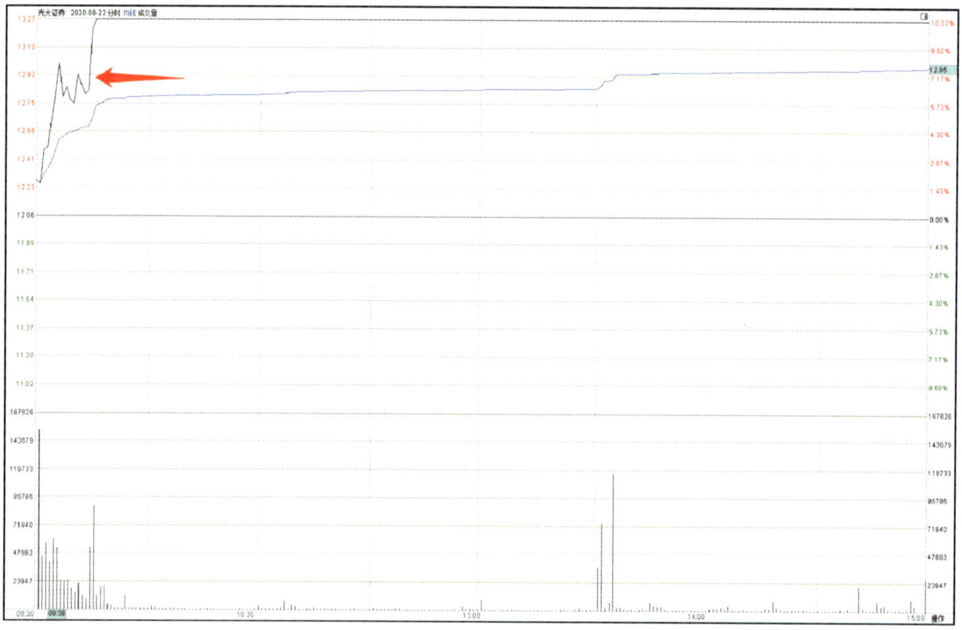

图 3－3－1

可能有人会发出疑问："为什么在光大证券向涨停发起冲击的时候就可以开仓，而不是等到光大证券封板的那一刻才开仓？"原因是光大证券一开盘就迅速冲高，股价涨幅一度高达8%，在高点处的抛盘很大，这个高点较难被突破，而一旦被突破，股价就大概率会冲击涨停，所以确认突破高点的那一刻（启动时间）就是最佳的开仓时机，这也是市场的共识。如果等光大证券涨停后再去开仓做联动，那么就错过了最佳开仓时机，少赚了一些差价。

图3-3-2是用同花顺超级盘口功能对光大证券当日走势做的复盘。从图中可以看到，当日光大证券在冲击涨停前曾两次冲击13.00元整数关但均受阻回落，不过回落低点呈上移之势。交易员看到这种情况时，就可以提前设置一个做联动的开仓条件：当光大证券有效突破13.00元整数关的时候，就在中信建投和东方财富上开仓。换个角度想一下，假设我们不是做联动，而是以光大证券为交易标的，那么开仓时机显然就是股价确定突破13.00元整数位的时候。这就是上面所说的"如果股票B跟着股票A波动，那么股票B的开仓时机往往与股票A的开仓时机同步"。

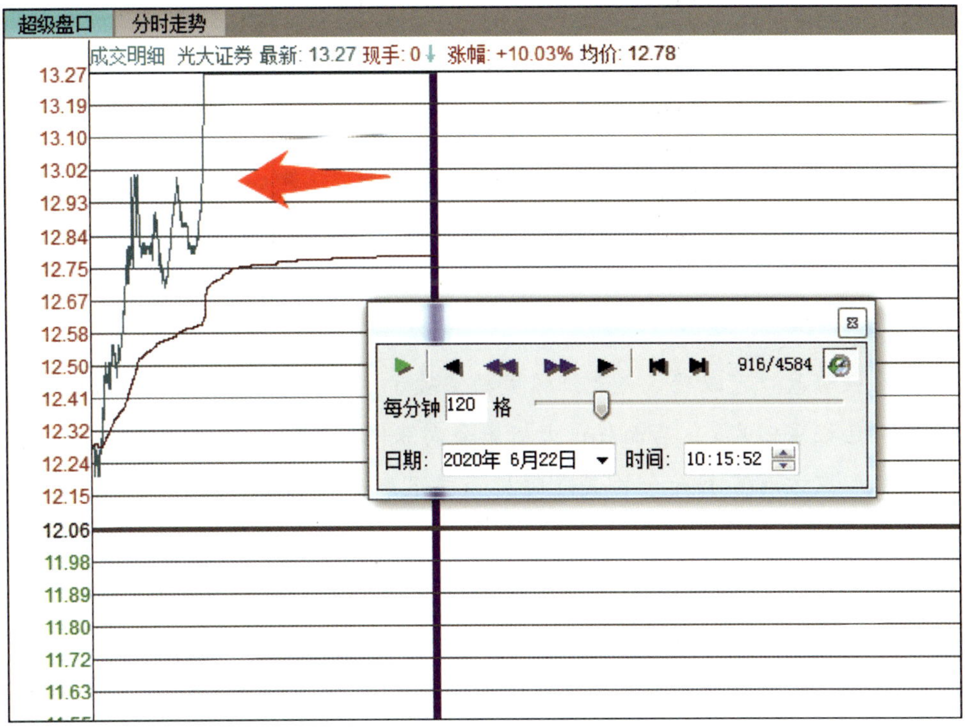

图3-3-2

图3-3-3是光大证券突破13.00元整数关口时的盘口，盘口时间是

9：44：41。从图中可以看到当时出现了一笔 14393 手的大买单将原来 13.00 元以下的卖单全部吃掉，13.00 元处还反垫出了 8730 手的买单。

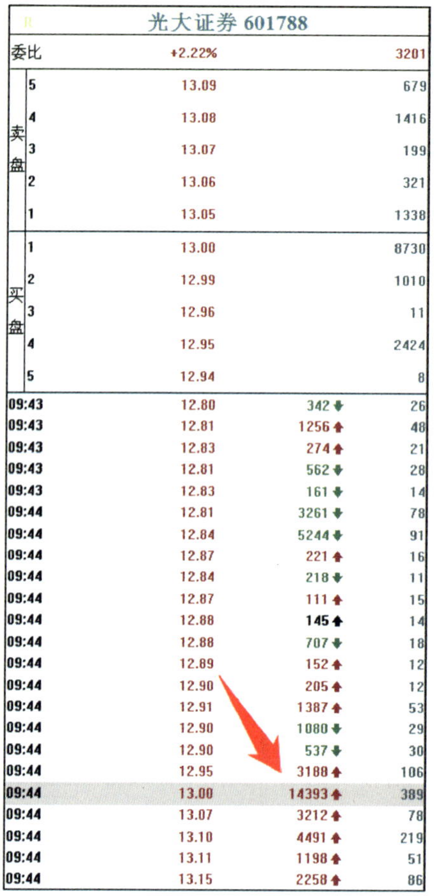

光大证券 601788			
委比	+2.22%		3201
卖盘 5	13.09		679
卖盘 4	13.08		1416
卖盘 3	13.07		199
卖盘 2	13.06		321
卖盘 1	13.05		1338
买盘 1	13.00		8730
买盘 2	12.99		1010
买盘 3	12.96		11
买盘 4	12.95		2424
买盘 5	12.94		8
09:43	12.80	342↓	26
09:43	12.81	1256↑	48
09:43	12.83	274↑	21
09:43	12.81	562↓	28
09:43	12.83	161↓	14
09:44	12.81	3261↓	78
09:44	12.84	5244↓	91
09:44	12.87	221↑	16
09:44	12.84	218↓	11
09:44	12.87	111↑	15
09:44	12.88	145↑	14
09:44	12.88	707↓	18
09:44	12.89	152↑	12
09:44	12.90	205↑	12
09:44	12.91	1387↑	53
09:44	12.90	1080↓	29
09:44	12.90	537↓	30
09:44	12.95	3188↑	106
09:44	13.00	14393↑	389
09:44	13.07	3212↑	78
09:44	13.10	4491↑	219
09:44	13.11	1198↑	51
09:44	13.15	2258↑	86

图 3－3－3

这个强势盘口可以确认光大证券成功突破了 13.00 元的压力位。这时光大证券的涨幅已经重回 8%，后面股价大概率会向涨停发起冲击，所以此时也就是在中信建投和东方财富上开仓的最佳时机。接下来我们看看同一时间中信建投和东方财富的表现。

图 3－3－4 是中信建投（601066）2020 年 6 月 22 日的分时走势图，图 3－3－6 是东方财富（300059）2020 年 6 月 22 日的分时走势图，图中坐标定位的地方都刚好是一个主升浪的启动点，对应的时间都是 9：44。图 3－3－5 是中信建投当日在 9：44：41 的盘口，图 3－3－7 是东方财富当日在 9：44：41 的盘口，从两张图下方的分时成交情况可以看出，就在这个时间点之后，在两只个股上都出现了连续的买单将股价推高。

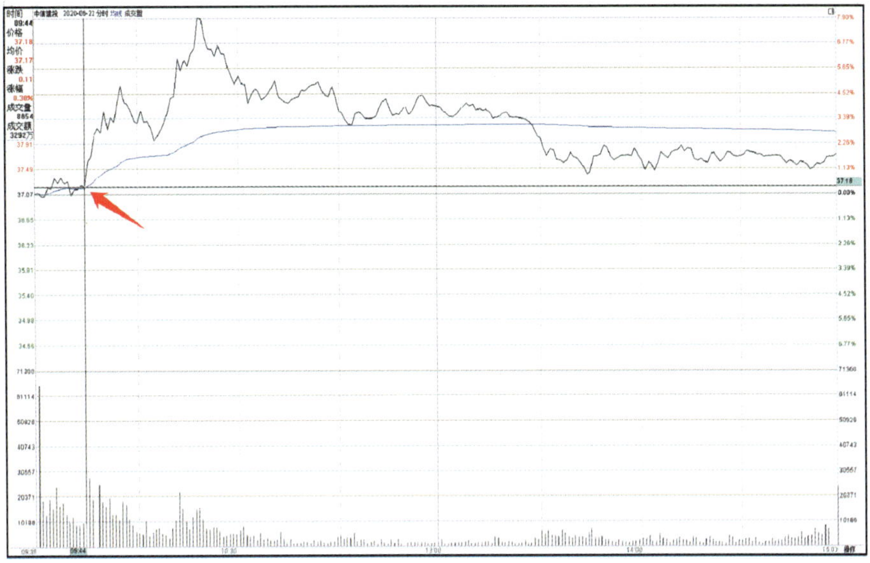

图3-3-4

中信建投 601066			
委比	-39.62%		-28850
卖盘 5	37.20		972
4	37.19		133
3	37.18		604
2	37.17		35
1	37.15		315
买盘 1	37.11		8
2	37.10		2612
3	37.09		53
4	37.08		172
5	37.07		375
09:44	37.20	166↓	33
09:44	37.20	386↑	41
09:44	37.18	261↓	39
09:44	37.18	308↑	15
09:44	37.18	284↑	30
09:44	37.15	916↓	103
09:44	37.13	226↑	13
09:44	37.15	559↑	32
09:44	37.10	1467↓	52
09:44	37.13	871↑	64
09:44	37.15	156↑	19
09:44	37.18	580↑	56
09:45	37.22	1310↑	75
09:45	37.30	1715↑	168
09:45	37.35	993↑	108
09:45	37.38	1280↑	142
09:45	37.48	1162↑	131
09:45	37.50	1170↑	47
09:45	37.53	2335↑	160
09:45	37.55	3210↑	48
09:45	37.66	2943↑	150
09:45	37.66	247↑	36
09:45	37.67	705↑	89

图3-3-5

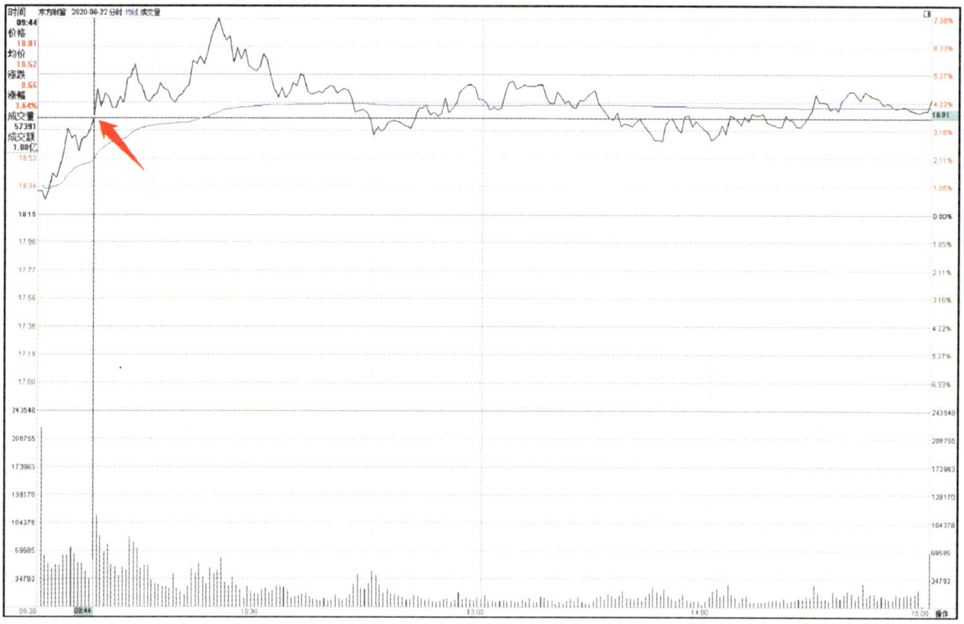

图 3－3－6

东方财富 300059

委比		-16.43%	-50103
卖盘	5	18.76	1449
	4	18.75	3389
	3	18.74	1812
	2	18.73	905
	1	18.72	674
买盘	1	18.70	538
	2	18.69	230
	3	18.68	384
	4	18.67	205
	5	18.66	1191

09:44	18.72	1144↓	99
09:44	18.72	1706↓	72
09:44	18.73	2717↑	115
09:44	18.72	1379↑	90
09:44	18.74	1178↑	107
09:44	18.72	2210↓	141
09:44	18.71	1662↑	116
09:44	18.72	636↑	61
09:44	18.71	3681↓	170
09:44	18.70	1347↓	97
09:44	18.72	1124↑	72
09:44	18.72	2504↑	129
09:44	18.72	4086↑	213
09:44	18.78	12402↑	609
09:44	18.80	5755↑	273
09:44	18.81	6550↑	333
09:45	18.85	2599↑	210
09:45	18.83	1451↓	108
09:45	18.87	1459↑	90
09:45	18.88	11856↑	528
09:45	18.90	1231↑	79
09:45	18.90	1372↓	68
09:45	18.91	12353↑	514
09:45	18.93	6397↑	239

图 3－3－7

交易员在看到光大证券的表现时，应预先填好中信建投和东方财富的买单，待光大证券的突破一确定就马上提交并确认，力争以最快的速度成交。开仓后，若盘口上出现了反向单，股价滞涨，就果断平仓。

再来看联动跟跌的例子。

2020 年 12 月 9 日早盘券商股国盛金控跌停，下午国联证券和国金证券带领券商板块集体跳水。如果当时交易员关注到这一现象，那么就可以在国联证券加速下跌的时候开仓做空同行业的中金公司，赚取个股跟跌带来的利润。

图 3－3－8 是国联证券（601456）2020 年 12 月 9 日的分时走势图。当日下午 14：30 左右股价出现了两波跳水，跌幅从 3% 迅速扩大到 8% 。什么时候可以在中金公司上开空仓呢？

图 3－3－8

图 3－3－9 是中金公司（601995）2020 年 12 月 9 日的分时走势图，坐标定位对应的时间是 14：31。这时中金公司的走势是弱势的水下横盘，而此时国联证券已经大幅下跌，根据两者的联动关系，基本可以确定中金公司很快也会向下破位，交易员此时只要看到盘口的压单增多或卖单频出就可以开仓了。

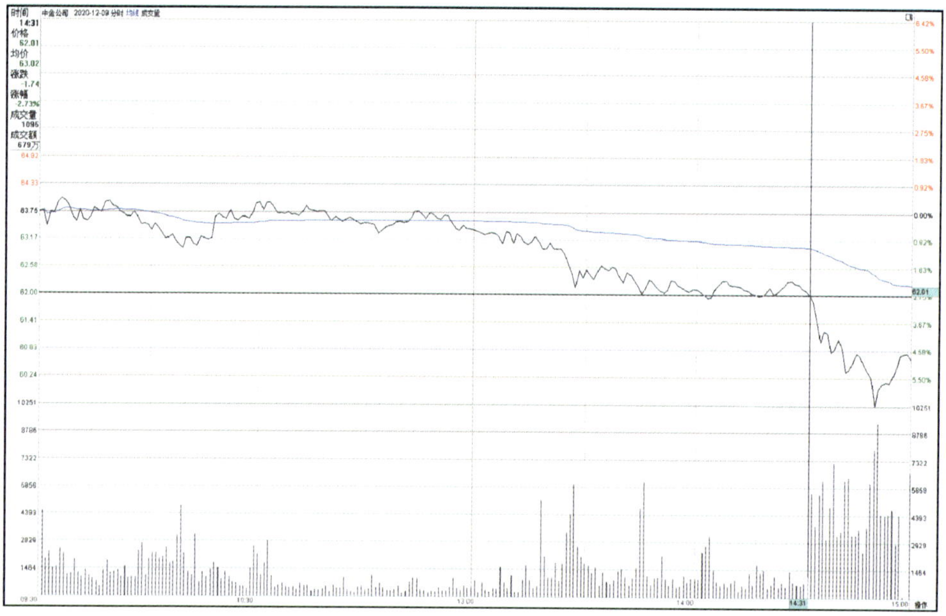

图3-3-9

注意，本案例的开仓逻辑与前面联动跟涨的案例并不相同。在前面联动跟涨的案例中，光大证券涨幅再次突破8%就意味着股价大概率会涨停，可以直接打启动点，但本案例中国联证券的启动点在跌幅仅有3%的位置，这个幅度还不足以使其成为具有影响力的日内龙头，下跌空间有多大也还看不出，所以，要先等国联证券大幅下跌，才能去做中金公司的联动。本案例的开仓时机不是国联证券开始跳水的14：30，而是大幅跳水后的14：31。

需要特别提醒的是，之所以选择上面几只个股来讲解联动模式，是因为这几只个股的股性都较为活跃，容易产生联动效应。做联动，一定要对个股的股性有所了解，知道当行情出现时板块中有哪些个股是跟得动的，有哪些个股是跟不动的。

联动是一个很有实战价值的逻辑，但不是什么时候都可以用。是否做联动，要考虑股价当时所处的位置，看有没有可观的利润空间，止损的代价大不大，如果股价所处的位置不好，那就尽量不要追单。

（二）同概念个股的联动

下面以汇金股份、飞天诚信为例来讲解同概念个股的联动，两者同属数字货币概念。

图3－3－10和图3－3－11分别是汇金股份（300368）和飞天诚信（300386）2020年10月29日的分时走势图，坐标定位对应的时间都是14：31。两只股票同属数字货币概念，历史上经常出现联动，而汇金股份经常充当板块龙头。

从图3－3－10中可见，当时汇金股份出现大单点火，股价从跌幅1.3%的位置迅速拉起翻红且上涨动能较强，符合翻红突破的特征。从图3－3－11中可见，此时的飞天诚信的股价还在水下运行，未有上涨迹象。交易员看到汇金股份翻红的那一刻就应该立即想到做多飞天诚信。

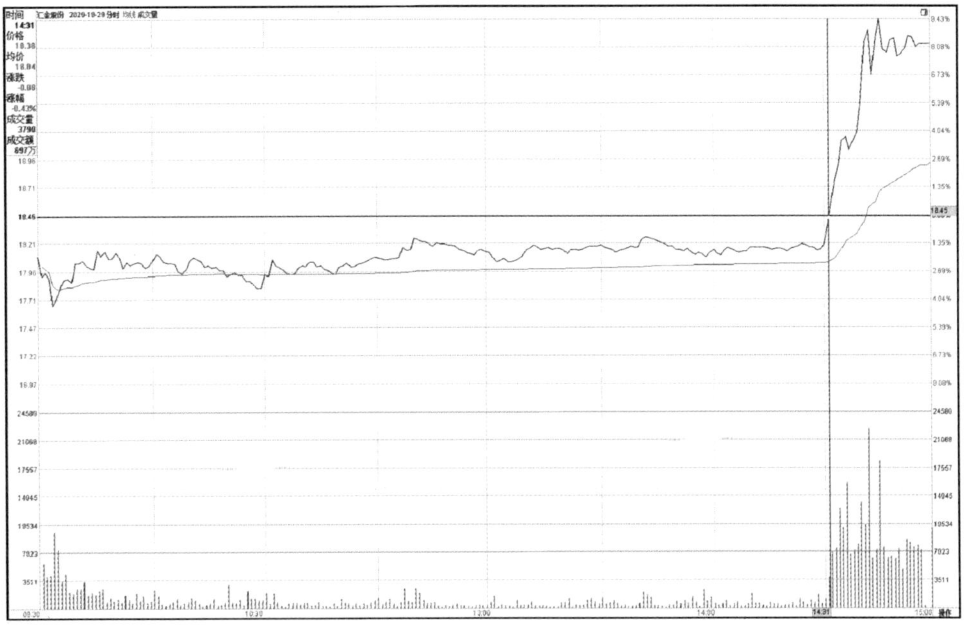

图3－3－10

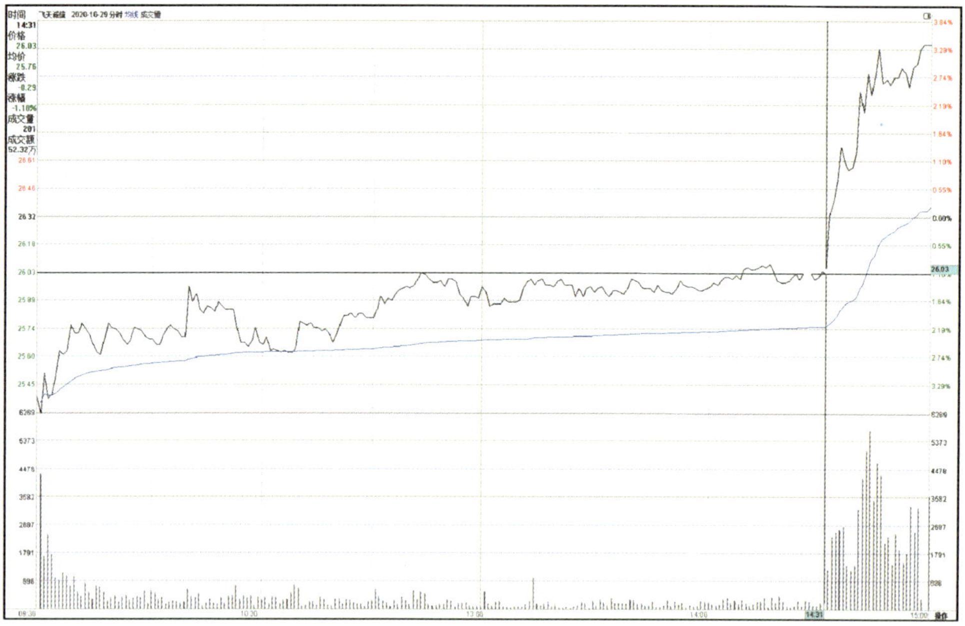

图 3－3－11

图 3－3－12 和图 3－3－13 显示了当日 14：37 汇金股份和飞天诚信第二波拉升行情的联动情况。交易员可以在汇金股份的股价来到拐点准备起飞时再次做多飞天诚信。

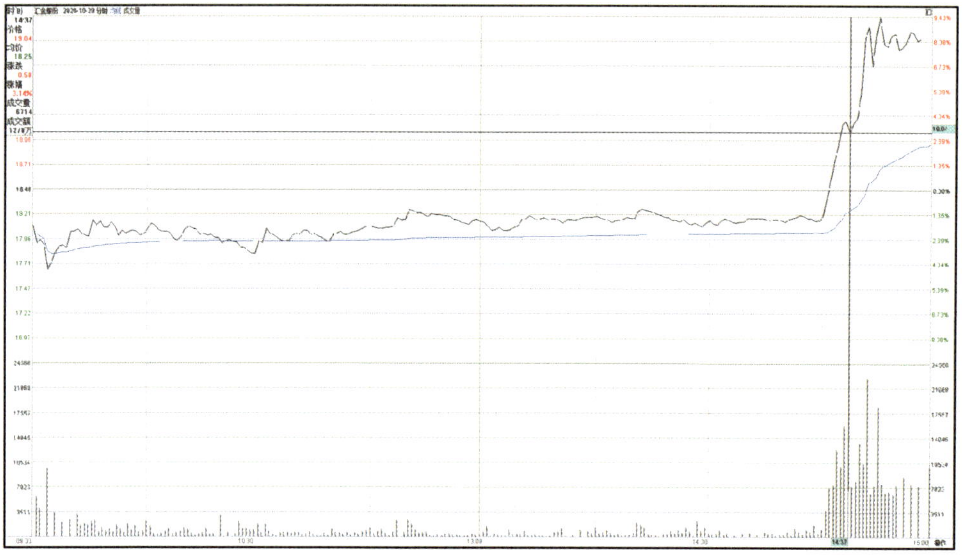

图 3－3－12

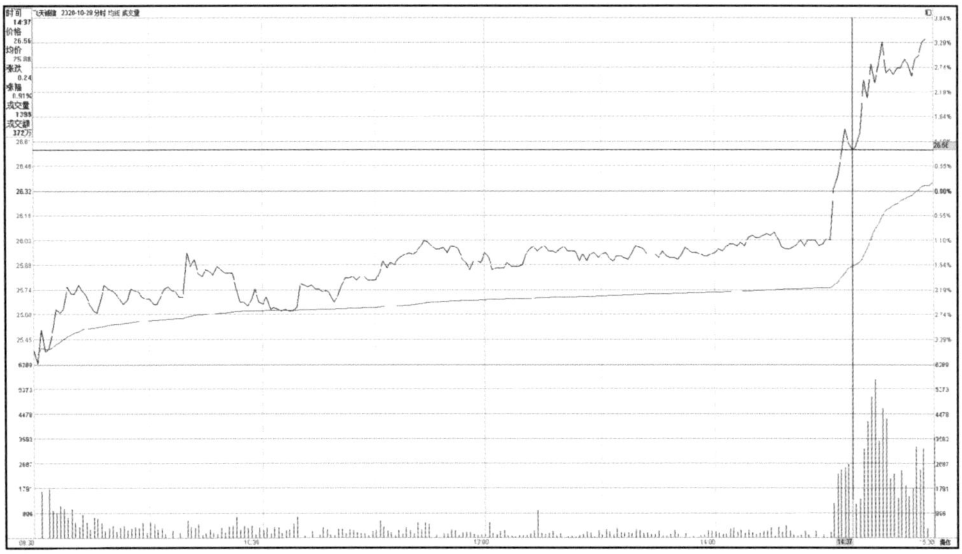

图 3－3－13

（三）同股东个股的联动

下面以浪潮软件、浪潮信息为例来讲解同股东个股的联动，两者的实际控制人同为浪潮集团有限公司，历史上不时有一起涨跌的联动表现。

图3－3－14和图3－3－15分别是浪潮软件（600756）和浪潮信息（000977）2020年12月9日的分时走势图，坐标定位对应的时间均为10：41。假设交易员要操作浪潮信息，那么当日有两个开仓点。

第一个开仓点出现在10：41。当时浪潮软件盘中出现大单点火，股价被快速拉升到涨幅4%的位置，而此时浪潮信息的涨幅还不到1%，这就有了较大的补涨空间。交易员看到这种情况时可以果断做多浪潮信息，赚取浪潮信息补涨带来的利润。这里的开仓逻辑是浪潮软件的上涨和浪潮信息的上涨存在时间差，浪潮信息有补涨的空间。

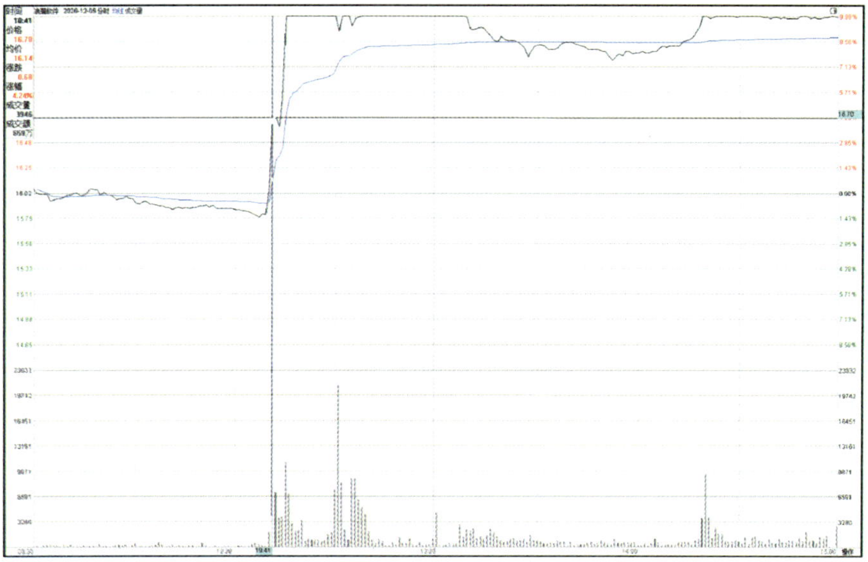

图3-3-14

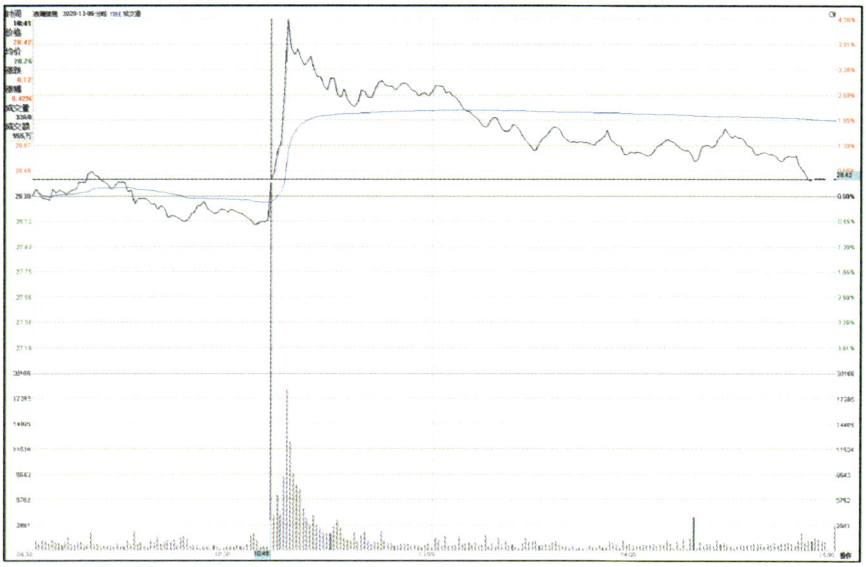

图3-3-15

第二个开仓点出现在10：45。图3-3-16和图3-3-17中坐标定位对应的时间都是10：45，此时浪潮软件冲板，交易员可再次做多浪潮信息。这里的开仓逻辑是浪潮软件的冲板行动可能会带动浪潮信息冲板，即便冲板不成，也大概率能利用时间差全身而退。

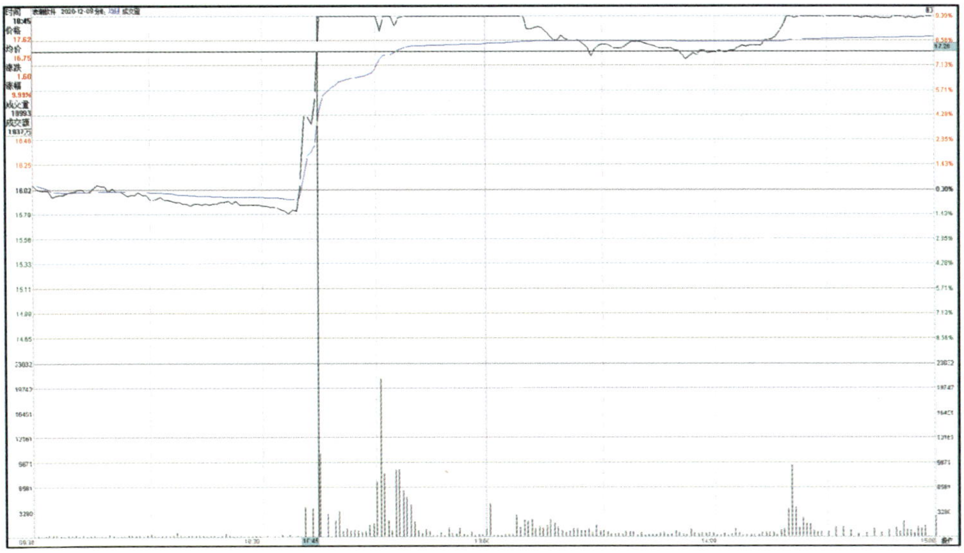

图 3－3－16

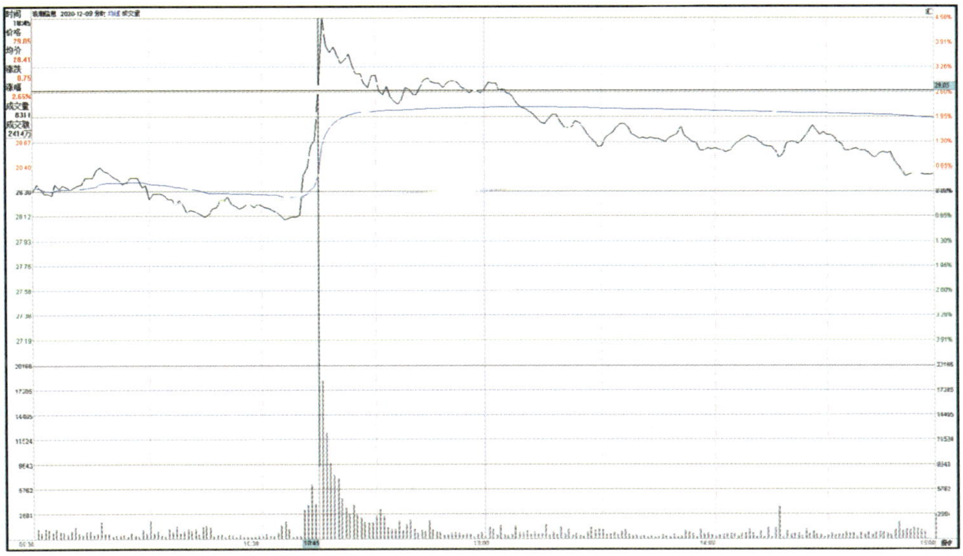

图 3－3－17

四、抄底交易模式

抄底交易模式是指在跌势衰竭点买进做多，在反弹高点卖出平仓。抄底交易模式是逆势交易，不适合在强势下跌的行情中使用。在强势下跌的行情中，我们一般是不会去抄底的，而是倾向于等个股反弹无力时顺势做空。仅当判断股价急跌后存在较大的反弹可能，能够走出反弹行情甚至反转行情而止损空间又很小的时候，才值得用抄底交易模式一搏。

抄底交易模式的技术含量主要体现在如何判断哪一波下跌行情可以做，再根据盘口出现的反向单、打单速度等信号去接拐点。

（一）急跌后抄底

急跌后抄底适用于急跌（乖离率大）、中大市值的股票，要求单波跌势的跌幅至少在 2% 以上，幅度越大越好（意味着潜在的反弹空间越大）。

图 3－4－1 是江淮汽车（600418）2020 年 7 月 16 日的分时走势图。该股下午出现一波幅度达 4.5% 的下跌。对江淮汽车这种大市值股票来说，4.5% 的跌幅算是相当大的了，如果反弹起来的话，反弹幅度很容易就达到 1% 以上，值得抄底。

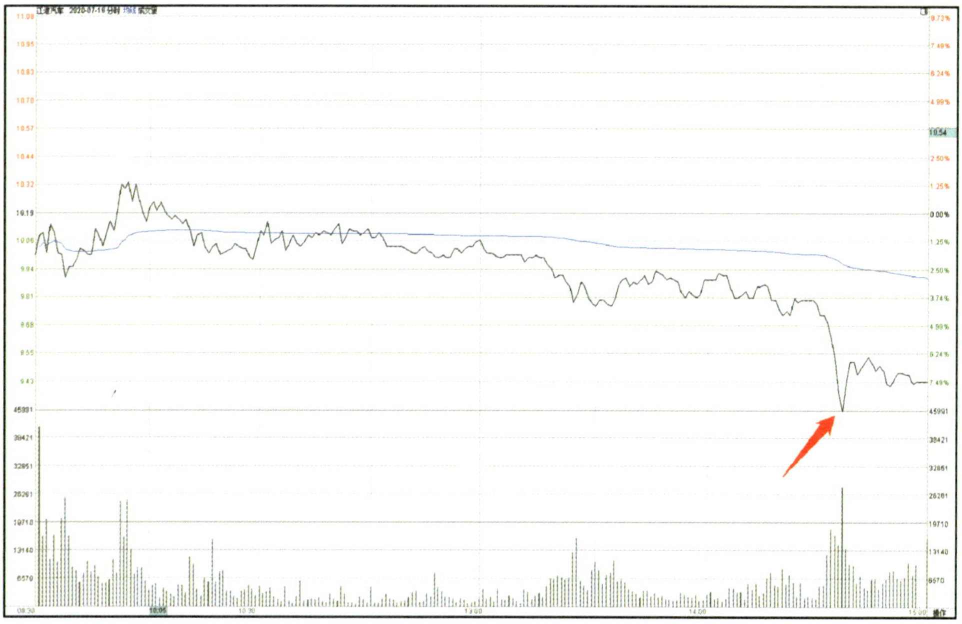

图 3－4－1

下面我们来看看拐点出现时的盘口。

图 3－4－2 和图 3－4－3 显示了拐点出现时的盘口变化。在图 3－4－2 中，

9.30 元处压了 248 手卖单，9.32 元处压了 796 手卖单，而在 1281 手、766 手的连续两笔反向单出现后，盘口变成了图 3－4－3 所示的样子：9.30 元和 9.32 元处的压单全部被吃掉，9.31 元处反垫出了 437 手买单。这里就是明显的拐点，交易员可以果断往 9.34 元的价位买入抄底。

R	江淮汽车 600418		
委比	-82.19%		-116321
卖盘 5	9.34		261
4	9.33		171
3	9.32		796
2	9.31		22
1	9.30		248
买盘 1	9.28		226
2	9.27		150
3	9.26		186
4	9.25		737
5	9.24		4
14:35	9.48	609↑	37
14:35	9.48	453↑	37
14:35	9.46	475↓	33
14:35	9.46	272↑	28
14:35	9.45	647↓	27
14:35	9.40	1018↓	46
14:35	9.41	1530↑	91
14:35	9.38	383↓	22
14:36	9.38	410↑	34
14:36	9.36	320↓	16
14:36	9.35	1395↓	72
14:36	9.31	758↓	62
14:36	9.30	1026↓	104
14:36	9.30	1281↑	29
14:36	9.32	766↑	53
14:36	9.33	1223↑	54
14:36	9.34	897↑	44
14:36	9.29	4758↓	108
14:36	9.29	2248↑	46
14:36	9.29	1697↑	61
14:36	9.28	1038↑	58
14:36	9.28	1664↑	71
14:36	9.25	4590↓	78

图 3－4－2

R	江淮汽车 600418		
委比	-79.64%		-112829
卖盘 5	9.37		6
4	9.36		913
3	9.35		251
2	9.34		85
1	9.33		152
买盘 1	9.32		17
2	9.31		437
3	9.30		33
4	9.29		326
5	9.28		6
14:35	9.49	337↑	22
14:35	9.48	225↓	22
14:35	9.48	232↓	33
14:35	9.48	609↑	37
14:35	9.48	453↑	37
14:35	9.46	475↓	33
14:35	9.46	272↑	28
14:35	9.45	647↓	27
14:35	9.40	1018↓	46
14:35	9.41	1530↑	91
14:35	9.38	383↓	22
14:36	9.38	410↑	34
14:36	9.36	320↓	16
14:36	9.35	1395↓	72
14:36	9.31	758↓	52
14:36	9.30	1026↓	104
14:36	9.30	1281↑	29
14:36	9.32	766↑	53
14:36	9.33	1223↑	54
14:36	9.34	897↑	44
14:36	9.29	4758↓	108
14:36	9.29	2248↑	46
14:36	9.29	1697↑	61
14:36	9.28	1038↑	58

图 3－4－3

图 3－4－4 是长安汽车（000625）2020 年 11 月 19 日的分时走势图。图中有两次跌幅超过 2% 的急跌，急跌后的反弹幅度都超过了 1% 。在两波大幅急跌中间还有几波跌幅超过 1% 的下跌，每次下跌后的反弹幅度也有 0.5% 。这种波动行情是相当容易赚到钱的日内行情，因为不管是抄底还是顺势做空都有赢利的空间。

图 3-4-4

图 3-4-5 是比亚迪（002594）2020 年 11 月 24 日的分时走势图。图中有四波下跌行情，我们重点分析一下这四波行情是否都适合开仓。

第一波行情：股价在一波下跌后来到了上午创下的低点附近。上午该股大范围横盘，如今股价来到横盘区间的下沿，走势有转弱的迹象。此时并不适合抄底，因为前面没有大幅急跌的行情出现，做空动能未得到完全释放。这时正确的策略应该是顺势做空（股价反弹无力的时候做空）。

第二波行情：股价在到达低点之前经历了跌幅达 1.5% 的一波急跌。对比亚迪这种大盘股来说，1.5% 的跌幅算是比较大的了，而且这一波下跌不仅创下了新低（做空动能得到释放），还令股价接近了平盘价（支撑位），所以这次下跌是值得重仓抄底的。

第三波行情：股价再次来到平盘位但无力下破。这里有构筑双底的可能，所以也是值得抄底的。在这里抄底有两种预期：第一种预期是个股反弹，涨不动时止盈离场。第二种预期是只要不跌破止损位就一直持有多单做趋势，直到涨势衰竭再离场。

第四波行情：股价跌破平盘价后加速下跌，再创新低。在一个大的下跌走势中，最后一波下跌通常是加速下跌或者衰竭性下跌，出现其中的任何一种都很可能意味着跌势将终结。这波加速下跌的跌幅大于 2%，值得重仓抄底。

图3－4－5

图3－4－6是比亚迪（002594）2020年11月3日的分时走势图，图3－4－7是通威股份（600438）2020年12月9日的分时走势图，两张图内都有加速下跌后见底的情况，读者可自行研究，在此不再展开分析。

图3－4－6

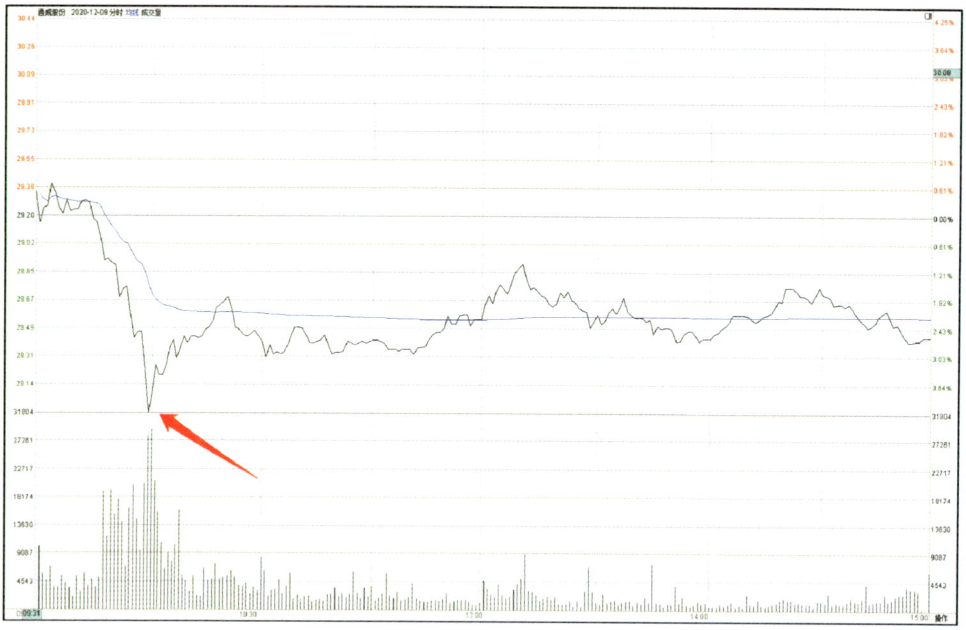

图 3-4-7

（二）衰竭性下跌后抄底

衰竭性下跌的主要特征是最近一波下跌的跌幅较之前的主跌浪明显缩小，而且跌速变缓（表现为分时线斜率变小）。衰竭性下跌的出现往往意味着一个大的跌势终结。在日内交易“一波流”的打法中，交易员遇到衰竭性下跌并抄底后，可以尝试持仓久一点，吃两波、三波甚至更多波的反弹。

图 3-4-8 是比亚迪（002594）2020 年 12 月 11 日的分时走势图。图中箭头 2 所指的一波下跌就是典型的衰竭性下跌，其跌幅较箭头 1 所指的主跌浪明显缩小，跌速也更为缓慢。

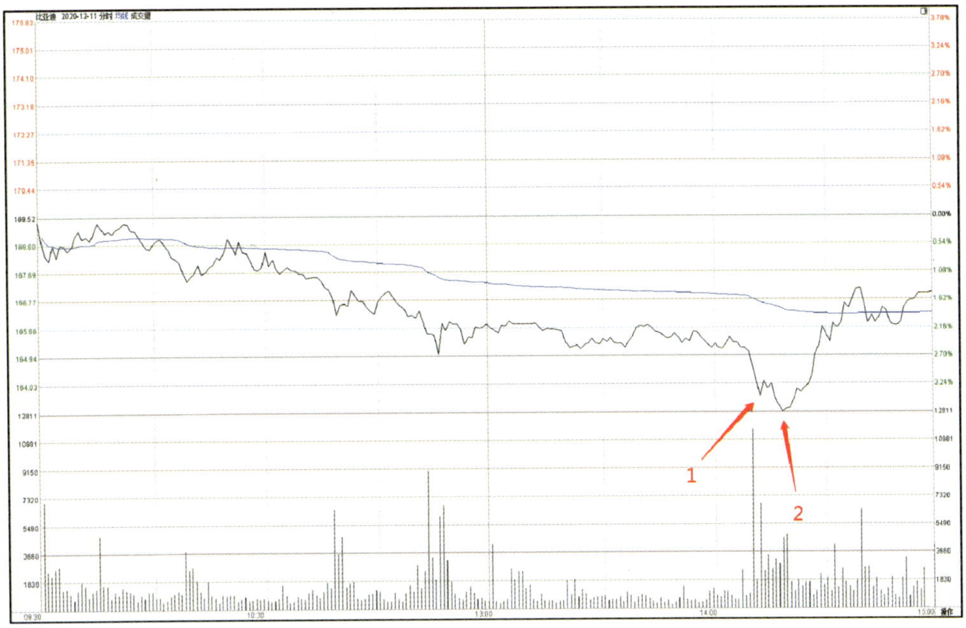

图 3－4－8

图 3－4－9 是五粮液（000858）2021 年 1 月 11 日的分时走势图。从图中可见，早盘股价经历了三波下跌，第三波下跌的跌幅明显变小且跌速趋缓，是典型的衰竭性下跌，值得重仓抄底。

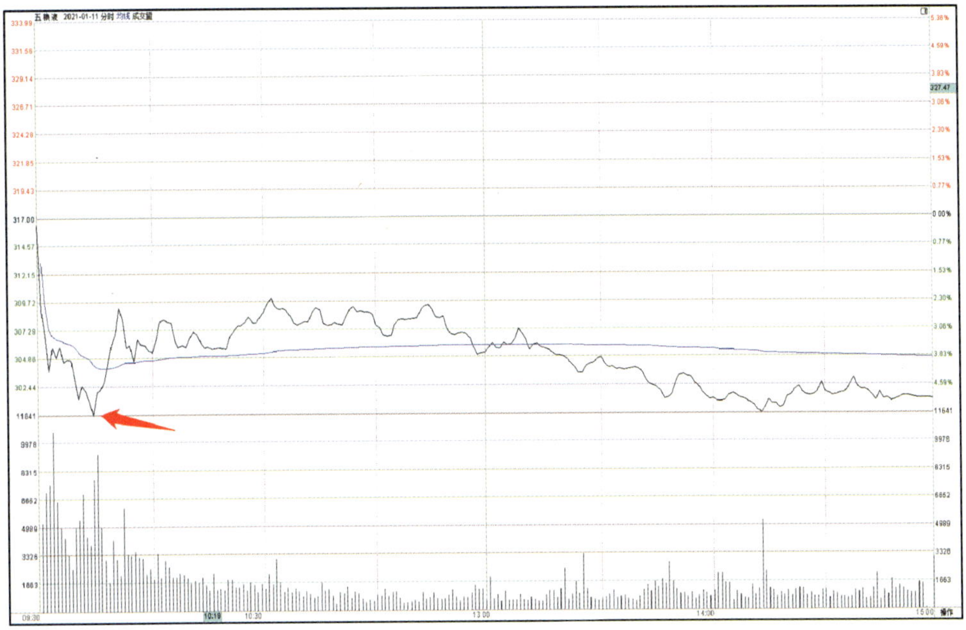

图 3－4－9

（三）支撑位抄底

在上涨或横盘趋势中，可待股价回调至支撑位时抄底，赚取股价反弹带来的利润，若股价跌破支撑位则果断止损。在日内交易中，最常用的支撑位就是均价线。如果股价长时间在均价线上方运行，那么在第一次回踩均价线的时候往往会获得较强的支撑，此时最适合抄底。如果是第二次、第三次回踩均价线，那么均价线的支撑作用就不明显了，被跌破的可能性增大。

图 3-4-10 是长安汽车（000625）2020 年 12 月 14 日的分时走势图。在箭头所指位置处，股价获得均价线的支撑，直接“V”形反弹。

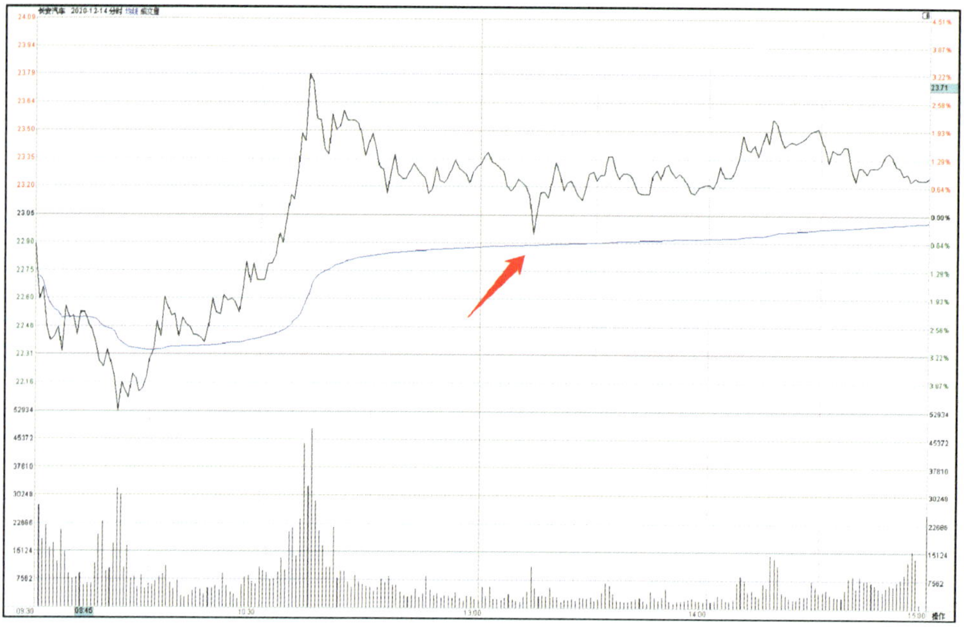

图 3-4-10

图 3-4-11 是长安汽车 2020 年 9 月 10 日的日内走势图。从图中可见，股价曾先后两次跌到均价线并反弹，第一次反弹的力度最强，第二次反弹的力度明显减弱。

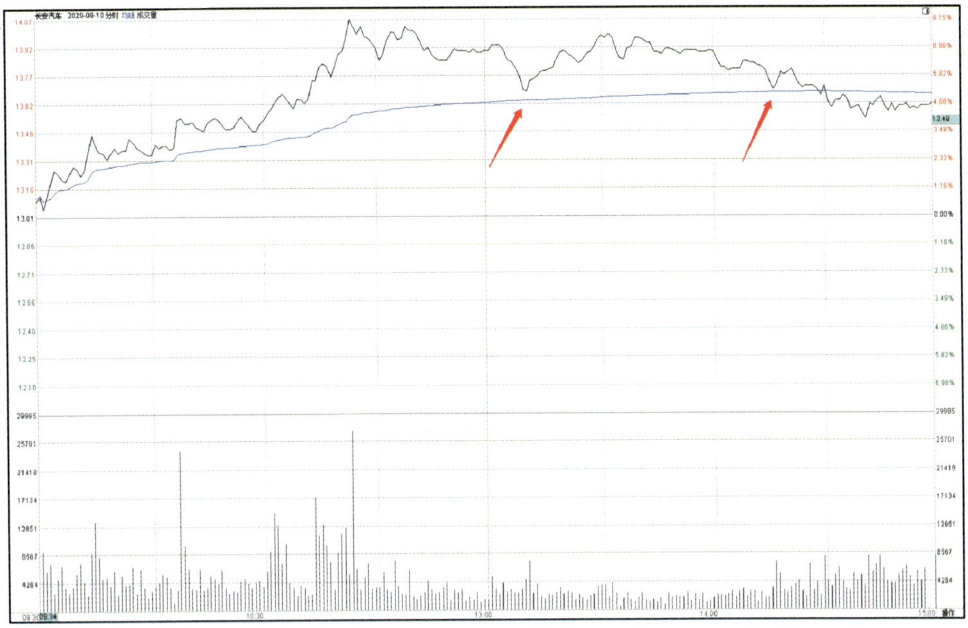

图3-4-11

使用抄底交易模式有几点需要注意：

（1）所有的抄底操作都应结合跌速及打单等盘口信息来进行，在下跌的拐点处进场，在上涨的拐点处平仓。

（2）如果抄底后大盘、期指或联动个股上涨，那就更容易出现较大幅度的反弹。若情况相反则对交易不利，此时交易员要密切关注盘口情况，随时准备平仓离场。

（3）抄底的同时必须设好止损位，一旦止损位被跌破就果断止损，不可扛单或者亏损加仓。

（4）如果抄底后反弹力度偏弱，没有走出空间，那就意味着跌势未止，后面很可能还会下跌，可以考虑转变方向择机做空。

五、盖帽交易模式

盖帽交易模式是指在涨势衰竭点卖出做空，在回调低点买回平仓。盖帽交易模式也是逆势交易，我们在强势上涨的行情中一般是不会选择去做空的，而是倾向于等个股回调到位时顺势做多。仅当判断股价存在较大的回调可能，回调幅度可观而止损空间又很小的时候，才采用盖帽交易模式一搏。

盖帽交易模式的技术含量主要体现在如何判断哪一波上涨行情可以做，再根据盘口出现的反向单、打单速度等信号去做拐点。

（一）急涨后盖帽

急涨后盖帽适用于急涨（乖离率大）、中大市值的股票，要求单波涨势的涨幅至少在 2% 以上，幅度越大越好（意味着潜在的回调空间越大）。

图 3－5－1 是中信证券（600030）2020 年 8 月 7 日的分时走势图。下午股价出现了几波上涨，不仅从水下快速翻红，而且冲至临近 34.00 元整数关口的地方。在股价大幅偏离均价线（乖离率最高达到 8%）的情况下，交易员通过打单动能判断股价无力突破 34.00 元后，可果断盖帽。

图 3－5－1

来看开仓时的盘口，如图 3－5－2 所示。股价当时飞速上涨到 33.90 元，后市有可能往 34.00 元的整数位去。虽然在图中看不到 34.00 元处的挂单情况，但是很容易猜测得到上面会有五位数的大卖单。从红框内的分时成交情况可以看出，在 33.80～33.90 元的区间明显存在较大的阻力，多头打了几次单也没能使股价突破33.90元。此时交易员可以卡33.89元的价格开仓做空，以34.00元为止损位。这里的止损价差为0.11元，亏损率约0.5%，有点偏高，但在这种大级别的行情中，可以将止损空间适当放大一点。考虑到股价的波动性已经得到充分体现，而且34.00元处有较大的卖盘可供止损，所以这里可以重仓做空，开仓量可去到150000～300000股。最终，股价快速回落到33.00元的整数位才企稳，盈利率接近3%。

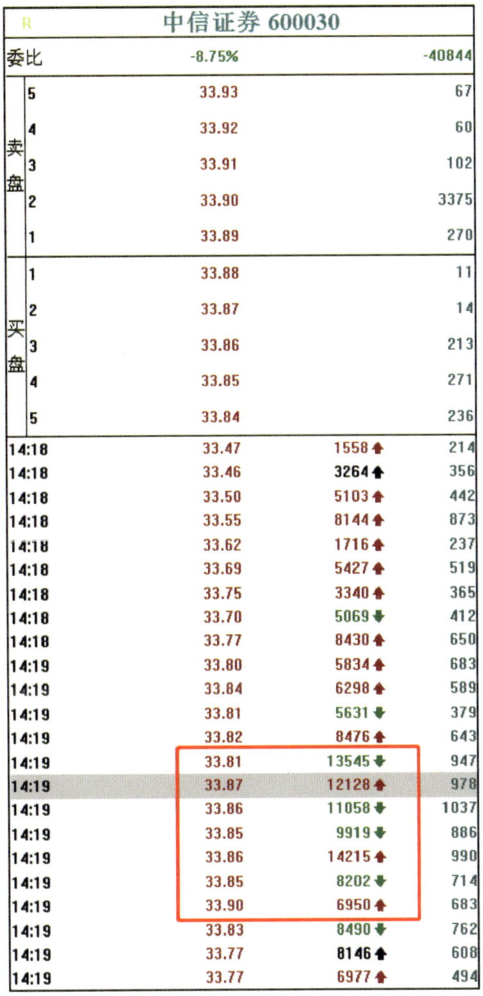

中信证券 600030

委比	-8.75%		-40844
卖盘 5	33.93		67
卖盘 4	33.92		60
卖盘 3	33.91		102
卖盘 2	33.90		3375
卖盘 1	33.89		270
买盘 1	33.88		11
买盘 2	33.87		14
买盘 3	33.86		213
买盘 4	33.85		271
买盘 5	33.84		236
14:18	33.47	1558↑	214
14:18	33.46	3264↑	356
14:18	33.50	5103↑	442
14:18	33.55	8144↑	873
14:18	33.62	1716↑	237
14:18	33.69	5427↑	519
14:18	33.75	3340↑	365
14:18	33.70	5069↓	412
14:18	33.77	8430↑	650
14:19	33.80	5834↑	683
14:19	33.84	6298↑	589
14:19	33.81	5631↓	379
14:19	33.82	8476↑	643
14:19	33.81	13545↓	947
14:19	33.87	12128↑	978
14:19	33.86	11058↓	1037
14:19	33.85	9919↓	886
14:19	33.86	14215↑	990
14:19	33.85	8202↓	714
14:19	33.90	6950↑	683
14:19	33.83	8490↓	762
14:19	33.77	8146↑	608
14:19	33.77	6977↑	494

图3-5-2

图3-5-3是东方财富（300059）2020年8月6日的分时走势图。当日临近尾盘时股价出现了一波涨幅约4%的急速拉升。对东方财富这种市值规模的股票来说，这个单波上涨的涨幅已经非常大，之后回调1%是很正常的，因此可考虑在涨势拐点处重仓盖帽。

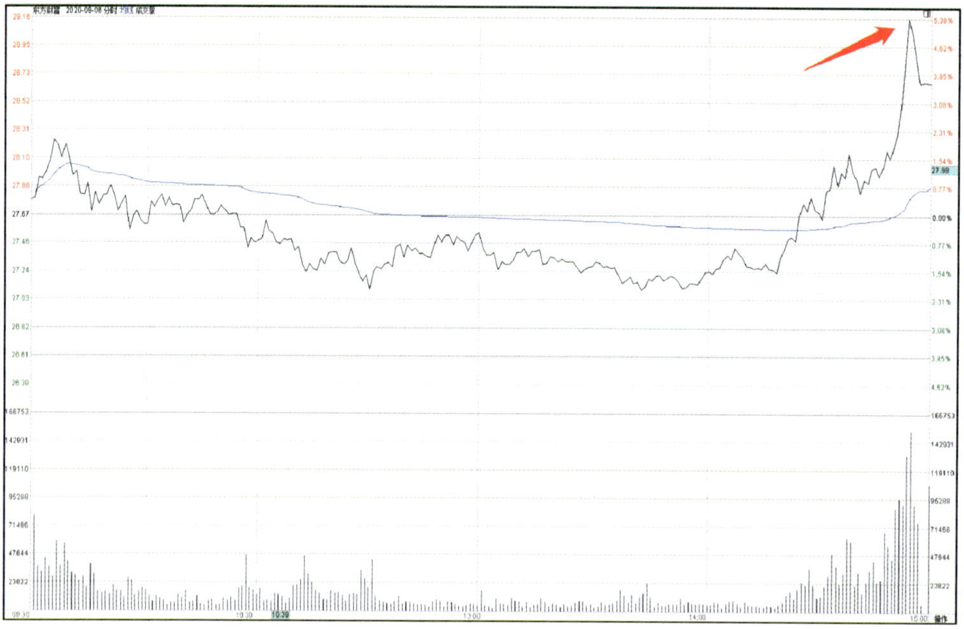

图 3-5-3

图 3-5-4 和图 3-5-5 展现了拐点出现时盘口的变化情况：在图 3-5-4 中，29.24 元处垫有 5313 手买单，而到图 3-5-5 所示的盘口出现时，这批买单已被空头砸掉，29.29 元处还反压了 2196 手卖单。这个变化发出了明确的转势信号，交易员此时可以卡 29.27 元开仓做空，止损位放在 29.35 元即可（在行情急速发展的情况下，把止损价格合理放宽是有必要的），开仓量宜在 50000～100000 股。

东方财富 300059			
委比	+30.34%		98155
卖盘 5	29.33		745
卖盘 4	29.32		79
卖盘 3	29.31		74
卖盘 2	29.30		1819
卖盘 1	29.29		540
买盘 1	29.28		80
买盘 2	29.27		5
买盘 3	29.24		5313
买盘 4	29.23		394
买盘 5	29.22		1314
14:53	29.07	4306↑	382
14:53	29.05	2881↓	258
14:53	29.07	3265↑	269
14:53	29.08	9040↑	517
14:53	29.11	7665↑	468
14:53	29.08	5993↓	370
14:53	29.13	7264↑	418
14:53	29.15	8309↑	545
14:53	29.15	10687↓	586
14:53	29.16	6942↑	536
14:54	29.16	6944↓	627
14:54	29.19	5276↑	486
14:54	29.24	3165↑	290
14:54	29.20	7179↓	419
14:54	29.28	5073↑	377
14:54	29.27	3927↑	340
14:54	29.27	4784↓	376
14:54	29.28	5944↑	403
14:54	29.27	16093↓	1084
14:54	29.20	8073↓	625
14:54	29.28	10226↑	763
14:54	29.20	15378↓	911
14:54	29.26	12559↑	556
14:54	29.18	8425↑	399

图 3－5－4

东方财富 300059			
委比	+26.30%		81690
卖盘 5	29.32		270
卖盘 4	29.31		63
卖盘 3	29.30		255
卖盘 2	29.29		2196
卖盘 1	29.28		287
买盘 1	29.20		1152
买盘 2	29.19		1509
买盘 3	29.18		458
买盘 4	29.17		267
买盘 5	29.16		3554
14:53	29.11	7665↑	468
14:53	29.08	5993↓	370
14:53	29.13	7264↑	418
14:53	29.15	8309↑	545
14:53	29.15	10687↓	586
14:53	29.16	6942↑	536
14:54	29.16	6944↓	627
14:54	29.19	5276↑	486
14:54	29.24	3165↑	290
14:54	29.20	7179↓	419
14:54	29.28	5073↑	377
14:54	29.27	3927↑	340
14:54	29.27	4784↓	376
14:54	29.28	5944↑	403
14:54	29.27	16093↓	1084
14:54	29.20	8073↓	625
14:54	29.28	10226↑	763
14:54	29.20	15378↓	911
14:54	29.26	12559↑	556
14:54	29.18	8425↑	399
14:54	29.20	6482↑	364
14:54	29.09	5297↓	268
14:54	29.13	8980↑	420

图 3－5－5

（二）阻力位盖帽

当股价快速上涨到前期形成的阻力位而又无力突破时，就是一个很好的盖帽机会。

图 3－5－6 是歌尔股份（002241）2020 年 10 月 23 日的分时走势图。当日该股跳空高开后就一路下跌。下午股价快速走高，但上涨到开盘价（也是日内最高价）时无力突破，形成拐点，此时就是一个较好的盖帽时机。在拐点处盖帽后，止损位放在开盘价的位置。至于何时平仓，可以等回调跌不动时买回平仓，也可以考虑拿完一个下跌趋势，等个股回调到均价线附近获得支撑时再平仓。

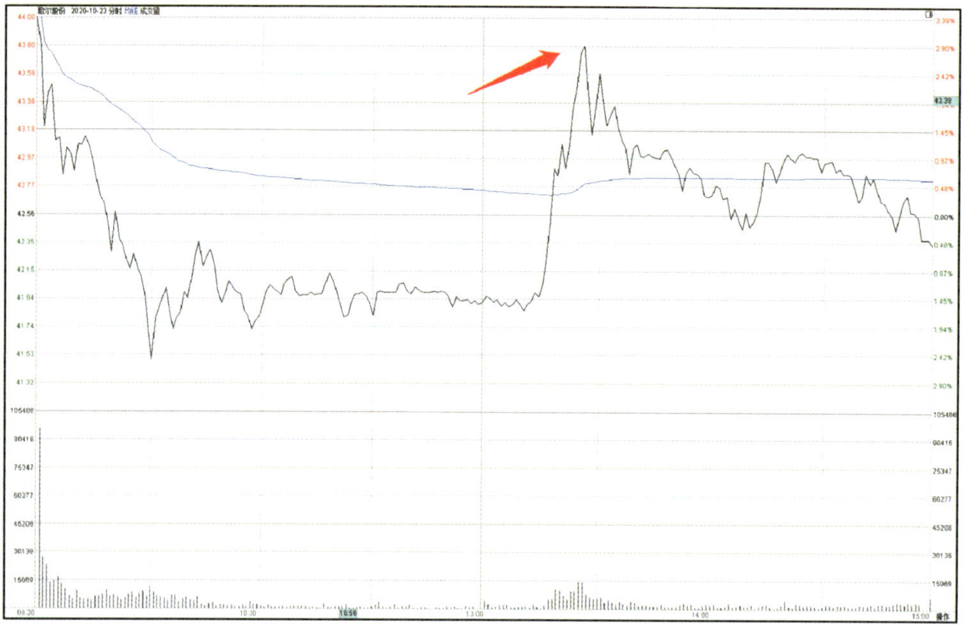

图 3－5－6

图 3－5－7 是拐点出现时的盘口。从图中可见，在 44.00 元的整数位有多达 9249 手的大卖单，而买盘上一个四位数的买单都没有。交易员见到多空力量这么悬殊的盘口，可以果断卡 43.94 元的价格做空。如果交易员使用了行情软件的 Level－2 行情功能，那就可以更早看到 44.00 元处的大卖单，提前做好交易预案。开仓后以 44.00 元为止损位，当股价回调至盘口有见底信号出现时则买回平仓。

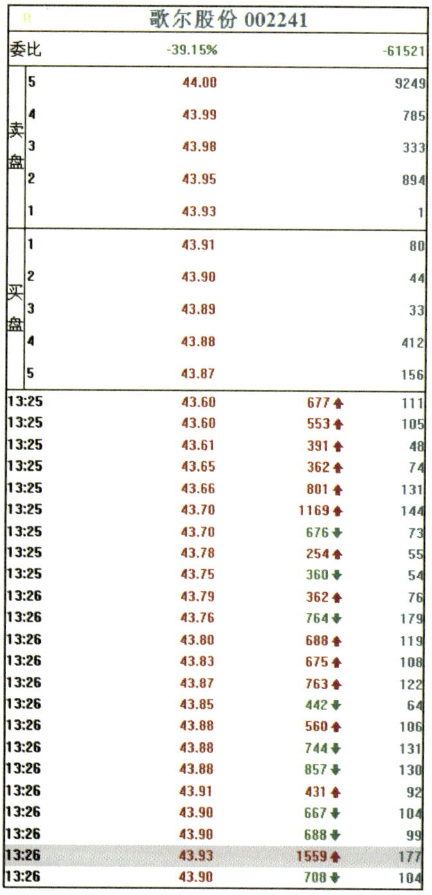

歌尔股份 002241			
委比	-39.15%		-61521
卖盘 5	44.00		9249
卖盘 4	43.99		785
卖盘 3	43.98		333
卖盘 2	43.95		894
卖盘 1	43.93		1
买盘 1	43.91		80
买盘 2	43.90		44
买盘 3	43.89		33
买盘 4	43.88		412
买盘 5	43.87		156
13:25	43.60	677↑	111
13:25	43.60	553↑	105
13:25	43.61	391↑	48
13:25	43.65	362↑	74
13:25	43.66	801↑	131
13:25	43.70	1169↑	144
13:25	43.70	676↓	73
13:25	43.78	254↑	55
13:25	43.75	360↓	54
13:26	43.79	362↑	76
13:26	43.76	764↓	179
13:26	43.80	688↑	119
13:26	43.83	675↑	108
13:26	43.87	763↑	122
13:26	43.85	442↓	64
13:26	43.88	560↑	106
13:26	43.88	744↓	131
13:26	43.88	857↓	130
13:26	43.91	431↑	92
13:26	43.90	667↓	104
13:26	43.90	688↓	99
13:26	43.93	1559↑	177
13:26	43.90	708↓	104

图 3－5－7

（三）加速上涨后盖帽

如果股价在长时间上涨之后突然加速急涨，那么这次急涨往往就是最后一波拉升。这类似 5000 米赛跑的最后冲刺，它耗尽了运动员最后一点力气。

图3－5－8是复星医药（600196）2020年7月24日的分时走势图。上午接近10：00的时候股价快速拉升并翻红，在此之后，股价保持快速上涨的态势，每次回调都很浅，短暂回调之后便再度上涨，显得异常强势。在此情况下，交易员要想做空，只能等待两种情况出现：一种是形成次高点，另一种是出现加速上涨。图中箭头所指的一波上涨是整个上涨趋势中涨幅最大的一波，而且分时线的斜率明显变大，符合加速上涨的特征，交易员在此阶段可以留意盘口和涨速变化情况，在滞涨处进行盖帽。

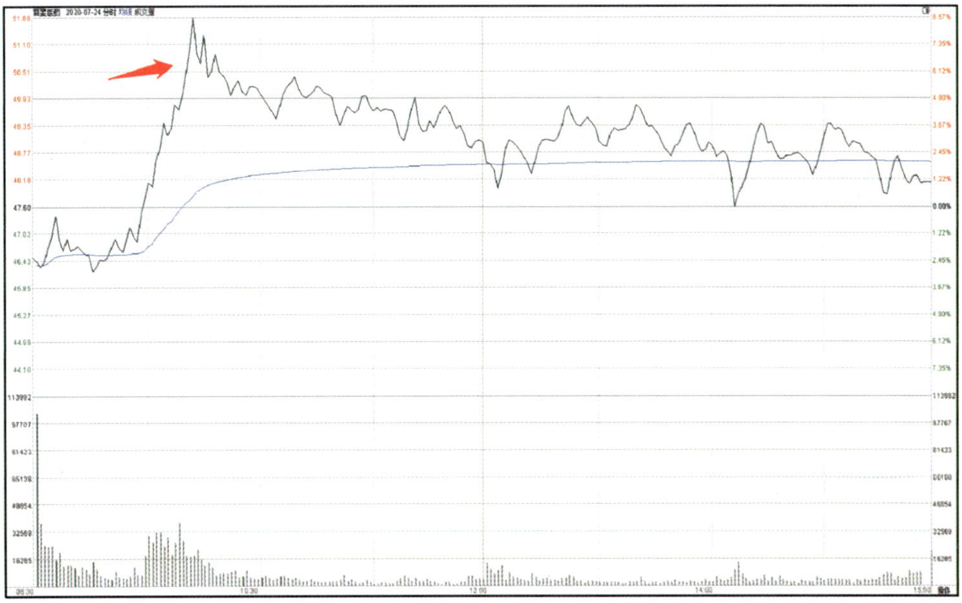

图3－5－8

图3－5－9和图3－5－10展现了拐点出现时的盘口变化情况。对比可见，空头用一笔2527手的大卖单砸光了图3－5－9中所有的买盘挂单，直接将股价砸到51.65元，还反压了4915手，涨势一下被逆转。交易员看到此情况后可以立即往51.60元卖出做空。从图3－5－10下方的分时成交情况可以看到，后面又有大单跳着价位继续往下砸，51.60元的委托单不一定能成交。行情急速变化之下，交易员的操作是条件反射般的，至于能不能成交，那就交给市场决定了。

复星医药 600196			
委比	+43.78%		54748
卖盘 5	51.85		46
卖盘 4	51.84		2
卖盘 3	51.83		1
卖盘 2	51.80		187
卖盘 1	51.79		162
买盘 1	51.72		4
买盘 2	51.71		13
买盘 3	51.70		236
买盘 4	51.69		33
买盘 5	51.68		635
10:12	51.10	590↑	86
10:12	51.25	795↑	106
10:12	51.24	1240↑	156
10:12	51.17	1012↓	179
10:12	51.26	1263↑	109
10:12	51.27	707↑	78
10:12	51.26	460↓	109
10:12	51.30	1458↑	255
10:12	51.31	1095↑	123
10:12	51.37	1086↑	111
10:12	51.48	173↑	50
10:12	51.41	796↓	108
10:12	51.50	859↑	160
10:12	51.50	550↓	75
10:12	51.60	712↑	78
10:12	51.68	717↑	58
10:13	51.66	633↑	89
10:13	51.68	527↑	90
10:13	51.68	927↑	114
10:13	51.73	956↑	125
10:13	51.72	798↓	85
10:13	51.65	2527↓	277
10:13	51.30	3772↓	459

图 3-5-9

复星医药 600196			
委比	+36.22%		46669
卖盘 5	51.71		8
卖盘 4	51.70		14
卖盘 3	51.68		26
卖盘 2	51.67		160
卖盘 1	51.65		4915
买盘 1	51.64		68
买盘 2	51.63		32
买盘 3	51.62		15
买盘 4	51.61		7
买盘 5	51.60		371
10:12	51.31	1095↑	123
10:12	51.37	1086↑	111
10:12	51.48	173↑	50
10:12	51.41	796↓	108
10:12	51.50	859↑	160
10:12	51.50	550↓	75
10:12	51.60	712↑	78
10:12	51.68	717↑	58
10:13	51.66	633↑	89
10:13	51.68	527↑	90
10:13	51.68	927↑	114
10:13	51.73	956↑	125
10:13	51.72	798↓	85
10:13	51.65	2527↓	277
10:13	51.30	3772↓	459
10:13	51.00	3151↓	381
10:13	51.00	990↓	91
10:13	51.00	1013↓	157
10:13	51.08	500↑	65
10:13	51.05	479↓	101
10:13	51.33	1000↑	80
10:13	51.10	505↓	101
10:13	51.10	500↓	114

图 3-5-10

使用盖帽交易模式有几点需要注意：

（1）如果盖帽后大盘、期指或联动个股下跌，那么更容易出现较大幅度的下跌。若情况相反则对交易不利，此时交易员要密切关注盘口情况，随时准备平仓离场。

（2）盖帽的同时必须设好止损位，一旦止损位被突破就果断止损，不可扛单或者亏损加仓。

（3）如果盖帽后股价的下跌幅度不及预期并有反弹之势，需要马上平仓离场吗？这要看盘口的情况如何。如果止损位上依然有明显的大卖单压制，那就不需要马上平仓，以免被市场的虚晃一枪给骗了。

六、竞价交易模式

在A股市场上，各只股票每天的开盘价和收盘价都是通过集合竞价产生的，竞价交易模式中的“竞价”是指早盘的集合竞价。

早盘的集合竞价，竞价时间为9：15：00～9：24：59。按当前的规则，9：15：00～9：19：59时段内的竞价是允许撤单的，因此这个时段内的诱导性挂单众多，交易员可以忽略这一时段内的竞价情况；9：20：00～9：24：59时段内的竞价不允许撤单，因此能够较为真实地反映市场交易意愿，值得重点关注。

集合竞价主要交易规则：

（1）以可实现最大成交量的价格成交。

（2）高于成交价格的买进申报与低于成交价格的卖出申报全部成交。

要注意理解以上两个主要交易规则。举个例子：如果集合竞价的最终成交价是10.00元，那么所有高于10.00元的委买单或者低于10.00元的委卖单都会以10.00元的价格成交，而不是以交易者的委托价格成交。

竞价交易模式的赢利逻辑是利用交易规则使委托单得以在9：25：00之前成交，然后趁股价在开盘后惯性冲高或杀跌时平仓获利。职业日内交易员通常会重点关注那些在早盘集合竞价阶段涨跌幅超过1%的个股，根据盘口情况和竞价趋势等来判断是否可以参与竞价。

（一）高开竞价买入

当集合竞价情况满足以下四个条件时，股价大概率会在开盘后有个冲高的过程，可以在集合竞价阶段买入做多：

（1）预计高开幅度超过1%（高开幅度越大信号越强）。

（2）集合竞价阶段明显放量（与近期情况相比）。

（3）9：20：00～9：24：59，竞价曲线呈现上行走势。

（4）买盘上有明显的垫单。

第一个条件是看幅度。幅度是否够大，要结合大盘来看——如果大盘是低开或者平开的，那么个股高开1%以上就属于异常，说明个股强势；如果大盘也是高开1%，那么个股高开1%就不能说明个股强势了，至少要高开2%～3%才显强势。

第二个条件是看委托量。与近期情况相比，委托量一定要有明显放大的情况才代表个股强势。委托量放大，通常意味着成交量也会放大。如果是缩量高开，那可能是由市场交投低迷造成的，并非个股强势的表现。

第三个条件是看竞价的趋势。9：20：00～9：24：59，竞价曲线如果呈上行之势，那就说明有很多人在抢筹。对交易员来说，9：24 的竞价情况尤其值得关注。

第四个条件是看买盘上的垫单。买盘上垫单的多与少体现买方力量的强与弱，也决定了止损位的选择。

当上述四个条件得到满足时，交易员就可以在 9：24 的最后 10 秒内（9：24：50～9：24：59）委托买入了，委托价格可以比即时竞价高 1% 左右，以确保能够成交，具体委托价格可根据经验进行调整。

图 3－6－1 展现了晨鸣纸业（000488）2020 年 12 月 25 日的集合竞价走势和日内分时走势。从图中左侧可见，在 9：20：00 以后的集合竞价阶段，股价的涨幅保持在 1% 以上，不仅重心持续上移，而且下方的红柱持续增长，说明出现了抢筹的情况。从图中右侧可见，开盘价上的成交量有 4990 手，与过去一周同时段普遍只有两位数或者三位数的成交量相比，这个成交量已经是明显放大了。

图 3－6－1

从图3－6－2中可以看到，在集合竞价的最后4分钟内，竞价的重心从6.03元一路上移到6.09元，而委托单手数也从840手开始一直往上增加。不过，买1上显示的2516手单子并不是垫单，我们需要通过行情软件的Level－2行情功能查看逐笔委托明细，预判最终买盘上是否会有垫单。

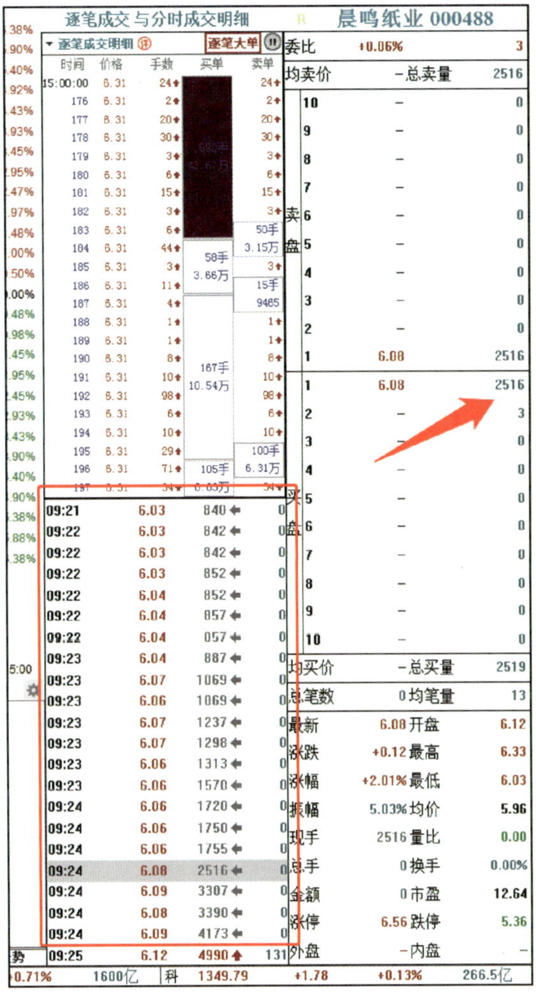

图3－6－2

图3－6－3和图3－6－4都是通过Level－2行情功能看到的逐笔委托明细。图3－6－3中有两笔千手买单，图3－6－4中有众多小买单，与买单相比，卖单数量显得较为稀少。从逐笔委托明细数据中得到的信息是买气旺盛、有抢筹行为。综合各种信息可以判断，此时适合竞价买入。交易员可在9：24的最后10秒内以6.15元的价格委托买入，以确保能在集合竞价结束前成交。

逐笔委托	全部明细		详
09:24:28	6.07	20	卖
09:24:29	6.18	1078	买
09:24:29	6.06	100	卖
09:24:29	6.00	16	卖
09:24:30	6.05	300	卖
09:24:30	6.06	10	买
09:24:31	6.09	8	卖
09:24:31	6.05	24	卖
09:24:31	6.25	50	卖
09:24:32	6.01	82	买
09:24:33	6.01	11	买
09:24:34	6.06	90	买
09:24:34	6.05	22	卖
09:24:34	6.30	1	卖
09:24:34	5.86	30	卖
09:24:36	6.15	1000	买
09:24:36	6.08	40	卖

图 3－6－3

逐笔委托	全部明细		详
09:24:51	6.20	10	卖
09:24:51	6.11	4	买
09:24:52	6.07	8	卖
09:24:52	6.56	20	买
09:24:52	6.14	16	买
09:24:53	5.88	83	买
09:24:53	6.14	24	买
09:24:53	6.06	10	买
09:24:54	6.14	22	买
09:24:54	6.14	29	买
09:24:55	6.14	27	买
09:24:55	6.14	17	买
09:24:55	6.14	32	买
09:24:55	6.14	52	买
09:24:55	6.14	144	买
09:24:56	6.08	39	买
09:24:56	6.11	90	买

图 3－6－4

图 3－6－5 是集合竞价结束后开出的盘口。从图中可以看到，集合竞价形成的开盘价是 6.12 元，买盘上在 6.09 元和 6.11 元两挡处都有上千手的买单，而卖盘上面没有大的压单。显然，止损位可以放在 6.09 元。交易员可以选择在 9：30：00 前以某个卖盘价格委托卖出，也可以选择等连续竞价开始后股价涨不动时再卖出。从图下方的分时成交情况可以看到，股价在开盘后迅速涨至 6.17 元，之后回落。

晨鸣纸业 000488			
委比	-6.78%		-2298
卖盘 5	6.17		26
卖盘 4	6.16		182
卖盘 3	6.15		309
卖盘 2	6.14		300
卖盘 1	6.13		68
买盘 1	6.11		1550
买盘 2	6.10		42
买盘 3	6.09		1212
买盘 4	6.08		261
买盘 5	6.07		126
09:25	6.12	4990↑	131
09:30	6.13	1992↑	68
09:30	6.15	4155↑	287
09:30	6.15	1314↑	100
09:30	6.17	855↑	59
09:30	6.16	1837↓	101
09:30	6.16	920↓	88
09:30	6.16	551↓	56
09:30	6.17	1144↑	64
09:30	6.16	767↓	68
09:30	6.17	1071↑	67
09:30	6.16	1242↓	67
09:30	6.14	1080↓	69
09:30	6.16	219↑	13
09:30	6.15	407↑	41
09:30	6.16	795↑	84
09:30	6.15	269↓	46
09:30	6.14	1493↓	96
09:30	6.15	485↑	36
09:30	6.15	1045↓	37
09:30	6.16	2121↑	70
09:31	6.17	1406↑	79
09:31	6.17	418↑	71

图 3－6－5

高开竞价买入的案例非常多，也很容易找到，读者可以自行寻找案例复盘总结。

（二）高开竞价卖出

当集合竞价情况满足以下三个条件时，股价大概率会在开盘后有个下跌的过程，可以在集合竞价阶段卖出做空：

（1）高开幅度超过1%（高开幅度越大下跌空间越大）。

（2）9：20：00～9：24：59，竞价曲线呈下行走势。

（3）卖盘上有明显的压单。

当上述三个条件得到满足时，交易员就可以在9：24的最后10秒内委托卖出，委托价格可以比即时竞价低1%左右，以确保能够成交，具体委托价格可根据经验进行调整。

图3-6-6展现了光线传媒（300251）2020年12月28日的集合竞价走势和日内分时走势。从图中左侧可见，当日股价高开5%进入集合竞价，之后一直受压下行，下方持续出现的绿柱显示卖单源源不断。

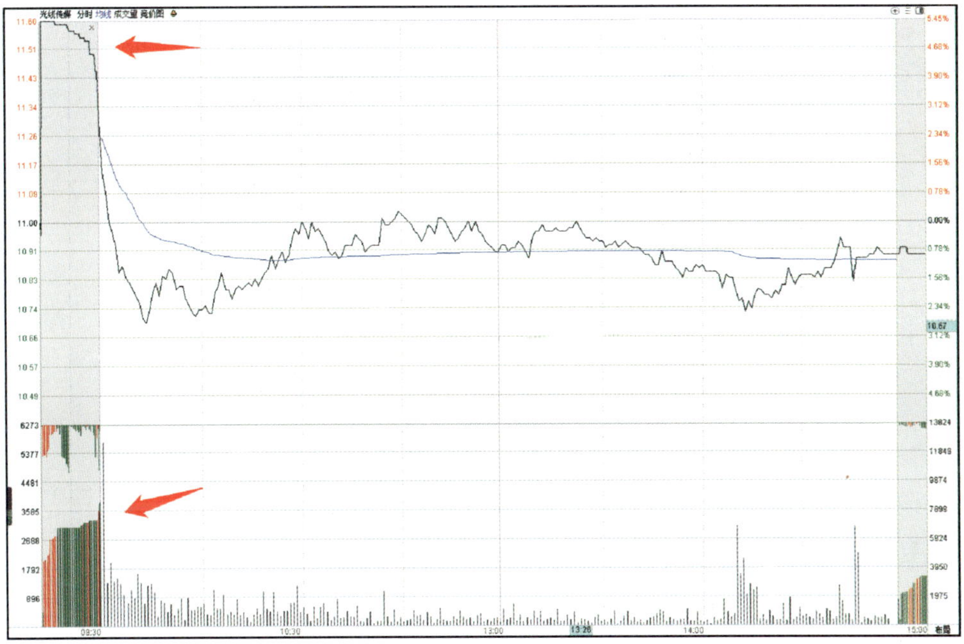

图3-6-6

从图3-6-7中可以看到，竞价重心从11.55元一路下移到11.37元，卖2上有1426手的压单。这些信息说明市场上做空的动能较充足。

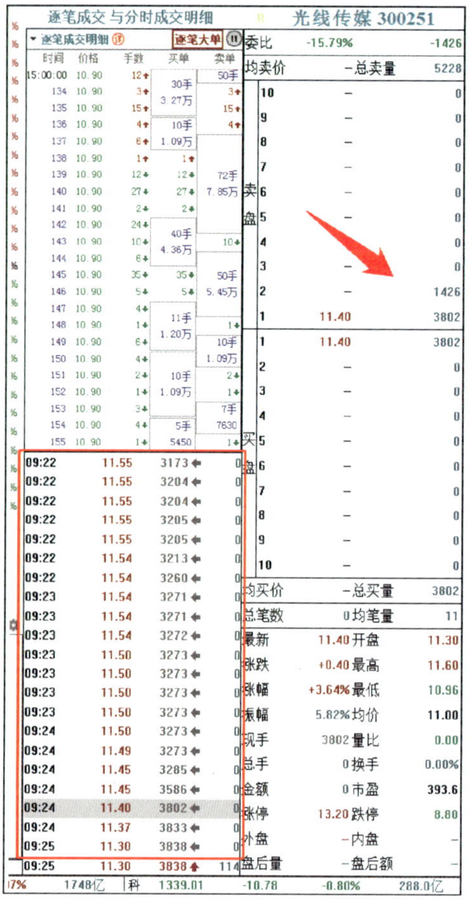

图 3-6-7

图 3-6-8

图 3-6-8 是利用 Level-2 行情功能看到的逐笔委托情况，很明显，在竞价的最后时刻出现的委托单几乎都是卖单。

综合各种信息可以判断，此时适合竞价卖出。交易员可在 9:24 的最后 10 秒内择价委托卖出，以确保能在集合竞价结束前成交。

这里要特别强调一种情况：9:20:00 后从涨停位置跌下来的竞价谨慎做空。这种情况虽然也符合高开竞价卖出的三个条件，而且压单的情况可能更加明显，但其实是一种伪弱势，开盘后股价经常会往上跳涨。

（三）低开竞价卖出

当集合竞价情况满足以下四个条件时，股价大概率会在开盘后有个下杀的过程，可以在集合竞价阶段卖出做空：

（1）低开幅度超过1%（低开幅度越大信号越强）。

（2）集合竞价阶段明显放量（与近期情况相比）。

（3）9：20：00～9：24：59，竞价曲线呈下行走势。

（4）卖盘上有明显的压单。

当上述四个条件得到满足时，交易员就可以在9：24的最后10秒内委托卖出，委托价格可以比即时竞价低1%左右，以确保能够成交，具体委托价格可根据经验进行调整。

图3-6-9展现了新余国科（300722）2020年12月25日的集合竞价走势和日内分时走势。从图中左侧可见，该股在9：20：00后的竞价跌幅一直大于1%且竞价重心持续下移，下方持续出现绿柱，说明有恐慌性抛售的情况发生。从图中右侧可见，开盘价上的成交量是404手，有明显放量的现象（该股为高价股，日常集合竞价阶段的成交量不到两位数）。

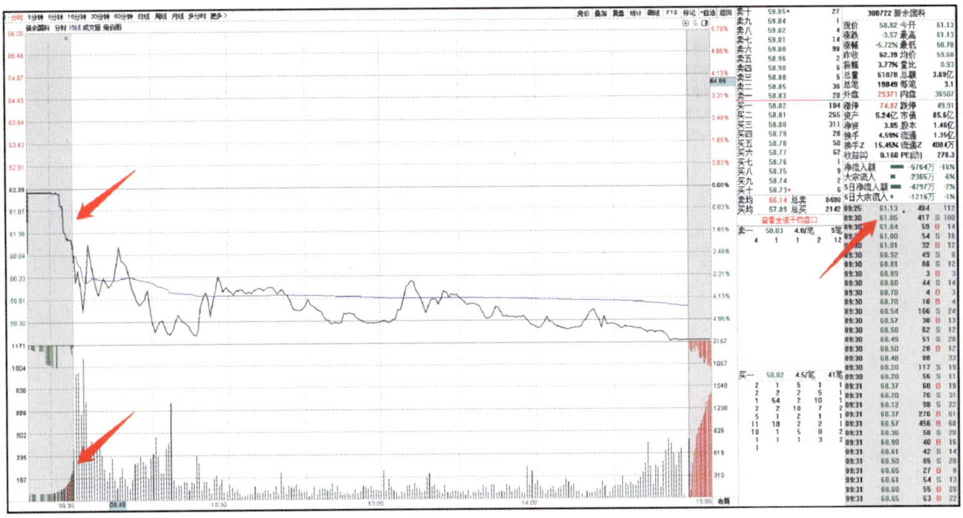

图3-6-9

从图3-6-10左下方可以看到，在集合竞价的最后4分钟内，竞价重心从62.28元一路下移，而委托量一路递增。从图中右侧可见，卖2上有67手的压单。

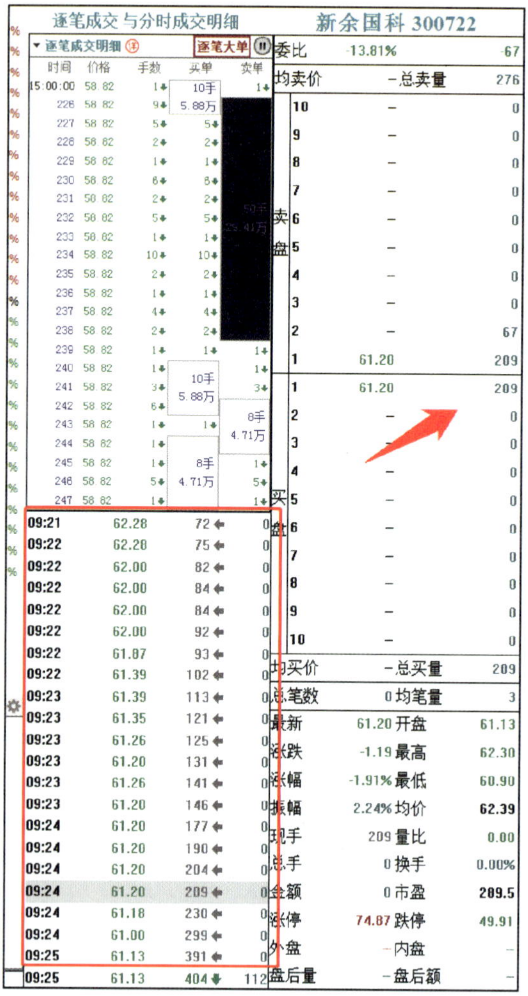

图 3-6-10

接下来，交易员可以通过 Level-2 行情中的逐笔委托明细来了解当时的市场情绪。从图 3-6-11 中可以看出，在集合竞价的最后时刻还是空方占据主导地位，买单十分稀少。

综合各种信息可以判断，此时适合竞价卖出。交易员可在 9：24 的最后 10 秒内以 60.95 元左右的价格委托卖出，以确保能在集合竞价结束前成交。

逐笔委托	全部明细		详
09:24:44	60.09	4	卖
09:24:44	49.91	8	卖
09:24:45	61.00	58	卖
09:24:45	59.20	10	买
09:24:46	60.00	4	卖
09:24:47	61.18	1	卖
09:24:47	61.18	31	卖
09:24:47	61.20	1	卖
09:24:47	60.60	49	卖
09:24:48	61.16	18	卖
09:24:49	60.00	2	卖
09:24:49	67.00	1	卖
09:24:49	61.18	5	卖
09:24:49	61.18	10	卖
09:24:49	61.00	1	卖
09:24:50	61.20	2	买
09:24:50	61.02	1	卖

图 3－6－11

（四）低开竞价买入

当集合竞价情况满足以下三个条件时，股价大概率会在开盘后有一个上涨的过程，可以在集合竞价阶段买入做多：

（1）低开幅度超过 1%（低开幅度越大上涨空间越大）。

（2）9：20：00～9：24：59，竞价曲线呈上行走势。

（3）买盘上有明显的垫单。

当上述三个条件得到满足时，交易员就可以在 9：24 的最后 10 秒内委托买入，委托价格可以比即时竞价高 1% 左右，以确保能够成交，具体委托价格可根据经验进行调整。

图 3－6－12 展示了联泓新科（003022）2020 年 12 月 28 日的集合竞价走势和日内分时走势。从图中右侧可见，股价在进入集合竞价阶段时低开 2%，之后竞价重心不断上移，上移速度逐渐加快，成交量也不断同步放大，显示出买方在抢筹。

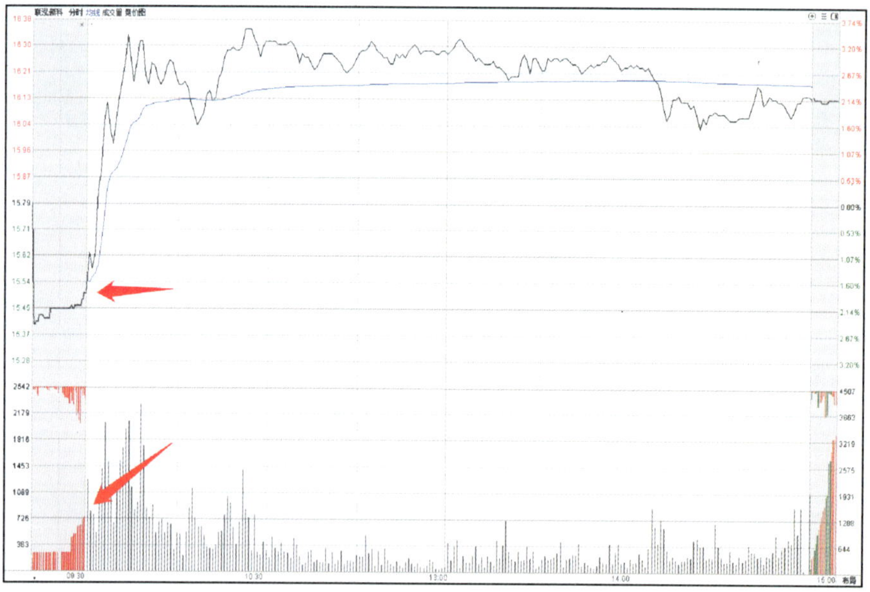

图 3－6－12

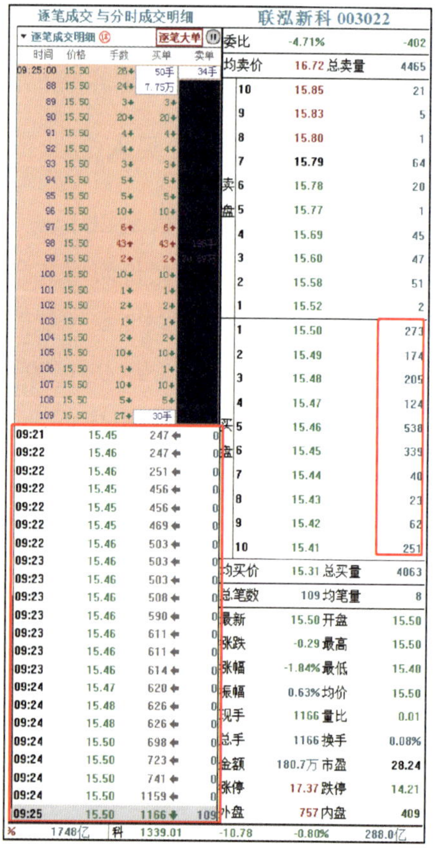

图 3－6－13

从图 3－6－13 左侧可看到当时的竞价价格是缓慢抬升的，这种情况下委托价格不用设得太高，比即时竞价价格高几分钱就可以了。图右侧是集合竞价结束后的盘口，可以看到买盘上堆了很多买单，而卖盘上的卖单寥寥无几，开盘后股价冲高是大概率事件。

（五）联动竞价交易

联动竞价交易指的是利用个股间的联动关系参与竞价，以求获取 A 股市场中联动个股在开盘后补涨或补跌带来的利润。

图 3－6－14、图 3－6－15、图 3－6－16 分别是宁德时代（300750）、亿纬锂能（300014）、比亚迪（002594）2020 年 7 月 14 日的分时走势图。当日凌晨美股新能源汽车龙头特斯拉大幅跳水翻绿，这给 A 股的新能源汽车板块造成了压力。A 股市场开盘后，

新能源汽车板块普遍低开，其中宁德时代大幅低开4.0%，亿纬锂能大幅低开2.5%，比亚迪虽然平开，但后来还是跟随整个板块的走势下跌。在临近开盘的集合竞价阶段可以关注相对滞跌的比亚迪，如果看到空头占优势，而且有止损盘，那么就可以重仓做空比亚迪。当日开盘后比亚迪果然补跌，最大跌幅达到了2.5%。

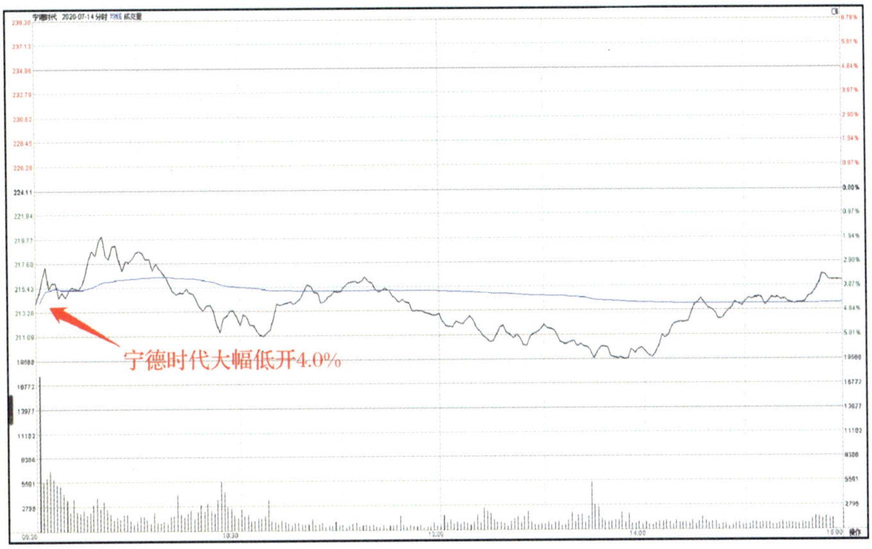

图3-6-14

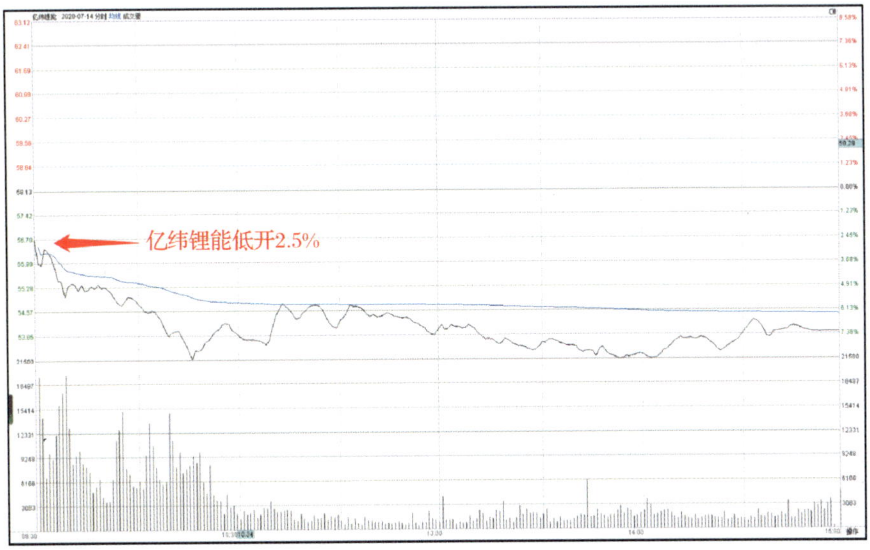

图3-6-15

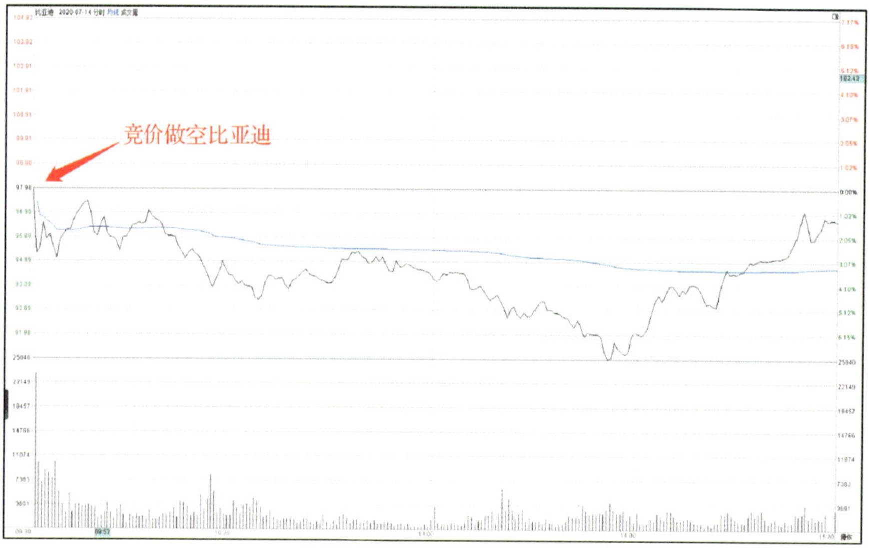

图 3-6-16

图 3-6-17 和图 3-6-18 分别是中曼石油（603619）和潜能恒信（300191）2020 年 11 月 25 日的分时走势图。两只个股都属石油开采板块，历史上具有较强的联动关系。受原油价格连续大涨的影响，中曼石油 2020 年 11 月 24 日尾盘涨停，带动潜能恒信从绿盘翻红。11 月 25 日中曼石油再度大幅高开 7%，而潜能恒信只高开 3%，因此，只要当日潜能恒信的竞价价格往上顶且有垫单可止损，就可以在集合竞价阶段开仓做多。

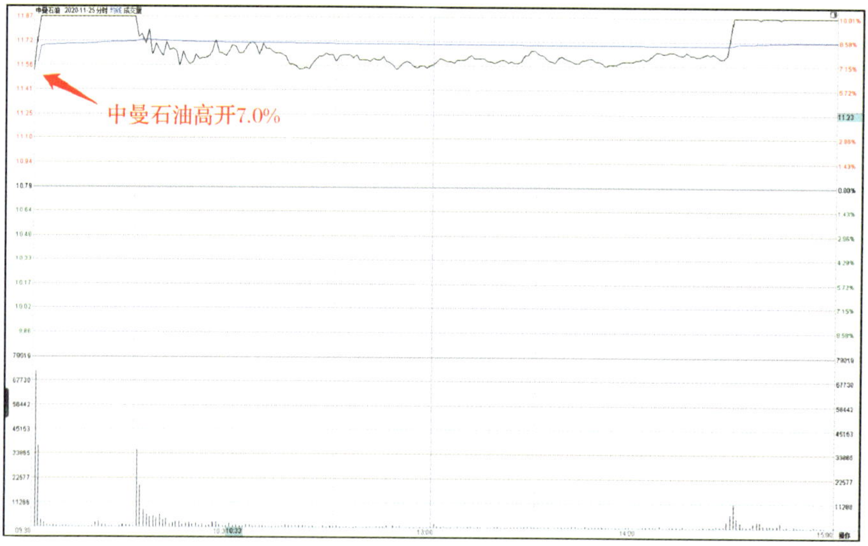

图 3-6-17

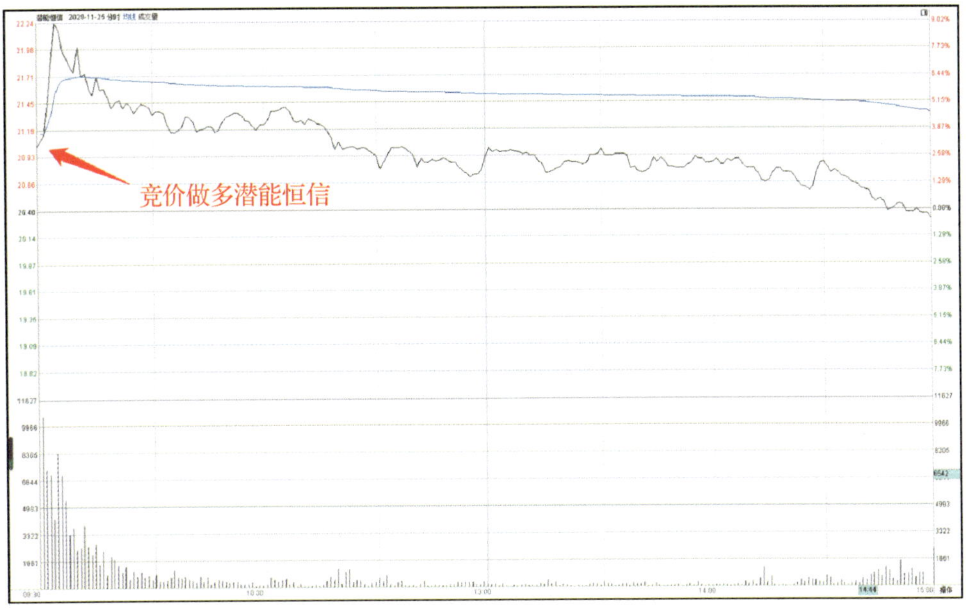

图3－6－18

竞价交易模式的平仓策略有两种：

（1）如果对开盘后股价能够延续集合竞价阶段的走势缺乏信心，只是想做个顺势的脉冲，那么可以在9：30：00前直接在开盘价上方（平多单）或下方（平空单）下单。具体委托价格可以视盘口情况而定，目标是能够在进入连续竞价阶段后优先成交。这种策略的优势是开盘后“秒成交”的概率大，劣势是可能平早了，少赚很多利润。

（2）进入连续竞价阶段后，出现拐点时再平仓。这种策略的优势是可以平在拐点，赚到最多的利润；劣势是有可能遇到急速反转的行情，不但来不及止盈，还要亏钱出场。

至于应选择哪一种策略，取决于交易员基于盘口和个股股性对行情作出何种预判。如果交易员认为没有大的行情，那么可以选择第一种策略；如果交易员认为开盘后会有比较大的行情，那么可以选择第二种策略。

在运用竞价交易模式时，有以下注意事项：

（1）开仓时间是在9：24的最后10秒内，目的是追求确定性。过早下单的话，万一形势突变又撤不了单，风险就很大了。

（2）止损位放在即时竞价价格附近并遵循两个原则：一是止损价与开仓价的价差必须足够小。二是止损位同时也应是转势的确定位，比如开仓价为59.90元的空单，其止损价通常设在60.00元整数关。

（3）如果在集合竞价阶段的最后时刻出现反手单，盘口变得不利于自己的持仓，那么应在9：30：00前果断挂单止损。

（4）如果在集合竞价阶段的最后时刻盘口出现较大的价格空当，那么不宜追，因为价格空当太大不利于股价朝预想的方向发展，止损空间也被放大了。

（5）如果集合竞价的价格变动幅度大，多空双方争夺激烈，价格走势方向不明显，那么应该放弃交易的念头，因为不确定性太高。

七、竞价后交易模式

在集合竞价结束之后，股价通常有8种走法，如图3－7－1所示（图中虚线代表平盘价）。

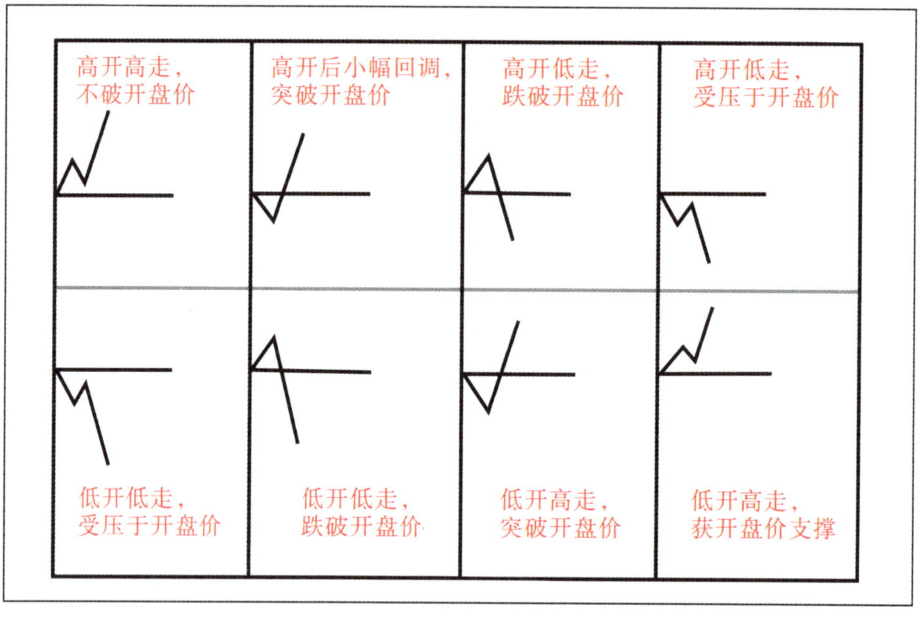

图3－7－1

看到股价异常高开或低开，职业日内交易员一般会在第一波走势结束之后就对后市有了基本的判断，同时制订出交易计划。下面我们来详解8种走法的特征及相应的交易策略。

（一）高开高走，不破开盘价

走法特征：股价高开后，第一波走势方向朝上，之后回调但不跌破开盘价，再启动往上突破前高的时候就是做多的时机。

开仓时机：第一个开仓时机是首次回调结束后再次启动之时（接拐点），第二个开仓时机是第二波上涨突破前高之时（打突破确认点）。

如果个股走势够强，那就没必要等第二个开仓时机，在拐点处进场即可。如果对个股走势没有信心，那就等第二个开仓时机出现再进场。

图3－7－2是方正电机（002196）2020年12月29日的分时走势图。当日该股高开高走，第一波上涨最高去到7.98元，然后短暂回调，接着继续上涨。该股开盘即显示出强势，交易员在股价回调期间就应意识到很有可能出现第二波上涨，要做好开仓的准备。

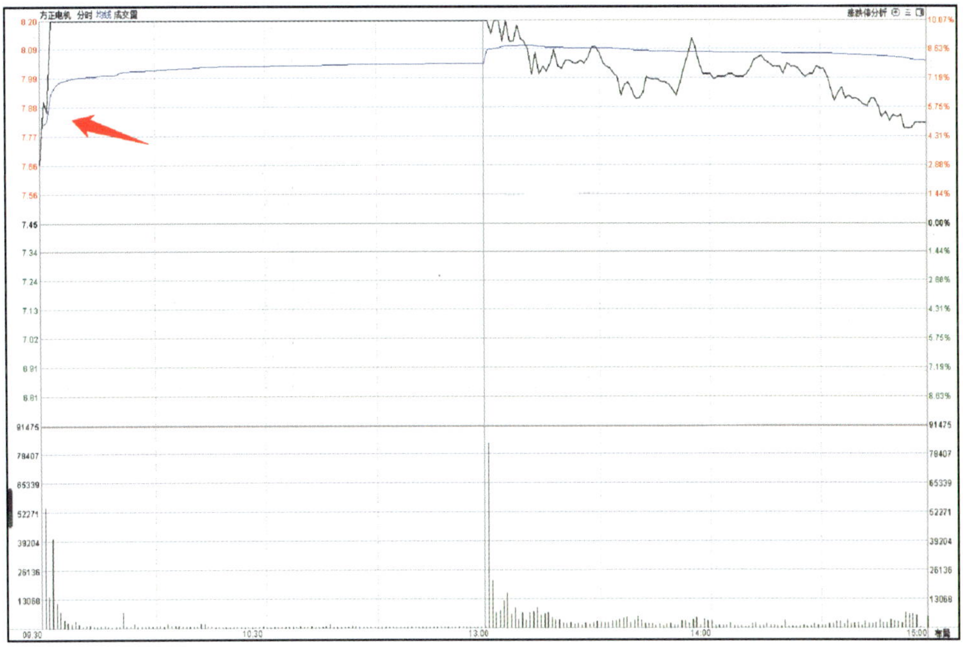

图3－7－2

下面我们来看拐点出现时的盘口。图3－7－3、图3－7－4、图3－7－5展现了当时的盘口变化。图3－7－3是股价回落至调整低点时的盘口，可看出空头依然占据优势。在数笔成交之后，盘口变成了如图3－7－4所示的情况，可看出股价重心有所上移（在图3－7－3中，7.90元价位的四位数卖单在卖4，此时在卖2），但买盘上没有足够的垫单支撑。再变到如图3-7-5所示的盘口时，情况就不一样了：股价重心再次上移，而买盘上7.86元处的买单数量增加到了798手，7.87元处的买单数量增加到了407手。市场反馈出的信息已经非常明确：7.90元马上会被突破。交易员此时可以7.91元的价格委托买入，把仓开在拐点上。

方正电机 002196			
委比		+15.36%	8211
均卖价		8.08 总卖量	22627
卖盘	10	7.96	231
	9	7.95	265
	8	7.94	193
	7	7.93	118
	6	7.92	260
	5	7.91	137
	4	7.90	2334
	3	7.89	794
	2	7.88	681
	1	7.87	226
买盘	1	7.86	103
	2	7.85	40
	3	7.84	56
	4	7.83	104
	5	7.82	1674
	6	7.81	195
	7	7.80	331
	8	7.79	122
	9	7.78	119
	10	7.77	84

图3-7-3

方正电机 002196			
委比		+17.69%	9399
均卖价		8.08 总卖量	21862
卖盘	10	7.98	1069
	9	7.97	180
	8	7.96	231
	7	7.95	271
	6	7.94	193
	5	7.93	118
	4	7.92	251
	3	7.91	137
	2	7.90	2307
	1	7.89	767
买盘	1	7.88	146
	2	7.87	89
	3	7.86	52
	4	7.85	57
	5	7.84	38
	6	7.83	359
	7	7.82	1674
	8	7.81	173
	9	7.80	331
	10	7.79	122

图3-7-4

方正电机 002196			
委比		+21.63%	11503
均卖价		8.09 总卖量	20845
卖盘	10	7.99	725
	9	7.98	1030
	8	7.97	180
	7	7.96	231
	6	7.95	266
	5	7.94	195
	4	7.93	118
	3	7.92	278
	2	7.91	136
	1	7.90	1965
买盘	1	7.87	407
	2	7.86	798
	3	7.85	156
	4	7.84	93
	5	7.83	359
	6	7.82	1674
	7	7.81	173
	8	7.80	335
	9	7.79	122
	10	7.78	119

图3-7-5

前面说过，交易员应在回调阶段就做好开仓准备，就本案例而言，在股价回调的过程中，交易员需要不断地依据盘口变化修改委托价格：当股价在7.95元的时候，委托价格一般设在8.01元，当股价在7.86元时，委托价格一般设在7.91元。当图3-7-5所示的盘口出现时，交易员只需按下买入的确认键就可以了。委托价格要设在大单的后面，以在申报中取得价格优势（连续竞价成交的规则是时间优先、价格优先）。本案例的止损位在7.86元，股价走势与预期不一致即止损。

（二）高开后小幅回调，突破开盘价

走法特征：股价高开后未能立刻上涨，而是先向下调整，但仅小幅下跌，然后拐头向上，突破开盘价。

开仓时机：股价准备突破开盘价的时候。

一般来说，股价高开后向下的话，再次回到开盘价附近时盘口会有大单压出，当大单即将被吃掉时，就是最佳的开仓时机。

图3－7－6是山西证券（002500）2020年12月31日的分时走势图。该股当日高开3%，但在集合竞价后5分钟内的走势是横盘的，盘口又显示卖方占优。这是典型的个股强势，但又不满足竞价做多条件的情况。对于这种情况，我们的策略就是等开盘后再找开仓机会。

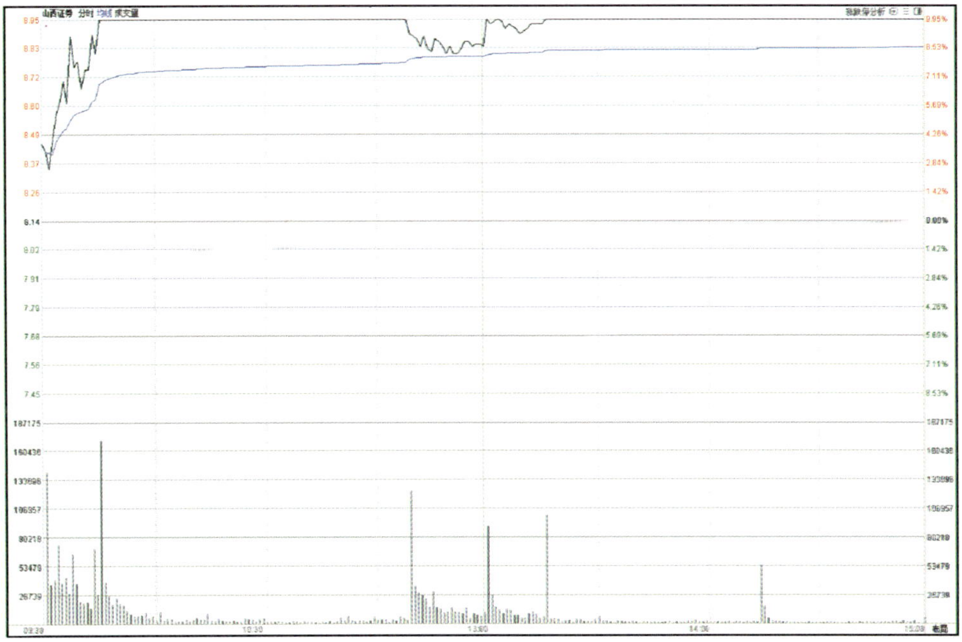

图3－7－6

图3－7－7右侧是山西证券当日开盘约9秒后的盘口，左侧是逐笔成交与分时成交明细。从图中可以看出，此时在8.45元（当日开盘价）和8.44元处已经压出比较大的卖单，股价正小幅向下调整以化解卖压。后市如果回调不深，那么股价回升并准备突破开盘价的时候就是绝佳的开仓时机。

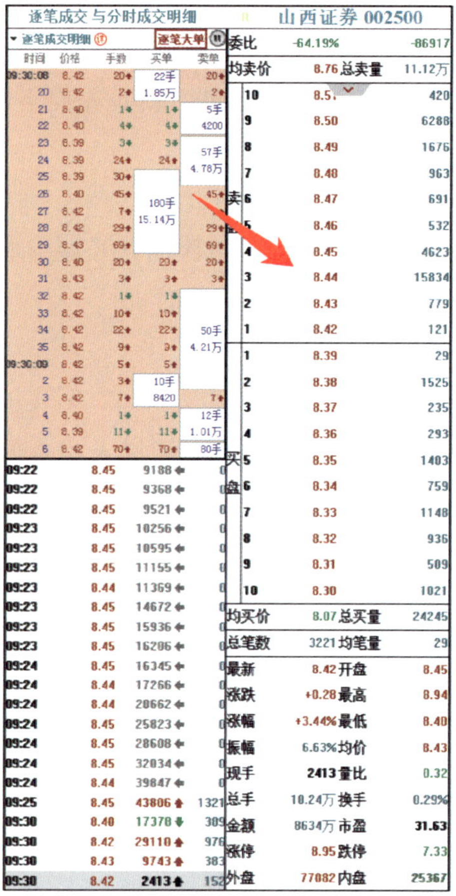

图3-7-7

股价仅小幅回调后便回升，有突破开盘价的迹象，符合做多的要求。

下面我们来看具体的开仓盘口。

图3-7-8、图3-7-9、图3-7-10是开盘价被突破前的三个连续盘口。图3-7-8中并没有做多的信号。图3-7-9中买1处垫出了1428手的买单，这是一个做多力量增强的信号，但还不能确定股价可以往上突破（如果买1垫出的是5000手以上的买单，那么就可以在此时直接做多了）。之后出现了一笔大单，把图3-7-9中卖1到卖4的单子都吃掉了，吃完后在买1处还留有四位数的买单，盘口变成了图3-7-10所示的样子。虽然此时买盘与卖盘相比在手数上并不占优，但是图3-7-9中的4档卖单（包括8.40元处5718手的大卖单）被一口吃掉，说明做多力量的强势已经很明显，可以打开盘价做多了（往8.45元的价位下多单）。

山西证券 002500			
委比		-70.94%	-98286
均卖价		8.76 总卖量	11.84万
卖盘	10	8.4[illegible]	5169
	9	8.44	1277
	8	8.43	1468
	7	8.42	492
	6	8.41	274
	5	8.40	5708
	4	8.39	659
	3	8.38	984
	2	8.37	1242
	1	8.36	268
买盘	1	8.34	71
	2	8.33	861
	3	8.32	276
	4	8.31	518
	5	8.30	50
	6	8.29	1043
	7	8.28	235
	8	8.27	357
	9	8.26	441
	10	8.25	714

图 3 - 7 - 8

山西证券 002500			
委比		-68.96%	-95989
均卖价		8.77 总卖量	11.76万
卖盘	10	8.4[illegible]	617
	9	8.45	5219
	8	8.44	1287
	7	8.43	1468
	6	8.42	492
	5	8.41	274
	4	8.40	5718
	3	8.39	680
	2	8.38	894
	1	8.37	776
买盘	1	8.35	1428
	2	8.34	127
	3	8.33	843
	4	8.32	276
	5	8.31	540
	6	8.30	77
	7	8.29	1055
	8	8.28	272
	9	8.27	360
	10	8.26	471

图 3 - 7 - 9

山西证券 002500			
委比		-64.03%	-86065
均卖价		8.79 总卖量	11.02万
卖盘	10	8.5[illegible]	6340
	9	8.49	1705
	8	8.48	924
	7	8.47	1043
	6	8.46	617
	5	8.45	5219
	4	8.44	1287
	3	8.43	1468
	2	8.42	492
	1	8.41	274
买盘	1	8.40	1195
	2	8.38	59
	3	8.36	766
	4	8.35	2010
	5	8.34	228
	6	8.33	799
	7	8.32	100
	8	8.31	371
	9	8.30	202
	10	8.29	1155

图 3 - 7 - 10

本案例的操作要点：从开盘时刻起，交易员就要有做突破开盘价的单的意识，提前在交易软件上设好价格为 8.45 元的委买单，等图 3 - 7 - 10 的盘口一出现就按下确认键。本案例的止损位可以放在 8.35 元，股价走势不及预期马上止损。开仓、平仓都要果断。

（三）高开低走，跌破开盘价

走法特征：股价高开后先向上走，但仅小幅上涨便拐头向下。

开仓时机：股价准备跌破开盘价的时候。

一般来说，股价高开并向上走后，开盘价附近会垫有大买单，大买单即将被砸掉时，就是最佳的开仓时机。

图 3 - 7 - 11 是招商银行（600036）2020 年 11 月 4 日的分时走势图。该股当日高开 2%，但股价短暂冲高后便掉头向下并跌破开盘价。

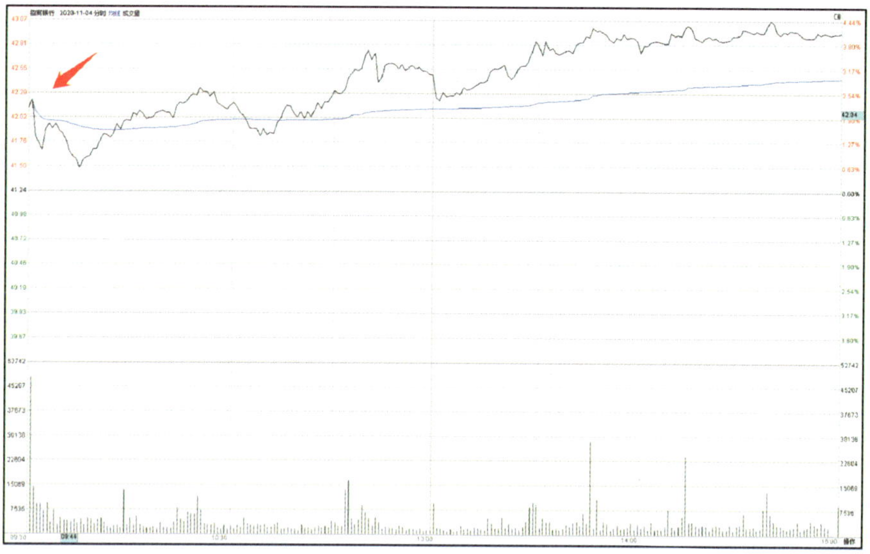

图 3－7－11

从图 3－7－12 中可以看出，该股当日的开盘价是 42.12 元，开盘后股价一度冲高到 42.25 元，到达高点后回落；到 9：31 的时候，股价跌破 42.12 元，之后快速下跌。股价跌破开盘价之时，就是最佳的开仓做空时机。

本案例的操作要点：交易员看到股价高开却又短暂冲高便回落时，就要有在股价向下跌破开盘价时做空的意识，设好价格在 42.09 元左右的委托卖出单，待开盘价被跌破便立刻按下确认键。本案例的止损位可放在 42.20 元。

09:25	42.12	15797		856
09:30	42.20	963	B	58
09:30	42.18	5808	B	450
09:30	42.19	6018		445
09:30	42.18	2561	S	218
09:30	42.20	2071	B	117
09:30	42.18	165		38
09:30	42.18	631	B	68
09:30	42.19	1395	B	52
09:30	42.20	1021	B	50
09:30	42.25	175	B	32
09:30	42.25	2679	S	114
09:30	42.20	564	S	67
09:30	42.15	653	S	58
09:30	42.17	2026	B	110
09:30	42.16	1553	S	47
09:30	42.17	640	B	81
09:30	42.15	678	B	60
09:30	42.16	1384	S	85
09:30	42.20	317	B	29
09:30	42.21	474	B	45
09:30	42.21	374	S	33
09:31	42.19	733	S	113
09:31	42.17	683	S	58
09:31	42.18	562		79
09:31	42.18	671	S	65
09:31	42.18	1054	B	103
09:31	42.15	282	S	57
09:31	42.17	604	B	62
09:31	42.13	534	S	65
09:31	42.14	632	B	90
09:31	42.14	1409	B	190
09:31	42.12	1456	S	123
09:31	42.11	497	S	79
09:31	42.06	363	S	38
09:31	42.02	365	S	30
09:31	41.98	1176	S	122
09:31	41.97	995	S	49
09:31	41.95	1435	S	77
09:31	41.90	361	S	33
09:31	41.85	259	S	33
09:31	41.81	156	S	35
09:32	41.81	395	S	56
09:32	41.80	309	S	40
09:32	41.77	1097	S	52
09:32	41.76	520		33
09:32	41.78	948	B	54
09:32	41.76	227	S	56
09:32	41.76	359	S	36
09:32	41.75	261	S	30
09:32	41.75	303	B	43
09:32	41.75	132	B	28
09:32	41.74	162		26
09:32	41.73	515	S	63
09:32	41.73	435		23

图 3－7－12

（四）高开低走，受压于开盘价

走法特征：股价高开后即向下走，仅小幅下跌便反弹但又无法突破开盘价。

开仓时机：第一个时机是第一次反弹结束，股价拐头向下的时候（空拐点）。第二个时机是第二波下跌跌破前低的时候（打跌破确认点）。

如果个股走势呈明显的弱势，那么可以在空拐点进场；如果交易员对会否出现第二波下跌心存疑虑，那就等打跌破确认点的机会。

图3－7－13是京东方A（000725）2020年8月31日的分时走势图。该股当日高开4%，开盘后便出现一波下跌。这一波下跌的幅度较大，显示出做空动能较强，因此，如果之后的反弹力度较弱，那么股价拐头再次向下的时候就是做空的开仓时机。

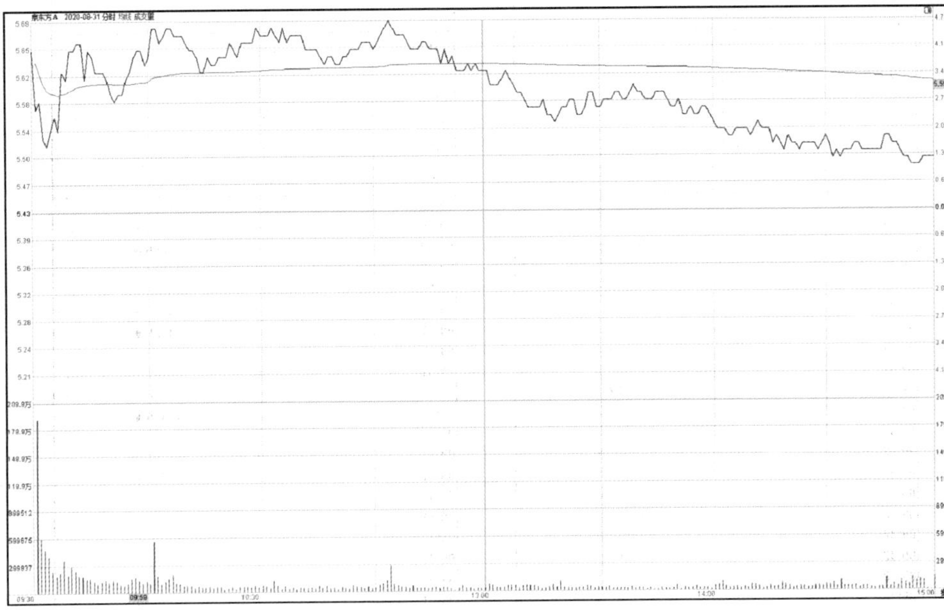

图3－7－13

图3－7－14和图3－7－15显示了第一次反弹结束，股价拐头向下时的盘口变化。开盘后的第一波下跌就跌到了5.53元，之后多头几次试图拉升股价，但都没能将股价拉回开盘价5.60元。看到5.59元处压出2万多手的卖单时，交易员应马上卡5.58元下空单，做第二波下跌。之所以往5.58元的价位下单，是因为此时5.58元处只有560手的卖单，很容易成交，而如果往5.57元的价位做空的话，那就会少赚不少利润（这是一只低价股，0.01元的变化对利润的影响也很大）。止损位放在5.60元即可。当拐点出现后，股价再次快速下跌并跌破了5.54元的前低。

京东方 A 000725			
委比	-69.57%		-1227106
卖盘 5	5.63		2351
卖盘 4	5.62		53960
卖盘 3	5.61		11788
卖盘 2	5.60		31338
卖盘 1	5.59		318
买盘 1	5.58		4421
买盘 2	5.57		7186
买盘 3	5.56		3328
买盘 4	5.55		4621
买盘 5	5.54		2915
09:31	5.57	35703↑	508
09:31	5.56	30987↓	375
09:31	5.57	33114↑	335
09:31	5.58	33868↑	330
09:31	5.57	32776↓	341
09:31	5.57	22600↑	275
09:31	5.57	30920↓	252
09:31	5.59	25104↑	311
09:31	5.59	14049↑	289
09:31	5.59	14387↑	175
09:31	5.58	20694↓	208
09:32	5.57	35498↓	428
09:32	5.58	39334↑	283
09:32	5.57	14047↓	220
09:32	5.58	26167↑	306
09:32	5.58	15044↑	180
09:32	5.58	34978↑	241
09:32	5.58	32098↑	293
09:32	5.57	33561↓	419
09:32	5.57	13335↑	151
09:32	5.55	17573↓	222
09:32	5.56	10275↑	137
09:32	5.55	30624↑	251
09:32	5.53	10105↓	189

图 3－7－14

京东方 A 000725			
委比	-70.47%		-1264014
卖盘 5	5.62		53940
卖盘 4	5.61		11743
卖盘 3	5.60		32586
卖盘 2	5.59		28694
卖盘 1	5.58		560
买盘 1	5.57		6868
买盘 2	5.56		3487
买盘 3	5.55		4888
买盘 4	5.54		2960
买盘 5	5.53		12593
09:30	5.54	37080↓	357
09:30	5.55	44653↑	432
09:30	5.56	23285↑	242
09:30	5.57	51004↑	410
09:31	5.57	36610↓	419
09:31	5.59	39204↑	537
09:31	5.58	33729↑	500
09:31	5.59	34970↑	278
09:31	5.59	28461↓	322
09:31	5.56	28328↓	404
09:31	5.58	31640↑	336
09:31	5.57	25768↓	336
09:31	5.57	39192↓	385
09:31	5.57	35703↑	508
09:31	5.56	30987↓	375
09:31	5.57	33114↑	335
09:31	5.58	33868↑	330
09:31	5.57	32776↓	341
09:31	5.57	22600↑	275
09:31	5.57	30920↓	252
09:31	5.59	25104↑	311
09:31	5.59	14049↑	289
09:31	5.59	14387↑	175
09:31	5.58	20694↓	208

图 3－7－15

（五）低开低走，受压于开盘价

走法特征：股价低开后即向下走，之后虽出现反弹但无法突破开盘价。

开仓时机：当反弹结束，股价拐头向下的时候是第一个做空时机。股价再次下跌并跌破前低的时候是第二个做空时机。

图 3－7－16 是紫金矿业（601899）2020 年 12 月 10 日的分时走势图。该股当日低开后便出现一波下跌，之后弱势反弹，但连均价线都没能突破。当反弹结束，股价拐头向下的时候，交易员可以果断开仓做空。

图 3－7－17 和图 3－7－18 显示了拐点出现时的盘口变化。可看到的明显现象就是卖盘变厚，8.40 元处的买单也被砸少了。交易员这时可以往 8.40 元做空，止损位放在 8.42 元。

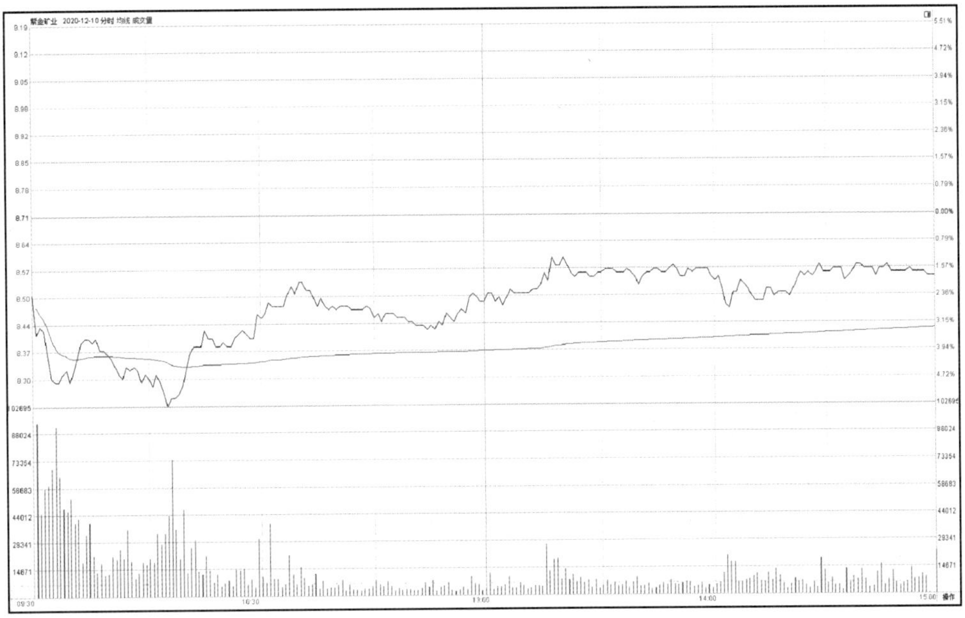

图 3－7－16

紫金矿业 601899			
委比	-44.11%		-98631
卖盘 5	8.46		1916
卖盘 4	8.45		5133
卖盘 3	8.44		3601
卖盘 2	8.43		527
卖盘 1	8.42		5227
买盘 1	8.40		7197
买盘 2	8.39		7709
买盘 3	8.38		6963
买盘 4	8.37		3303
买盘 5	8.36		3168
09:32	8.41	1326↓	61
09:32	8.41	2481↓	112
09:32	8.42	1301↑	48
09:32	8.42	2395↑	77
09:32	8.42	2615↑	103
09:32	8.42	1397↓	60
09:32	8.41	3849↓	133
09:32	8.42	1330↑	81
09:32	8.42	1519↑	70
09:32	8.42	2718↓	140
09:33	8.42	838↑	85
09:33	8.42	695↑	47
09:33	8.41	1136↓	123
09:33	8.43	4216↑	67
09:33	8.42	1265↓	58
09:33	8.42	1169↓	83
09:33	8.43	236↑	38
09:33	8.42	717↓	50
09:33	8.42	1995↓	136
09:33	8.42	557↑	36
09:33	8.42	8547↑	316
09:33	8.42	2611↑	108
09:33	8.40	5139↓	302
09:33	8.40	4562↓	229

图 3－7－17

紫金矿业 601899			
委比	-47.21%		-104021
卖盘 5	8.45		5133
卖盘 4	8.44		3585
卖盘 3	8.43		550
卖盘 2	8.42		5018
卖盘 1	8.41		1048
买盘 1	8.40		2901
买盘 2	8.39		7726
买盘 3	8.38		6964
买盘 4	8.37		3308
买盘 5	8.36		3170
09:32	8.42	1623↑	104
09:32	8.41	1326↓	61
09:32	8.41	2481↓	112
09:32	8.42	1301↑	48
09:32	8.42	2395↑	77
09:32	8.42	2615↑	103
09:32	8.42	1397↓	60
09:32	8.41	3849↓	133
09:32	8.42	1330↑	81
09:32	8.42	1519↑	70
09:32	8.42	2718↓	140
09:33	8.42	838↑	85
09:33	8.42	695↑	47
09:33	8.41	1136↓	123
09:33	8.43	4216↑	67
09:33	8.42	1265↓	58
09:33	8.42	1169↓	83
09:33	8.43	236↑	38
09:33	8.42	717↓	50
09:33	8.42	1995↓	136
09:33	8.42	557↑	36
09:33	8.42	8547↑	316
09:33	8.42	2611↑	108
09:33	8.40	5139↓	302

图 3－7－18

（六）低开低走，跌破开盘价

走法特征：股价低开后先向上走，但仅小幅上涨便拐头向下。

开仓时机：股价跌破开盘价的时候。

一般来说，股价低开后向上走的话，开盘价附近会堆有大买单，当大买单即将被砸掉时，就是最佳的开仓时机。

图 3－7－19 是中兴通讯（000063）2020 年 3 月 16 日的日内走势图。当日该股大幅低开后先是向上走，没过多久便深度回落，回到开盘价附近，短暂停顿后跌破了开盘价。在跌破开盘价之前，股价已经回落至均价线下方，显出弱势，当股价跌破开盘价的时候，就是最佳的做空时机。

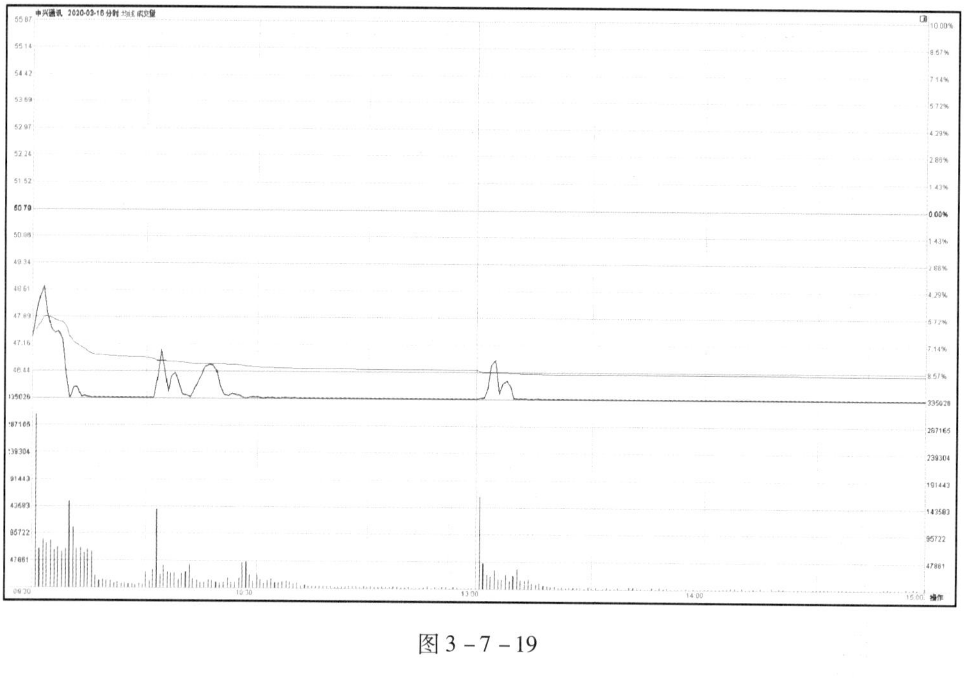

图 3－7－19

当日该股的开盘价是 47.40 元，多空双方在此处的争夺比较激烈，在未出现明确的盘口信号之前，交易员不要急着提前下注。图 3－7－20 和图 3－7－21 是开盘价被跌破前的两个盘口。从图 3－7－20 中是看不出股价有跌破 47.40 元的可能的，要看到图 3－7－21 中 47.50 元处压出 3540 手的卖单后，才能确定空头有足够的能力砸破 47.40 元。此时交易员可以直接往 47.39 元卖出做空，止损位放在 47.50 元。

中兴通讯 000063				
委比		+11.89%		24618
卖盘	5	47.59		7
	4	47.58		48
	3	47.57		1
	2	47.56		34
	1	47.55		719
买盘	1	47.47		2
	2	47.46		20
	3	47.45		248
	4	47.44		9
	5	47.43		160
09:36		47.40	2569↓	181
09:36		47.42	3391↑	317
09:36		47.44	2969↑	373
09:36		47.43	1916↓	201
09:36		47.50	1571↑	202
09:36		47.51	4998↑	496
09:36		47.50	1146↓	124
09:36		47.50	3007↑	525
09:36		47.50	1590↑	199
09:37		47.45	2229↓	436
09:37		47.45	1858↑	278
09:37		47.48	2015↑	295
09:37		47.47	961↓	200
09:37		47.46	1707↓	338
09:37		47.46	1408↑	268
09:37		47.46	2010↑	267
09:37		47.45	2348↓	408
09:37		47.46	4551↑	662
09:37		47.45	1189↓	249
09:37		47.40	3546↓	751
09:37		47.37	5245↓	745
09:37		47.36	4433↓	863
09:37		47.33	5397↓	1126
09:37		47.33	5024↑	1004

图 3－7－20

中兴通讯 000063				
委比		+9.70%		20710
卖盘	5	47.51		15
	4	47.50		3540
	3	47.49		109
	2	47.47		64
	1	47.46		716
买盘	1	47.45		295
	2	47.44		24
	3	47.43		196
	4	47.42		304
	5	47.41		629
09:36		47.42	3391↑	317
09:36		47.44	2969↑	373
09:36		47.43	1916↓	201
09:36		47.50	1571↑	202
09:36		47.51	4998↑	496
09:36		47.50	1146↓	124
09:36		47.50	3007↑	525
09:36		47.50	1590↑	199
09:37		47.45	2229↓	436
09:37		47.45	1858↑	278
09:37		47.48	2015↑	295
09:37		47.47	961↓	200
09:37		47.46	1707↓	338
09:37		47.46	1408↑	268
09:37		47.46	2010↑	267
09:37		47.45	2348↓	408
09:37		47.46	4551↑	662
09:37		47.45	1189↓	249
09:37		47.40	3546↓	751
09:37		47.37	5245↓	745
09:37		47.36	4433↓	863
09:37		47.33	5397↓	1126
09:37		47.33	5024↑	1004
09:37		47.35	2500↑	510

图 3－7－21

（七）低开高走，突破开盘价

走法特征：股价低开后先向下走，但仅小幅下跌便拐头上涨并突破开盘价。

开仓时机：股价准备突破开盘价的时候。

一般来说，股价低开后向下走的话，开盘价附近会堆有大卖单，当大卖单即将被吃掉的时候，就是最佳的开仓时机。

图 3－7－22 是大北农（002385）2020 年 12 月 25 日的分时走势图。当日该股低开 2% 后选择向下，但仅小幅下跌便快速反弹，反弹至快突破开盘价的时候就是做多的开仓时机。

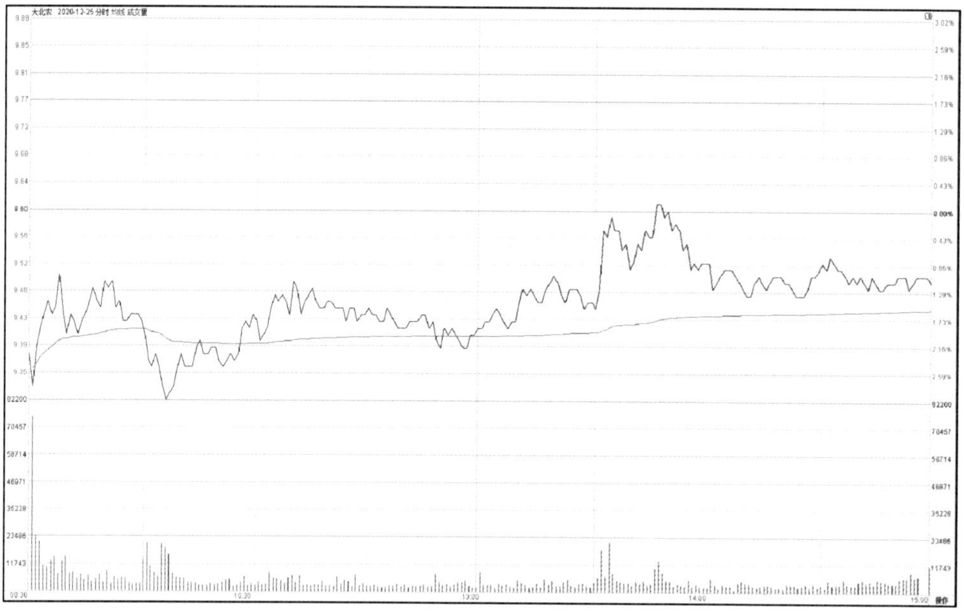

图3-7-22

下面我们来看开仓盘口。

该股当日以9.38元的价格低开。从图3-7-23中可看到，当股价反弹到9.38元的时候卖盘上有大单压出。但大单很快就被吃掉，如图3-7-24所示。此时就是开仓做多的时机，交易员可以往9.40元买入做多，止损位放在9.34元。

大北农 002385			
委比	-7.34%		-9757
卖盘 5	9.42		95
卖盘 4	9.41		91
卖盘 3	9.40		582
卖盘 2	9.39		114
卖盘 1	9.38		3139
买盘 1	9.37		494
买盘 2	9.36		924
买盘 3	9.35		839
买盘 4	9.34		1628
买盘 5	9.33		2407
09:30	9.36	1899↑	63
09:30	9.32	2056↓	82
09:30	9.33	2548↑	67
09:30	9.31	1979↓	46
09:30	9.31	1846↓	93
09:30	9.31	5111↓	260
09:30	9.32	2847↑	213
09:30	9.33	2065↑	82
09:30	9.33	689↑	53
09:30	9.33	1137↑	75
09:31	9.36	2972↑	113
09:31	9.36	463↑	24
09:31	9.36	542↓	31
09:31	9.36	568↑	42
09:31	9.37	1830↑	66
09:31	9.36	901↓	71
09:31	9.37	955↑	74
09:31	9.37	1559↑	83
09:31	9.37	1124↑	66
09:31	9.38	863↑	53
09:31	9.38	377↑	36
09:31	9.36	4236↓	167
09:31	9.38	840↑	61
09:31	9.38	1338↑	115

图3-7-23

大北农 002385			
委比	-5.54%		-7184
卖盘 5	9.41		91
卖盘 4	9.40		602
卖盘 3	9.39		114
卖盘 2	9.38		182
卖盘 1	9.37		26
买盘 1	9.36		934
买盘 2	9.35		861
买盘 3	9.34		1618
买盘 4	9.33		2446
买盘 5	9.32		1383
09:30	9.31	1979↓	46
09:30	9.31	1846↓	93
09:30	9.31	5111↓	260
09:30	9.32	2847↑	213
09:30	9.33	2065↑	82
09:30	9.33	689↑	53
09:30	9.33	1137↑	75
09:31	9.36	2972↑	113
09:31	9.36	463↑	24
09:31	9.36	542↓	31
09:31	9.36	568↑	42
09:31	9.37	1830↑	66
09:31	9.36	901↓	71
09:31	9.37	955↑	74
09:31	9.37	1559↑	83
09:31	9.37	1124↑	66
09:31	9.38	863↑	53
09:31	9.38	377↑	36
09:31	9.36	4236↓	167
09:31	9.38	840↑	61
09:31	9.38	1338↑	115
09:31	9.39	1508↑	80
09:31	9.39	742↑	53
09:31	9.39	781↑	64

图3-7-24

（八）低开高走，获开盘价支撑

走法特征：股价低开后先向上走，之后小幅回调，回调至开盘价附近获得支撑，继而转为上涨。

开仓时机：股价在开盘价附近获得支撑并拐头向上的时候是第一个做多时机，股价准备突破前高的时候是第二个做多时机。

图3-7-25是浩云科技（300448）2020年9月11日的日内走势图。当日该股低开2%，开盘后先上涨，然后小幅回调但没有跌破开盘价和均价线。当回调结束，股价再度拐头向上的时候就是做多的开仓时机。

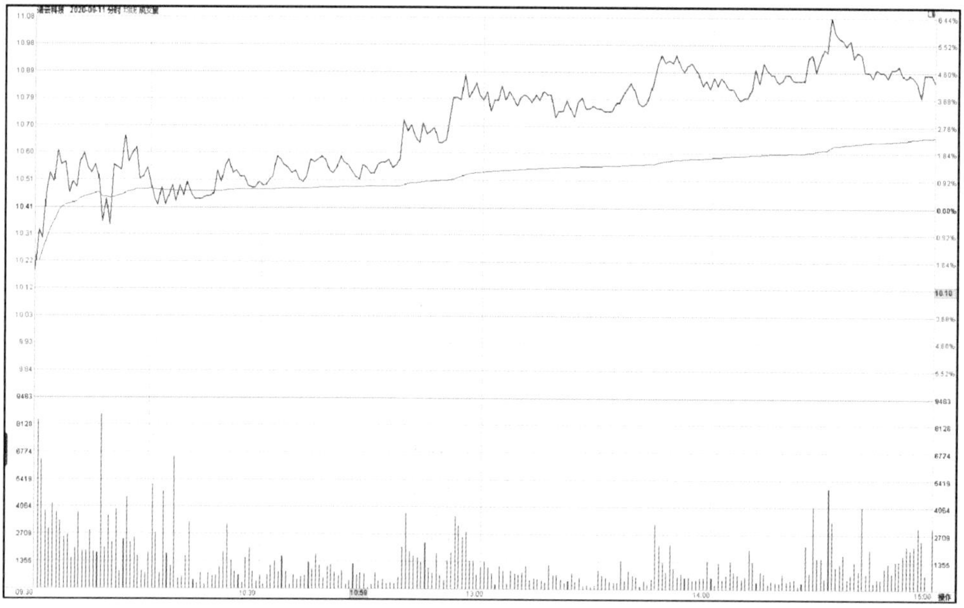

图3－7－25

图3－7－26和图3－7－27显示了开仓时机到来之际的盘口变化。该股开盘后的第一波上涨冲到了10.35元，之后开始回落。从图3－7－26所示的盘口中还看不出即将出现第二波上涨的信号。当图3－7－27所示的盘口出现时，我们可以看到买盘上10.29元处垫出了2822手的大买单，而卖盘上10.30元处原来有1368手卖单，如今已被吃到仅剩565手。此时股价虽然离10.35元的前高还有一点距离，但是盘口变化已经体现出上涨动能强劲，交易员可以往10.31元买入做多，将10.25元设为止损位。

浩云科技 300448			
委比	+35.03%		11335
卖盘 5	10.33		274
卖盘 4	10.32		281
卖盘 3	10.31		92
卖盘 2	10.30		1368
卖盘 1	10.28		45
买盘 1	10.26		258
买盘 2	10.25		202
买盘 3	10.23		523
买盘 4	10.22		216
买盘 5	10.21		605
09:31	10.32	551↑	21
09:31	10.31	412↑	23
09:31	10.30	220↑	17
09:31	10.28	126↑	12
09:31	10.31	54↑	9
09:31	10.31	173↑	11
09:31	10.31	210↑	11
09:31	10.30	140↓	15
09:31	10.30	825↑	14
09:31	10.28	185↓	14
09:31	10.28	314↓	19
09:31	10.30	824↑	9
09:31	10.30	289↑	15
09:31	10.30	257↑	10
09:31	10.32	704↑	16
09:31	10.32	165↑	6
09:31	10.30	365↓	26
09:32	10.32	791↑	17
09:32	10.32	470↑	13
09:32	10.33	125↑	10
09:32	10.33	141↓	6
09:32	10.33	167↓	12
09:32	10.35	7↓	4
09:32	10.39	89↑	6

图 3－7－26

浩云科技 300448			
委比	+43.59%		14923
卖盘 5	10.34		13
卖盘 4	10.33		274
卖盘 3	10.32		281
卖盘 2	10.31		41
卖盘 1	10.30		565
买盘 1	10.29		2822
买盘 2	10.28		51
买盘 3	10.27		1
买盘 4	10.26		124
买盘 5	10.25		215
09:30	10.31	91↑	5
09:30	10.31	2↓	1
09:30	10.32	12↑	2
09:30	10.30	93↓	5
09:30	10.33	206↑	12
09:31	10.34	80↑	6
09:31	10.32	188↓	15
09:31	10.32	308↑	27
09:31	10.32	551↑	21
09:31	10.31	412↑	23
09:31	10.30	220↑	17
09:31	10.28	126↑	12
09:31	10.31	54↑	9
09:31	10.31	173↑	11
09:31	10.31	210↑	11
09:31	10.30	140↓	15
09:31	10.30	825↑	14
09:31	10.28	185↓	14
09:31	10.28	314↓	19
09:31	10.30	824↑	9
09:31	10.30	289↑	15
09:31	10.30	257↑	10
09:31	10.32	704↑	16
09:31	10.32	165↑	6

图 3－7－27

以上就是集合竞价后股价的 8 种走法及对应的交易方法，交易员只要熟练掌握这 8 种走法的走势特征和开仓时机，就可以做到处变不惊、临危不惧。

八、起量点火交易模式

起量点火交易模式指在个股交易过程中出现了连续的大单点火，将股价快速拉升，交易员在此时开仓做多以赚取利润。一般情况下，在发现有连续的两三笔大单点火时，可第一时间下单买入，等股价涨至衰竭点时再卖出平仓。起量点火交易模式是比较“暴利”的交易模式，一旦使用成功，通常可以获得超高额度的收益。

常见的起量点火的情况有四种：低价股直线拉升、长期无量波动的个股直线拉升、题材概念个股联动拉升、受利好消息刺激直线拉升。

交易员应该经常进行复盘，看个股历史上是否出现过起量点火的行情，当出现起量点火行情的时候，点火的单子有多大、对应上涨的级别有多大，对个股的股性有充分的认识，以便在遇到类似行情时能够快速作出判断。

（一）低价股直线拉升

图 3－8－1 是郑州银行（002936）2020 年 12 月 3 日的分时走势图。该股是一只低价股，股价仅 4 元出头。当日上午接近早盘收市的时间，郑州银行出现大单点火，一波直线拉升后封板。

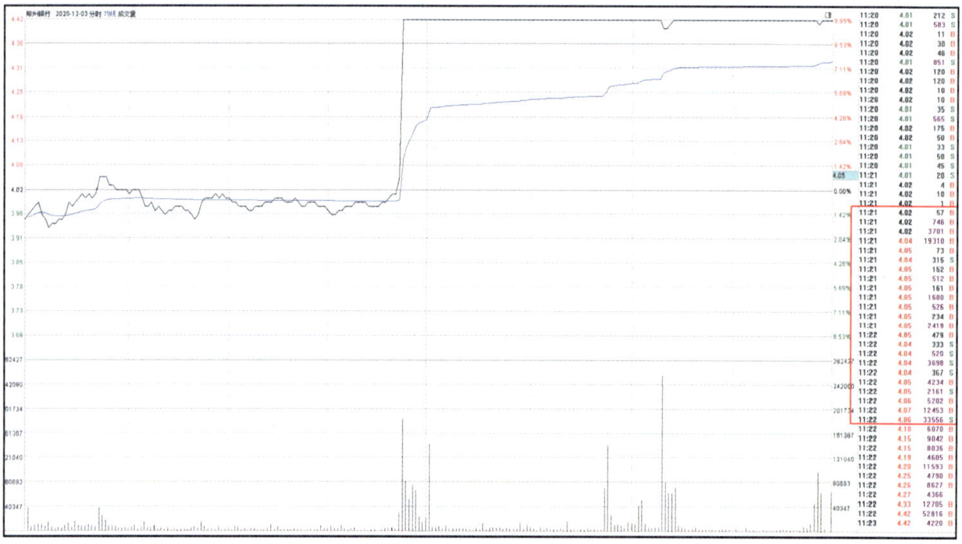

图 3－8－1

下面我们来看具体的开仓盘口。

图 3－8－2 显示，在股价拉升前出现了两笔点火的大单（红框中 3701 手和 19310 手），而在此之前，成交量一直处于低迷状态，多是仅有两位数、三位数的单子成交。相比之下，这两笔大单显得颇为突出，值得注意。但此时的卖盘厚实而买盘偏薄，仅有这两笔大单还是不够的。可以看出，在两笔大单点火后，并没有立即出现连续的大单，说明这只是一个股价异动的信号。

当时间来到图 3－8－3 所示的盘口时间，形势开始发生根本性的改变，此时开始有连续的上千手的打单出现。到图 3－8－4 所示的盘口时间，上万手的打单开始出现。这是一个做多动能增强的过程。

在图3-8-5所示的盘口中出现了超过30000手的打单，而且明显是往上面的卖盘扫货的。这笔打单是股价异动之后发出的最强烈的点火信号，看到这个信号后，交易员要立即往4.11元买入做多。

郑州银行 002936			
委比	-6.50%		-20858
卖盘 5	4.09		10715
卖盘 4	4.08		8669
卖盘 3	4.07		10572
卖盘 2	4.06		9920
卖盘 1	4.05		9824
买盘 1	4.04		690
买盘 2	4.02		623
买盘 3	4.01		4314
买盘 4	4.00		1791
买盘 5	3.99		4145
11:21	4.02	–	0
11:21	4.02	–	0
11:21	4.02	57↑	2
11:21	4.02	746↑	14
11:21	4.02	–	0
11:21	4.02	3701↑	51
11:21	4.04	19310↑	273
11:21	4.05	73↑	7
11:21	4.04	315↓	5
11:21	4.05	152↑	6
11:21	4.05	512↑	13
11:21	4.05	161↑	3
11:21	4.05	1680↑	31
11:21	4.05	526↑	21
11:21	4.05	234↑	7
11:21	4.05	2419↑	69
11:22	4.05	479↑	15
11:22	4.04	333↓	13
11:22	4.04	520↓	23
11:22	4.04	3698↓	88
11:22	4.04	367↓	25
11:22	4.05	4235↑	73
11:22	4.05	2161↓	12
11:22	4.06	5202↑	97

图3-8-2

郑州银行 002936			
委比	-1.26%		-4050
卖盘 5	4.10		12435
卖盘 4	4.09		10498
卖盘 3	4.08		8674
卖盘 2	4.07		10607
卖盘 1	4.06		9801
买盘 1	4.05		2234
买盘 2	4.04		3098
买盘 3	4.03		4190
买盘 4	4.02		2565
买盘 5	4.01		4208
11:21	4.02	–	0
11:21	4.02	3701↑	51
11:21	4.04	19310↑	273
11:21	4.05	73↑	7
11:21	4.04	315↓	5
11:21	4.05	152↑	6
11:21	4.05	512↑	13
11:21	4.05	161↑	3
11:21	4.05	1680↑	31
11:21	4.05	526↑	21
11:21	4.05	234↑	7
11:21	4.05	2419↑	69
11:22	4.05	479↑	15
11:22	4.04	333↓	13
11:22	4.04	520↓	23
11:22	4.04	3698↓	88
11:22	4.04	367↓	25
11:22	4.05	4235↑	73
11:22	4.05	2161↓	12
11:22	4.06	5202↑	97
11:22	4.07	12453↑	223
11:22	4.06	33556↓	664
11:22	4.10	6070↑	112
11:22	4.15	9042↑	303

图3-8-3

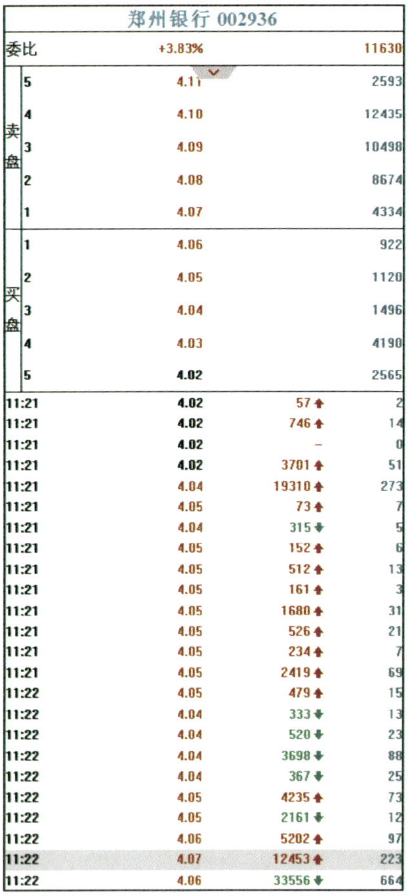

图 3－8－4

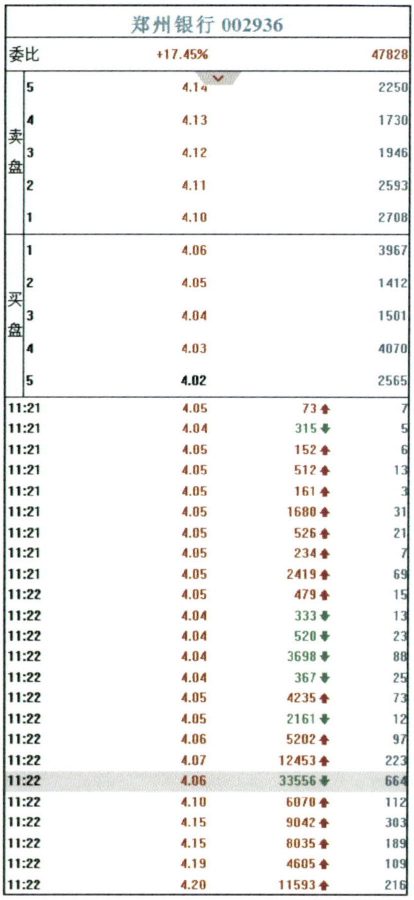

图 3－8－5

我们再来看一个盘口。

图 3－8－6 是紧邻图 3－8－5 的盘口，此时多头已将 4.10 元处的卖单全部吃掉并反垫出了上万手的买单。可以说，此时个股要上涨的意图更为明显。但是，如果此时才开仓，那即便往 4.13 元扫也不一定能成交。因此，最佳的开仓时机还是图 3－8－5 所示盘口出现的时候。

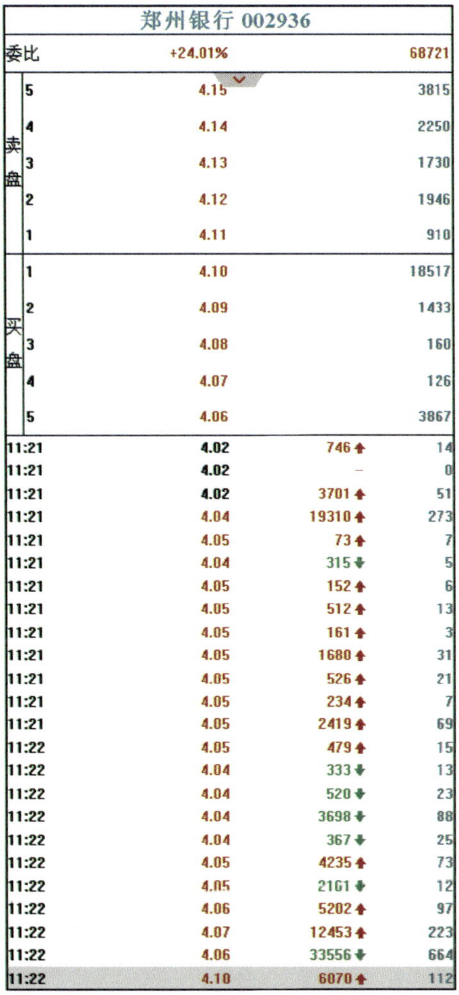

郑州银行 002936

委比	+24.01%		68721
卖盘 5	4.15		3815
卖盘 4	4.14		2250
卖盘 3	4.13		1730
卖盘 2	4.12		1946
卖盘 1	4.11		910
买盘 1	4.10		18517
买盘 2	4.09		1433
买盘 3	4.08		160
买盘 4	4.07		126
买盘 5	4.06		3867
11:21	4.02	746↑	14
11:21	4.02	–	0
11:21	4.02	3701↑	51
11:21	4.04	19310↑	273
11:21	4.05	73↑	7
11:21	4.04	315↓	5
11:21	4.05	152↑	6
11:21	4.05	512↑	13
11:21	4.05	161↑	3
11:21	4.05	1680↑	31
11:21	4.05	526↑	21
11:21	4.05	234↑	7
11:21	4.05	2419↑	69
11:22	4.05	479↑	15
11:22	4.04	333↓	13
11:22	4.04	520↓	23
11:22	4.04	3698↓	88
11:22	4.04	367↓	25
11:22	4.05	4235↑	73
11:22	4.05	2161↓	12
11:22	4.06	5202↑	97
11:22	4.07	12453↑	223
11:22	4.06	33556↓	664
11:22	4.10	6070↑	112

图3-8-6

（二）长期无量波动的个股直线拉升

图3-8-7是中天金融（000540）2020年12月1日的分时走势图。该股长期处于弱势，大多数时候都是日内小幅振荡的行情。当日该股股价在早盘收盘前升至涨幅约1.5%的地方，并一直横盘至午盘中段时间，与历史走势相比，这样的走势已经算得上强势。横盘结束后出现了大单点火，股价在一波急速拉升后封板。

当日的开仓点有两个。

图3-8-8所示是点火前的盘口。此时卖盘很厚，买盘的厚度也还可以，但成交量较为低迷。这只个股日常的单笔成交量可达三位数，此时的成交量仅有两位数，显然还没有开仓做多的信号发出。

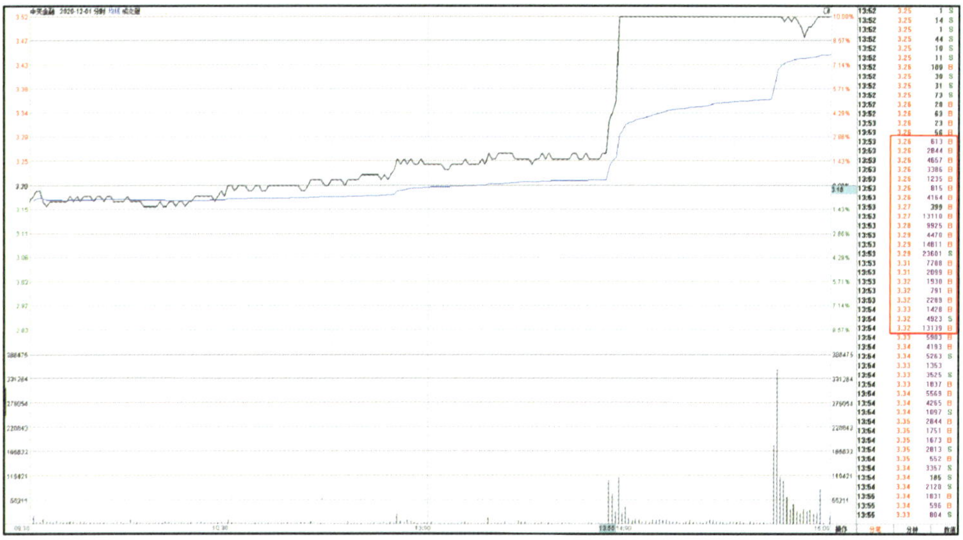

图 3－8－7

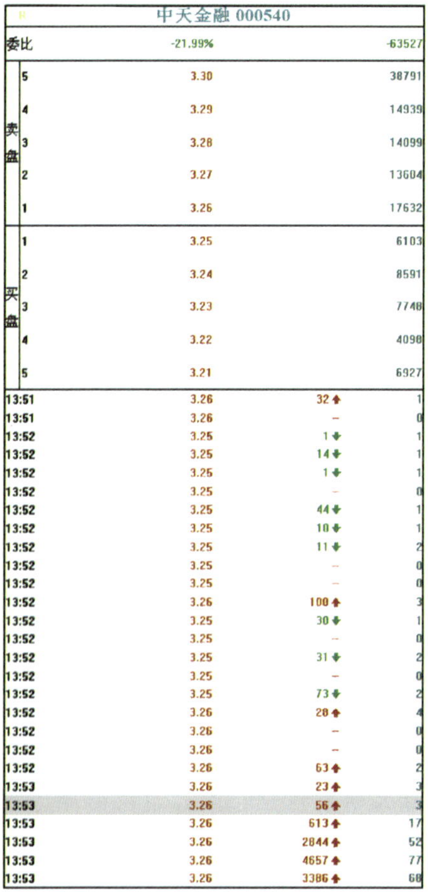

中天金融 000540		
委比	-21.99%	-63527
卖盘 5	3.30	38791
卖盘 4	3.29	14939
卖盘 3	3.28	14099
卖盘 2	3.27	13604
卖盘 1	3.26	17632
买盘 1	3.25	6103
买盘 2	3.24	8591
买盘 3	3.23	7748
买盘 4	3.22	4098
买盘 5	3.21	6927

13:51	3.26	32↑	1
13:51	3.26	–	0
13:52	3.25	1↓	1
13:52	3.25	14↓	1
13:52	3.25	1↓	1
13:52	3.25	–	0
13:52	3.25	44↓	1
13:52	3.25	10↓	1
13:52	3.25	11↓	2
13:52	3.25	–	0
13:52	3.25	–	0
13:52	3.26	100↑	3
13:52	3.25	30↓	1
13:52	3.25	–	0
13:52	3.25	31↓	2
13:52	3.25	–	0
13:52	3.25	73↓	2
13:52	3.26	28↑	4
13:52	3.26	–	0
13:52	3.26	–	0
13:52	3.26	63↑	2
13:53	3.26	23↑	3
13:53	3.26	56↑	3
13:53	3.26	613↑	17
13:53	3.26	2844↑	52
13:53	3.26	4657↑	77
13:53	3.26	3386↑	68

图 3－8－8

图3－8－9才是可开仓的盘口。此时已有连续的四位数买单出现，很明显是股价走强的信号，而且多头已将图3－8－8中3.26元处17000多手的大卖单吃掉，还反垫了6000多手。这里就是开仓点。在图3－8－10中，3.26元处增加了20000多手买单，信号更为明显。交易员应在图3－8－9的盘口出现时就往3.27元的价位下单买入，若股价没有涨上去，而是在3.26元处再出压单，则止损离场。

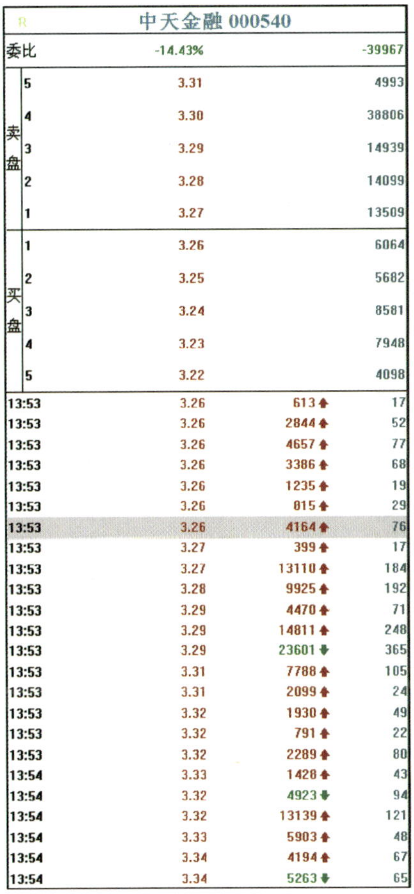

中天金融 000540			
委比	-14.43%		-39967
卖盘 5	3.31		4993
卖盘 4	3.30		38806
卖盘 3	3.29		14939
卖盘 2	3.28		14099
卖盘 1	3.27		13509
买盘 1	3.26		6064
买盘 2	3.25		5682
买盘 3	3.24		8581
买盘 4	3.23		7948
买盘 5	3.22		4098
13:53	3.26	613↑	17
13:53	3.26	2844↑	52
13:53	3.26	4657↑	77
13:53	3.26	3386↑	68
13:53	3.26	1235↑	19
13:53	3.26	815↑	29
13:53	3.26	4164↑	76
13:53	3.27	399↑	17
13:53	3.27	13110↑	184
13:53	3.28	9925↑	192
13:53	3.29	4470↑	71
13:53	3.29	14811↑	248
13:53	3.29	23601↓	365
13:53	3.31	7788↑	105
13:53	3.31	2099↑	24
13:53	3.32	1930↑	49
13:53	3.32	791↑	22
13:53	3.32	2289↑	80
13:54	3.33	1428↑	43
13:54	3.32	4923↓	94
13:54	3.32	13139↑	121
13:54	3.33	5903↑	48
13:54	3.34	4194↑	67
13:54	3.34	5263↓	65

图3－8－9

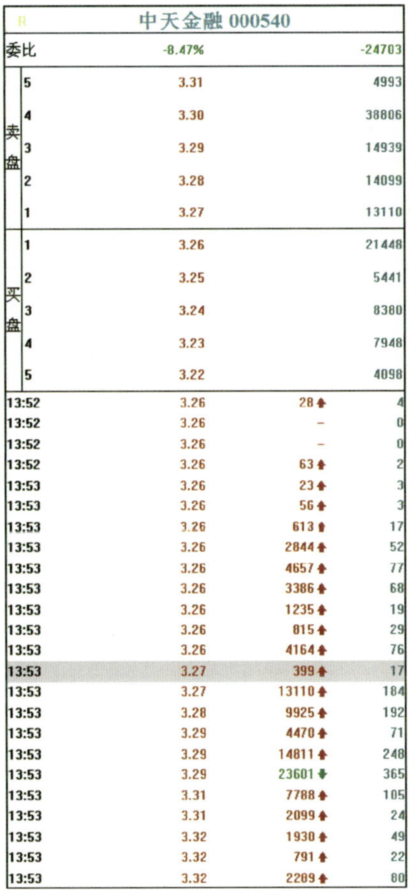

中天金融 000540			
委比	-8.47%		-24703
卖盘 5	3.31		4993
卖盘 4	3.30		38806
卖盘 3	3.29		14939
卖盘 2	3.28		14099
卖盘 1	3.27		13110
买盘 1	3.26		21448
买盘 2	3.25		5441
买盘 3	3.24		8380
买盘 4	3.23		7948
买盘 5	3.22		4098
13:52	3.26	28↑	4
13:52	3.26	–	0
13:52	3.26	–	0
13:52	3.26	63↑	2
13:53	3.26	23↑	3
13:53	3.26	56↑	3
13:53	3.26	613↑	17
13:53	3.26	2844↑	52
13:53	3.26	4657↑	77
13:53	3.26	3386↑	68
13:53	3.26	1235↑	19
13:53	3.26	815↑	29
13:53	3.26	4164↑	76
13:53	3.27	399↑	17
13:53	3.27	13110↑	184
13:53	3.28	9925↑	192
13:53	3.29	4470↑	71
13:53	3.29	14811↑	248
13:53	3.29	23601↓	365
13:53	3.31	7788↑	105
13:53	3.31	2099↑	24
13:53	3.32	1930↑	49
13:53	3.32	791↑	22
13:53	3.32	2289↑	80

图3－8－10

图3－8－12是该股空中加油（指上涨后不回调，而是在高位振荡后再次上涨）的追单点。与图3－8－11进行对比，可看到图3－8－12中3.37元变成了买1并垫了5000手，这就是股价在高位振荡后再次转强的表现。看到这个变化时，交易员要往3.40元的价位买入做多，若股价没有涨上去，而是在3.37元处再出压单，则止损离场。

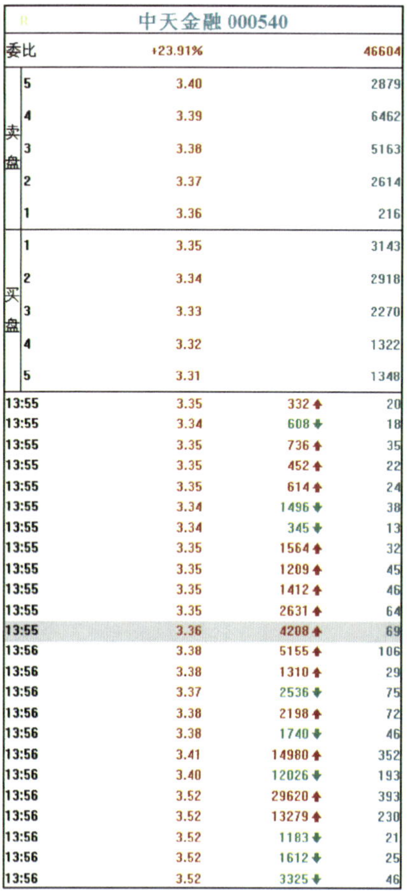

中天金融 000540			
委比	+23.91%		46604
卖盘 5	3.40		2879
卖盘 4	3.39		6462
卖盘 3	3.38		5163
卖盘 2	3.37		2614
卖盘 1	3.36		216
买盘 1	3.35		3143
买盘 2	3.34		2918
买盘 3	3.33		2270
买盘 4	3.32		1322
买盘 5	3.31		1348
13:55	3.35	332↑	20
13:55	3.34	608↓	18
13:55	3.35	736↑	35
13:55	3.35	452↑	22
13:55	3.35	614↑	24
13:55	3.34	1496↓	38
13:55	3.34	345↓	13
13:55	3.35	1564↑	32
13:55	3.35	1209↑	45
13:55	3.35	1412↑	46
13:55	3.35	2631↑	64
13:55	3.36	4208↑	69
13:56	3.38	5155↑	106
13:56	3.38	1310↑	29
13:56	3.37	2536↓	75
13:56	3.38	2198↑	72
13:56	3.38	1740↓	46
13:56	3.41	14980↑	352
13:56	3.40	12026↓	193
13:56	3.52	29620↑	393
13:56	3.52	13279↑	230
13:56	3.52	1183↓	21
13:56	3.52	1612↓	25
13:56	3.52	3325↓	46

图 3－8－11

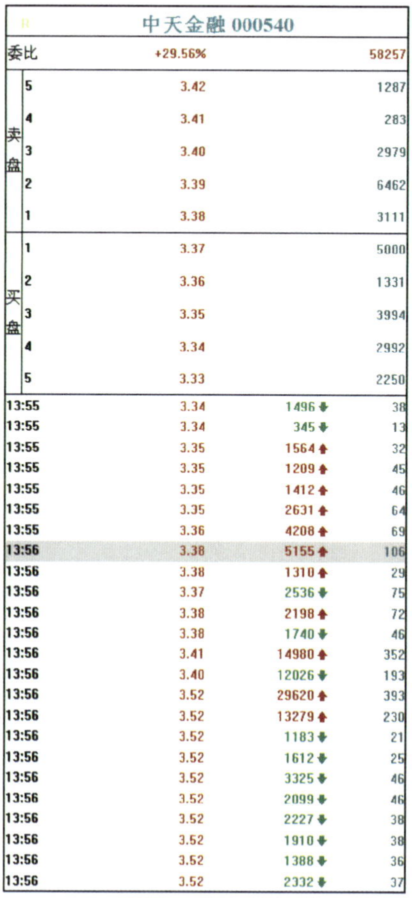

中天金融 000540			
委比	+29.56%		58257
卖盘 5	3.42		1287
卖盘 4	3.41		283
卖盘 3	3.40		2979
卖盘 2	3.39		6462
卖盘 1	3.38		3111
买盘 1	3.37		5000
买盘 2	3.36		1331
买盘 3	3.35		3994
买盘 4	3.34		2992
买盘 5	3.33		2250
13:55	3.34	1496↓	38
13:55	3.34	345↓	13
13:55	3.35	1564↑	32
13:55	3.35	1209↑	45
13:55	3.35	1412↑	46
13:55	3.35	2631↑	64
13:55	3.36	4208↑	69
13:56	3.38	5155↑	106
13:56	3.38	1310↑	29
13:56	3.37	2536↓	75
13:56	3.38	2198↑	72
13:56	3.38	1740↓	46
13:56	3.41	14980↑	352
13:56	3.40	12026↓	193
13:56	3.52	29620↑	393
13:56	3.52	13279↑	230
13:56	3.52	1183↓	21
13:56	3.52	1612↓	25
13:56	3.52	3325↓	46
13:56	3.52	2099↓	46
13:56	3.52	2227↓	38
13:56	3.52	1910↓	38
13:56	3.52	1388↓	36
13:56	3.52	2332↓	37

图 3－8－12

（三）题材概念个股联动拉升

图 3－8－13 是省广集团（002400）2020 年 7 月 31 日的分时走势图。省广集团是字节跳动概念板块的龙头股，股性非常活跃，经常领涨字节跳动概念板块。当日下午省广集团出现大单点火，股价被直线拉升至涨停。

下面我们来看具体的开仓盘口。

在图 3－8－14 所示的盘口中，买卖盘还基本处于平衡，而在图 3－8－15 所示的盘口出现前，已出现连续的四位数的大单点火，股价走势呈最强的边打边垫之势。可以看到，多头将 8.45 元处的卖单吃掉后，还垫出 3243 手的买单。考虑到该股历史表现优异（经常冲击涨停，波动幅度大），交易员在看到图 3－8－15 所示的盘口时就该往 8.50 元的价位果断买入做多，以股价涨不动并在 8.45 元处反压有卖单为止损信号。

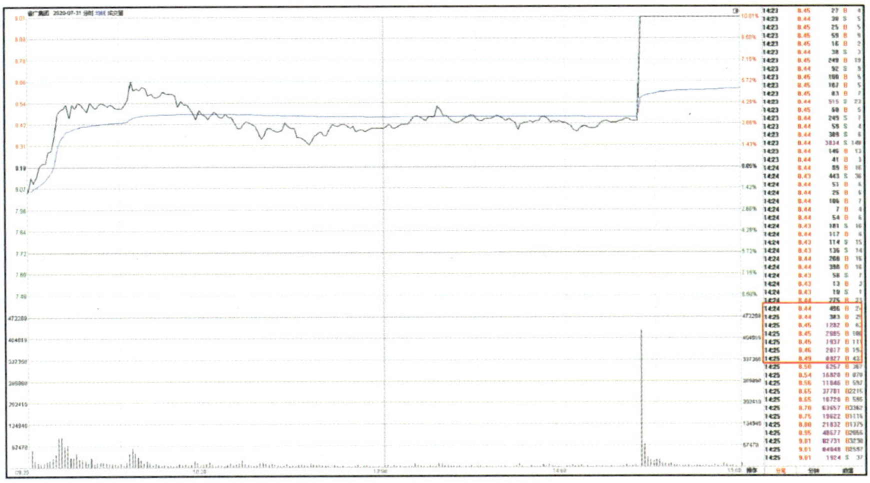

图 3-8-13

省广集团 002400			
委比	-58.50%		-307867
卖盘 5	8.48		2580
卖盘 4	8.47		4049
卖盘 3	8.46		2942
卖盘 2	8.45		4606
卖盘 1	8.44		1766
买盘 1	8.43		88
买盘 2	8.42		1497
买盘 3	8.41		1733
买盘 4	8.40		3173
买盘 5	8.39		2076
14:24	8.44	117↑	6
14:24	8.43	114↓	15
14:24	8.43	136↓	14
14:24	8.44	208↑	16
14:24	8.44	390↑	16
14:24	8.44	–	0
14:24	8.43	56↓	7
14:24	8.43	13↑	3
14:24	8.43	10↓	1
14:24	8.44	275↑	23
14:24	8.44	496↑	24
14:25	8.44	383↑	25
14:25	8.45	1282↑	67
14:25	8.45	2085↑	100
14:25	8.45	1937↑	111
14:25	8.46	2817↑	197
14:25	8.49	8927↑	433
14:25	8.50	6257↑	367
14:25	8.54	16821↑	878
14:25	8.56	11046↑	597
14:25	8.65	37701↑	2215
14:25	8.65	10720↑	595
14:25	8.70	63657↑	3362
14:25	8.75	19622↑	1116

图 3-8-14

省广集团 002400			
委比	-55.96%		-292896
卖盘 5	8.50		13231
卖盘 4	8.49		2680
卖盘 3	8.48		2626
卖盘 2	8.47		3984
卖盘 1	8.46		390
买盘 1	8.45		3243
买盘 2	8.44		1636
买盘 3	8.43		1224
买盘 4	8.42		1495
买盘 5	8.41		1735
14:25	8.44	383↑	25
14:25	8.45	1282↑	67
14:25	8.45	2085↑	100
14:25	8.45	1937↑	111
14:25	8.46	2817↑	197
14:25	8.49	8927↑	433
14:25	8.50	6257↑	367
14:25	8.54	16821↑	878
14:25	8.56	11046↑	597
14:25	8.65	37701↑	2215
14:25	8.65	10720↑	595
14:25	8.70	63657↑	3362
14:25	8.75	19622↑	1116
14:25	8.80	21832↑	1375
14:25	8.95	48677↑	2056
14:25	9.01	82731↑	3230
14:25	9.01	84048↑	2597
14:25	9.01	1924↓	37
14:25	9.01	2337↓	99
14:25	9.01	4551↓	133
14:26	9.01	3247↓	149
14:26	9.01	6585↓	177
14:26	9.01	3232↓	147
14:26	9.01	4723↓	162

图 3-8-15

（四）受利好消息刺激直线拉升

图 3－8－16 是国药股份（600511）2020 年 11 月 25 日的分时走势图。当日 11：19，市场上出现了一条关于国药集团提交新冠疫苗上市申请的利好消息，股价马上被大单点火，瞬间飙升。

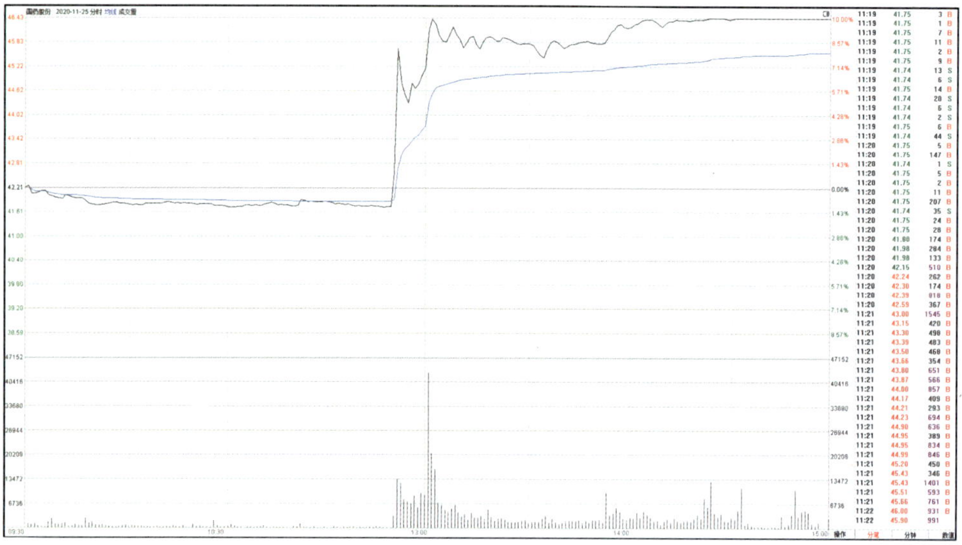

图 3－8－16

下面我们来看具体的开仓盘口。

一般盘中有关于个股或行业的重大消息时，行情软件会弹出相应的消息窗口。如果交易员在第一时间看到行情软件弹出的消息窗口，获知国药股份的利好消息，同时又知道国药股份有良好的股性，那就可以果断参与这次起量点火的行情。在图 3－8－17 所示的盘口下，应该往 42.50 元的价位买入做多，在图 3－8－18 所示的盘口下，应该往 43.20 元的价位买入做多，总而言之，当时的策略只有一个：大利好之下，先“上车”再说。

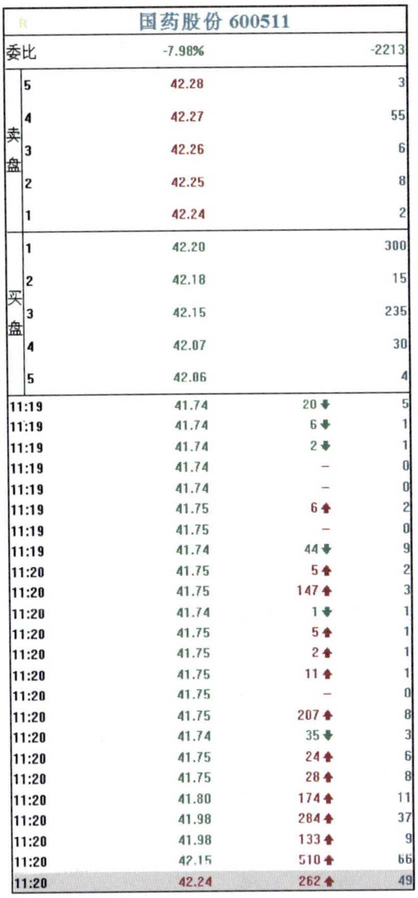

国药股份 600511			
委比	-7.98%		-2213
卖盘 5	42.28		3
卖盘 4	42.27		55
卖盘 3	42.26		6
卖盘 2	42.25		8
卖盘 1	42.24		2
买盘 1	42.20		300
买盘 2	42.18		15
买盘 3	42.15		235
买盘 4	42.07		30
买盘 5	42.06		4
11:19	41.74	20↓	5
11:19	41.74	6↓	1
11:19	41.74	2↓	1
11:19	41.74	–	0
11:19	41.74	–	0
11:19	41.75	6↑	2
11:19	41.75	–	0
11:19	41.74	44↓	9
11:20	41.75	5↑	2
11:20	41.75	147↑	3
11:20	41.74	1↓	1
11:20	41.75	5↑	1
11:20	41.75	2↑	1
11:20	41.75	11↑	1
11:20	41.75	–	0
11:20	41.75	207↑	8
11:20	41.74	35↓	3
11:20	41.75	24↑	6
11:20	41.75	28↑	8
11:20	41.80	174↑	11
11:20	41.98	284↑	37
11:20	41.98	133↑	9
11:20	42.15	510↑	66
11:20	42.24	262↑	49

图 3－8－17

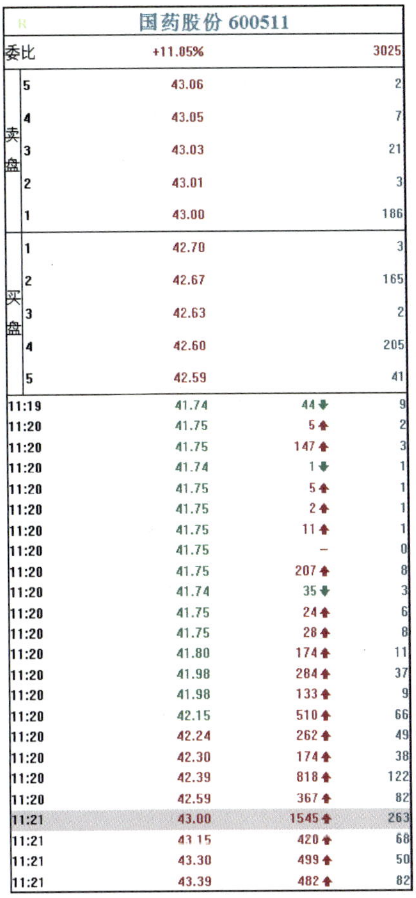

国药股份 600511			
委比	+11.05%		3025
卖盘 5	43.06		2
卖盘 4	43.05		7
卖盘 3	43.03		21
卖盘 2	43.01		3
卖盘 1	43.00		186
买盘 1	42.70		3
买盘 2	42.67		165
买盘 3	42.63		2
买盘 4	42.60		205
买盘 5	42.59		41
11:19	41.74	44↓	9
11:20	41.75	5↑	2
11:20	41.75	147↑	3
11:20	41.74	1↓	1
11:20	41.75	5↑	1
11:20	41.75	2↑	1
11:20	41.75	11↑	1
11:20	41.75	–	0
11:20	41.75	207↑	8
11:20	41.74	35↓	3
11:20	41.75	24↑	6
11:20	41.75	28↑	8
11:20	41.80	174↑	11
11:20	41.98	284↑	37
11:20	41.98	133↑	9
11:20	42.15	510↑	66
11:20	42.24	262↑	49
11:20	42.30	174↑	38
11:20	42.39	818↑	122
11:20	42.59	367↑	82
11:21	43.00	1545↑	263
11:21	43.15	420↑	68
11:21	43.30	499↑	50
11:21	43.39	482↑	82

图 3－8－18

如果交易员当时未能及时获知国药股份的利好消息，而这次上涨又是跳着多个价位上涨，那就只能在类似图 3－8－19 所示的盘口之下以 44.01 元的委托价去追整数位，做整数位突破模式。在图 3－8－19 中，虽然买盘上没有数量充足的垫单，但是分时成交上都是主动性买单，多头买入之势依然强劲，所以还是值得一搏，即便错了，也大概率能利用上涨的惯性卡位离场。

国药股份 600511			
委比	+11.05%		3025
卖盘 5	43.06		2
卖盘 4	43.05		7
卖盘 3	43.03		21
卖盘 2	43.01		3
卖盘 1	43.00		186
买盘 1	42.70		3
买盘 2	42.67		165
买盘 3	42.63		2
买盘 4	42.60		205
买盘 5	42.59		41
11:19	41.74	44↓	9
11:20	41.75	5↑	2
11:20	41.75	147↑	3
11:20	41.74	1↓	1
11:20	41.75	5↑	1
11:20	41.75	2↑	1
11:20	41.75	11↑	1
11:20	41.75	–	0
11:20	41.75	207↑	8
11:20	41.74	35↓	3
11:20	41.75	24↑	6
11:20	41.75	28↑	8
11:20	41.80	174↑	11
11:20	41.98	284↑	37
11:20	41.98	133↑	9
11:20	42.15	510↑	66
11:20	42.24	262↑	49
11:20	42.30	174↑	38
11:20	42.39	818↑	122
11:20	42.59	367↑	82
11:21	43.00	1545↑	263
11:21	43.15	420↑	68
11:21	43.30	499↑	50
11:21	43.39	482↑	82

图 3－8－19

关于起量点火交易模式的止损，这里要做一下说明。做起量点火交易模式，经常能吃到“大肉”——买入后股价一波拉升直接冲至涨停，然后在涨停价出场（日内职业 T+0 交易不允许隔夜持仓，特殊情况例外）。但偶尔也会出现超额亏损，原因是大部分 T+0 交易模式的止损价与买入价都十分接近，止损幅度通常小于 3‰，而做起量点火交易模式时经常是往上扫，跳过的价位多，再加上交易对象大部分是低价股，所以很容易把止损幅度放大。在我们以往的交易中也有失败的案例，通常是开仓后发现个股的走势没有预期般强势，打单强度降低，立马卡价格止损离场。做交易要考虑整体，只要模式的成功率高、盈亏比大，就值得做。在心态上，交易员不应该过分看重单次交易的盈亏结果，而应注重审视自己的每次交易是否都能严格按照交易系统去执行。

九、消息刺激交易模式

消息刺激分为盘前消息刺激、盘中消息刺激、午间休市消息刺激三种，故而，消息刺激交易模式就是指利用这三种消息刺激对股价造成的影响，采用相应的策略进行交易。

（一）盘前消息刺激的交易策略

盘前消息指在某日开盘前就已经公布的对股价有影响的消息，包括个股公告、行业政策、研究报告、外围走势等。如果个股在某日开盘前有相关消息发布，其早盘集合竞价及全天走势通常都会受到影响。交易员每天在开盘前都应了解行业新闻及自己手中的个股是否发布了公告，对开盘价有一个初步估计。

图3－9－1是龙蟒佰利（002601）2020年9月7日的分时走势图。9月6日晚上该股发布公告，称要提高主营产品销售价格，这是一个利好消息。9月7日该股股价在盘前集合竞价阶段就呈现出强势，交易员可以根据集合竞价模式直接做多。

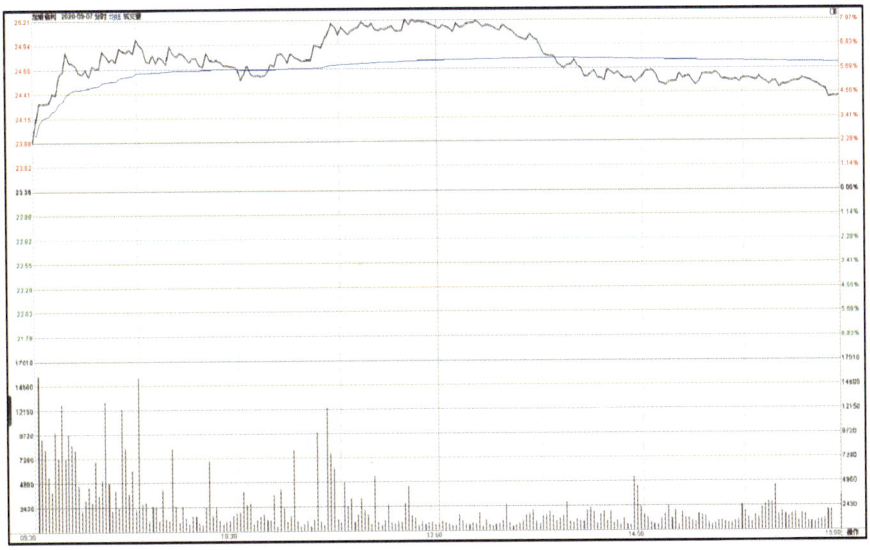

图3－9－1

图3-9-2是中芯国际（688981）2020年12月16日的分时走势图。12月15日晚上美国宣布把中芯国际纳入制裁的“实体清单”，这对该股来说是个利空消息。12月16日该股股价在盘前集合竞价阶段就受压，交易员可以根据竞价交易模式直接做空。

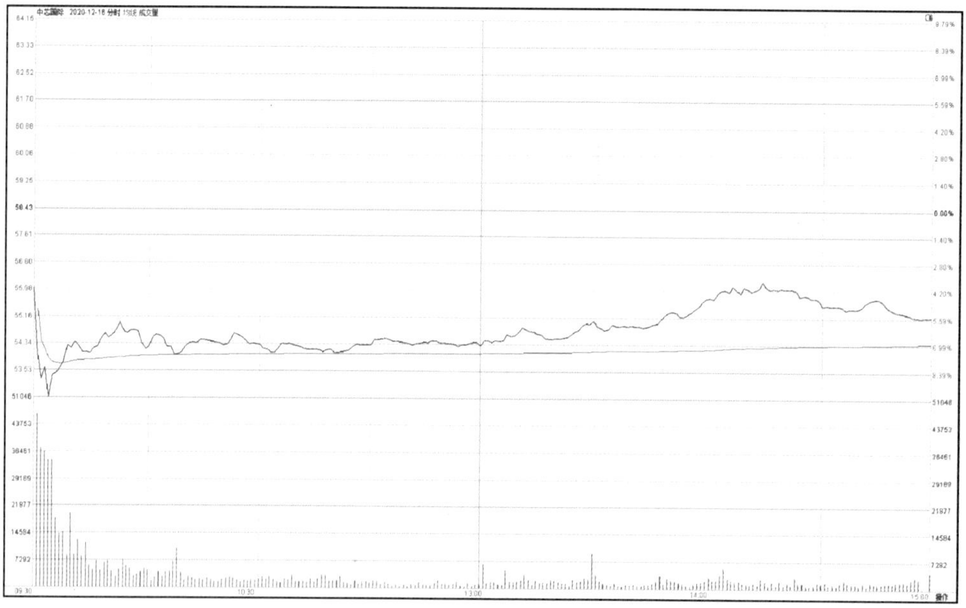

图3-9-2

（二）盘中消息刺激的交易策略

盘中消息一般指在交易时间段中发布的个股消息或行业消息。盘中消息有可能会在交易时段对股价造成刺激，导致股价瞬时快速上涨或者下跌，交易员需要在盘中迅速作出决策以应对变化。

图3-9-3是工业大麻板块指数（880704）2019年10月22日的分时走势图。当日13：23，云南国资工业大麻投资平台成立的消息发布，刺激了工业大麻概念股集体上涨。交易员当时手中如果持有工业大麻概念的个股，那就可以在个股拉升过程中运用整数位突破、同概念个股联动等方法进行追涨。

图 3-9-3

（三）午间休市消息刺激的交易策略

午间休市消息指的是在 11：30～13：00 点 A 股午间休市时间发布的个股公告、个股新闻或行业新闻。午间休市消息对股价造成的影响，往往在下午一开盘便会体现出来。

图 3-9-4 是智光电气（002169）2020 年 10 月 23 日的分时走势图。当日午间休市期间，智光电气发布公告称其控股股东之一、一致行动人拟减持不超过公司总股本 2.44% 的公司股份，下午开盘后，股价快速跌停。

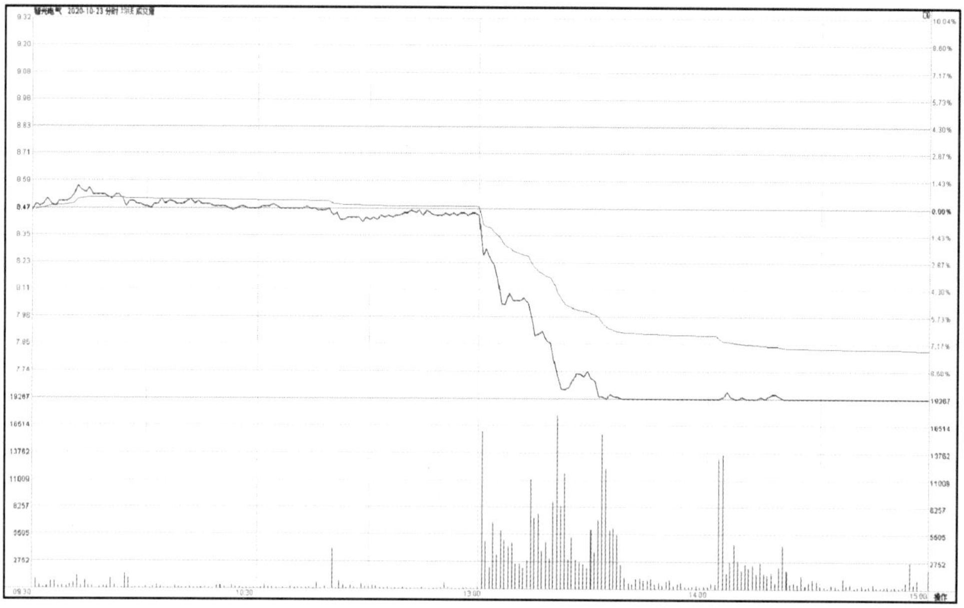

图 3－9－4

图 3－9－5 是智光电气当日午间休市时的盘口。“控股股东减持”这类消息对股价的杀伤力较大，下午开盘后股价下跌的空间肯定也比较大，因此，交易员在中午看到公告后，应抢在下午开盘前委托下单卖出，委托价格可以设在 8.35 元附近。逻辑是在这么大的利空消息影响之下，下午开盘后 8.40 元大概率会被大单吃掉并形成反压，委托价格放在 8.35 元附近较有机会成交，而把止损位放在 8.40 元附近的话，亏损幅度还可以接受。从图 3－9－6 中可以看出，下午开盘后，8.40 元果然成为空头的主攻价位，如果中午把卖单挂在 8.40 元处，那就不一定能够成交了。

智光电气 002169			
委比	-18.02%		-4427
卖盘 5	8.49		61
卖盘 4	8.48		212
卖盘 3	8.47		34
卖盘 2	8.46		75
卖盘 1	8.45		75
买盘 1	8.44		72
买盘 2	8.43		215
买盘 3	8.42		560
买盘 4	8.41		355
买盘 5	8.40		1346
11:28	8.45	–	0
11:28	8.45	–	0
11:28	8.45	–	0
11:28	8.45	10↑	1
11:29	8.44	57↓	1
11:29	8.44	–	0
11:29	8.44	3↓	1
11:29	8.44	–	0
11:29	8.44	100↓	5
11:30	8.44	–	0
13:00	8.40	2671↓	169
13:00	8.39	5244↓	302
13:00	8.31	582↓	64
13:00	8.31	939↑	63
13:00	8.32	324↓	19
13:00	8.33	1570↑	60
13:00	8.33	116↓	2
13:00	8.33	228↓	5
13:00	8.32	31↑	5
13:00	8.32	3↑	2
13:00	8.31	81↓	26
13:00	8.30	100↓	21
13:00	8.28	946↓	42

图 3-9-5

智光电气 002169			
委比	-72.75%		-19257
卖盘 5	8.43		1247
卖盘 4	8.42		612
卖盘 3	8.41		357
卖盘 2	8.40		3426
卖盘 1	8.39		444
买盘 1	8.33		7
买盘 2	8.31		18
买盘 3	8.30		906
买盘 4	8.29		205
买盘 5	8.28		236
11:28	8.45	–	0
11:28	8.45	–	0
11:28	8.45	–	0
11:28	8.45	–	0
11:28	8.45	10↑	1
11:29	8.44	57↓	1
11:29	8.44	–	0
11:29	8.44	3↓	1
11:29	8.44	–	0
11:29	8.44	100↓	5
11:30	8.44	–	0
13:00	8.40	2671↓	169
13:00	8.39	5244↓	302
13:00	8.31	582↓	64
13:00	8.31	939↑	63
13:00	8.32	324↓	19
13:00	8.33	1570↑	60
13:00	8.33	116↓	2
13:00	8.33	228↓	5
13:00	8.32	31↑	5
13:00	8.32	3↑	2
13:00	8.31	81↓	26
13:00	8.30	100↓	21

图 3-9-6

类似本案例的情况，如何选择委托价格，需要先判断消息对股价的影响程度，再结合盘口做决定。

近年来，在午间休市期间曾三次出现对金融市场造成严重影响的重大消息：2016 年 6 月 24 日的英国脱欧事件；2016 年 11 月 9 日的特朗普当选美国总统事件；2019 年 5 月 10 日的美国对华增加关税事件。三起事件发生当日对应的上证指数走势图分别见图 3-9-7、图 3-9-8、图 3-9-9。三起事件都导致 A 股下午开盘后出现恐慌性跳水但又深“V”反弹，即大幅跳水后又大幅反弹。对日内交易来说，这三起事件都带来了千载难逢的交易机会。

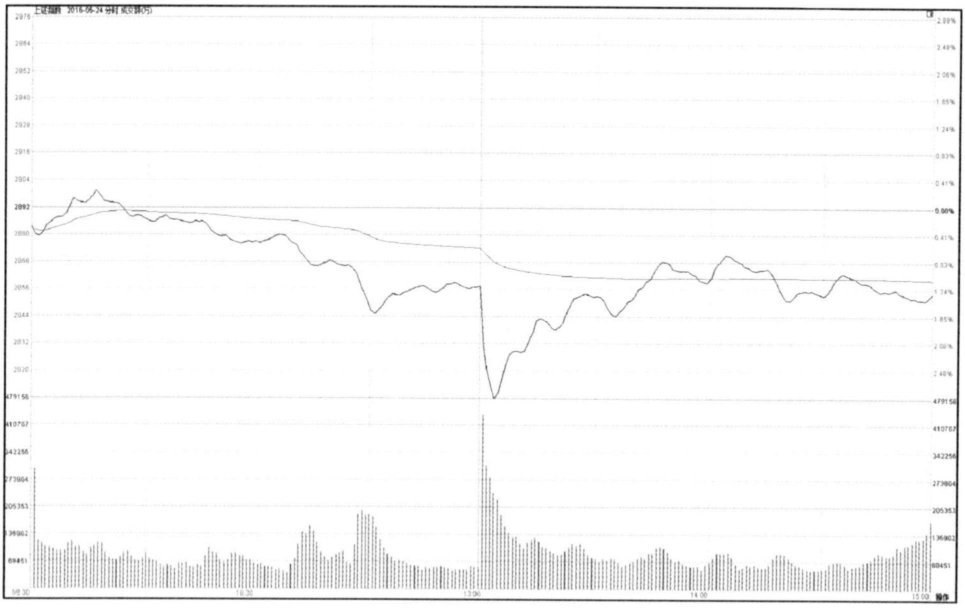
上证指数 2016-06-24 分时 成交额(元)
09:30
10:30
13:00
14:00
15:00

图 3-9-7

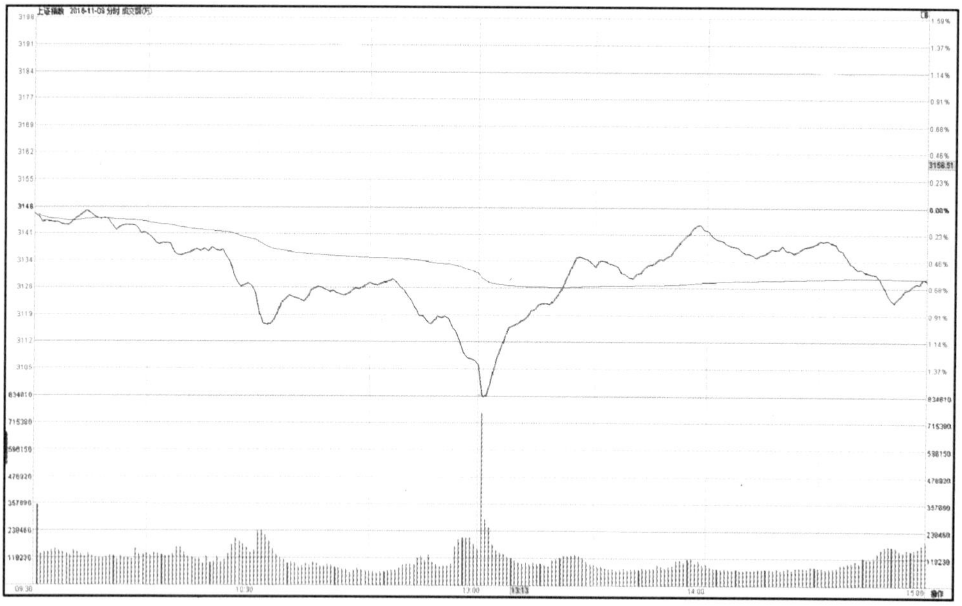
上证指数 2016-11-09 分时 成交额(元)
09:30
10:30
13:00
14:00
15:00

图 3-9-8

图3-9-9

十、参考股指期货交易模式

在国内，职业日内交易员看盘的显示屏标配是6个，其中1个显示屏一定显示有股指期货的1分钟K线图。股指期货的走势和大盘指数的走势基本一致，但又稍微领先于大盘指数，因此，看股指期货的波动方向做日内交易成为流行的方法。在2015年之前的牛市和股灾行情中运用这种方法，获利如“捡钱”般容易——只要在股指期货的1分钟K线图拉出大阳线的时候买入个股，或者在股指期货的1分钟K线图拉出大阴线的时候卖出个股，大概率能够赢利。但近几年，随着外资的大量流入和机构投资者队伍的壮大，A股的市场风格逐渐往港股和美股转变，股指期货对个股的参考价值有所降低。这里虽然讲解参考股指期货来进行交易，但必须要强调：不要基于股指期货或大盘指数去做个股，而是要基于个股的波动率去寻找其与股指期货和大盘指数配合的机会。

我们把股指期货的1分钟K线图分为涨势图形、跌势图形、抄底图形、盖帽图形四种，相应的，有四种交易策略。

（一）涨势图形与对应的交易策略

图 3－10－1 显示的是比较经典的股指期货涨势图形。图中五根有箭头指示的 K 线都是涨势的启动点。箭头 1 所指 K 线是一根实体较长的阳线，但可惜后面没能再拉出空间，所以能带动大盘上涨的幅度不会很大。箭头 2 所指 K 线突破了区间高位，对大盘的带动效应要强一些，不过可惜也是缺乏持续性。箭头 3 所指 K 线出现之前已经拉出了连续的小阳线，但那些小阳线对大盘的影响不大，真正有带动作用的还是这根加速的大阳线。箭头 4 所指 K 线出现之前大盘涨幅已经较大，因此算是第二波上涨的启动点。箭头 5 所指 K 线的性质和箭头 4 所指 K 线的性质类似。这五根 K 线的共同特征是阳线实体较长，能带动大盘涨出一定空间。图右侧红框中的阳线实体较小，这类阳线对大盘没有带动作用。

交易策略：当有股指期货涨势图形配合时，适合做多平台向上突破（平台已构筑得较好）的个股、日内走势呈波浪上涨（波动空间已打开）的个股、可抄底（跌幅已较大，有反弹空间）的个股、处于跌势拐点（日内振幅较大）的个股，不适合做空（个股盘口动能很强，可能走出独立行情的除外）。

图 3－10－1

（二）跌势图形与对应的交易策略

图 3－10－2 是比较经典的股指期货跌势图形。图中七根有箭头指示的 K 线

都是跌势的启动点。箭头 1 和箭头 2 所指 K 线可以带动大盘下跌，但是缺乏持续性，所以大盘下跌的幅度会比较有限。箭头 3 所指 K 线导致了一波下跌，其后连续出现实体阴线，表明这一波下跌的动能较强。箭头 4 所指 K 线是第二波下跌的启动点，其实体更长，表明这是一次急速杀跌。箭头 5 所指 K 线是一根破位的 K 线。箭头 6 和箭头 7 所指 K 线的实体都较长，均能有效带动大盘下跌。图右侧红框中的阴线未能扭转上涨趋势，不具参考价值。

交易策略：当有股指期货跌势图形配合时，适合做空平台向下突破（平台已构筑得较好）的个股、波浪下跌（波动空间已打开）的个股、可盖帽（涨幅已较大，有回调空间）的个股、处于涨势拐点（日内振幅较大）的个股，不适合做多（个股盘口动能很强，可能走出独立行情的除外）。

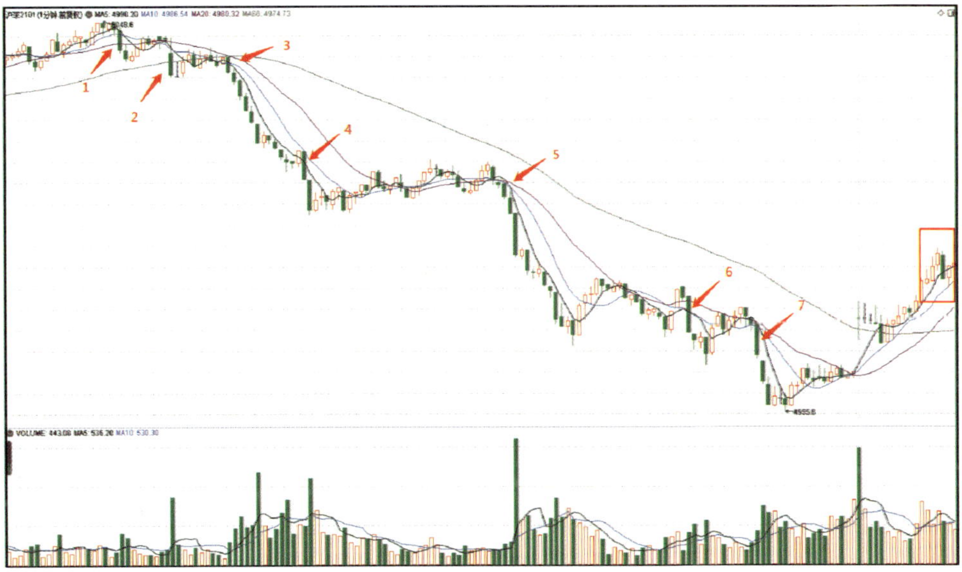

图 3－10－2

（三）抄底图形与对应的交易策略

图 3－10－3 是比较经典的股指期货抄底图形。图中箭头所指的五根 K 线都是抄底的点。抄底图形有两个特征：一是有急跌的行情且跌幅较大（跌出了空间）。二是底部通常会出现一根实体较长的阳线，表明跌势被逆转。

交易策略：第一种策略是抄底走势几乎同步的个股，尤其是那些跌幅大、做空动能接近衰竭的个股。第二种策略是找强势横盘的个股，在其上涨启动点处做多，逻辑是大盘跌的时候个股不跌，说明个股强势，等到大盘反弹时，个股更容易向上突破。第三种策略是找逆市上涨的个股去顺势做多，逻辑是大盘跌的时候个股都能上涨，那么大盘反弹的时候个股涨势可能会更强劲。

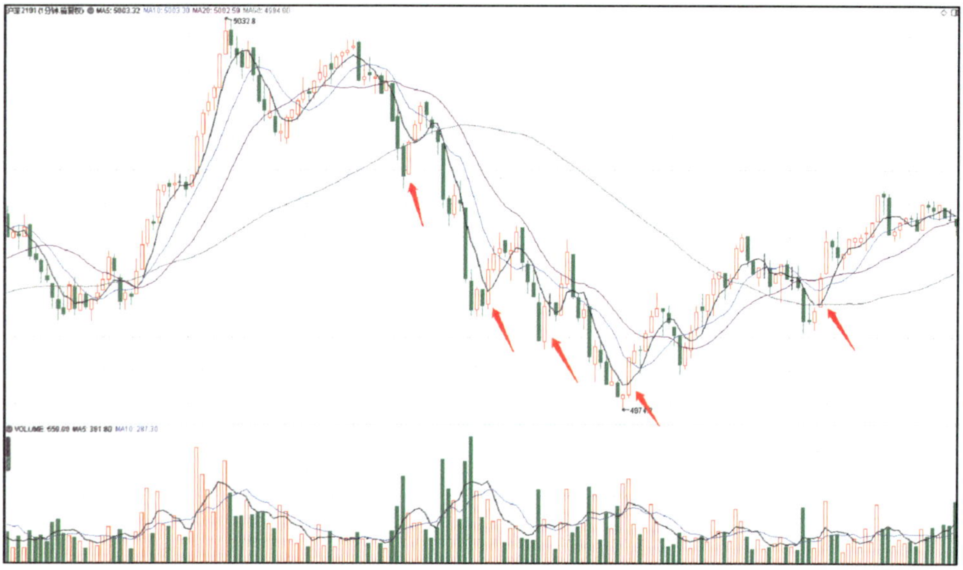

图 3－10－3

（四）盖帽图形与对应的交易策略

图 3－10－4 是比较经典的股指期货盖帽图形。图中箭头所指的三根 K 线都是盖帽的点。盖帽图形有两个特征：一是盖帽信号出现之前有过急涨的行情且涨幅较大（涨出了空间）。二是涨势尽头通常会出现一根实体较长的阴线，表明涨势被逆转。

交易策略：第一种策略是盖帽走势几乎同步的个股，尤其是那些波段涨幅大、做多动能接近衰竭的个股。第二种策略是找弱势横盘的个股，在其下跌启动点处做空，逻辑是大盘涨的时候个股不涨，说明个股弱势，等大盘跌的时候，个股更容易向下破位。第三种策略是找逆市下跌的个股顺势做空，逻辑是大盘涨的时候个股却在跌，那么大盘跌的时候个股的跌势可能会更猛。

图 3－10－4

十一、涨停交易模式

涨停是多头力量极其强大的体现。在涨停板附近做交易是一种高风险、高收益的交易行为。涨停交易模式可分为砸、接、盖三种。

（一）砸

砸，指的是涨停板被砸开时跟着做空，适用于做中大盘股和涨停强度较弱（如封单较少、抛压较多、多次开板）的个股。

图 3－11－1 是中信证券（600030）2020 年 7 月 6 日的分时走势图。中信证券属于大盘股，这类股票涨停后又被大单砸开的时候很适合做空。大盘股的波动惯性较大，股价开板后有极大的惯性下跌的可能，即便开板后又有回封的迹象，只要及时排队买回，成交的概率也很高（相对于小市值股票而言）。

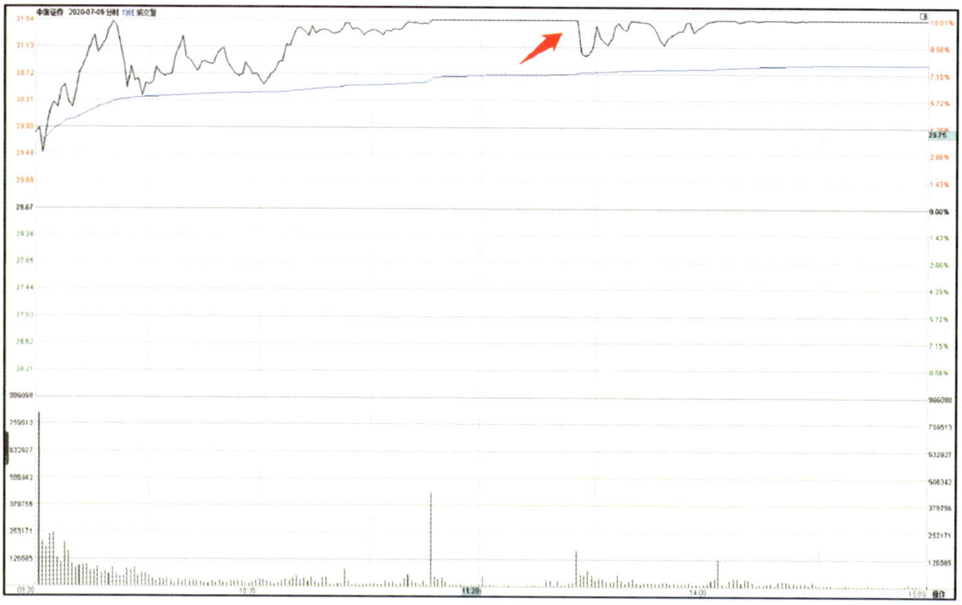

图 3-11-1

下面我们来看具体的开仓和平仓盘口。

图 3-11-2 所示是中信证券开板前的盘口。当日中信证券是在上午封板的，下午开盘后，可以从分时成交上看出抛压很大，给人一种涨停板随时会被砸开的感觉。

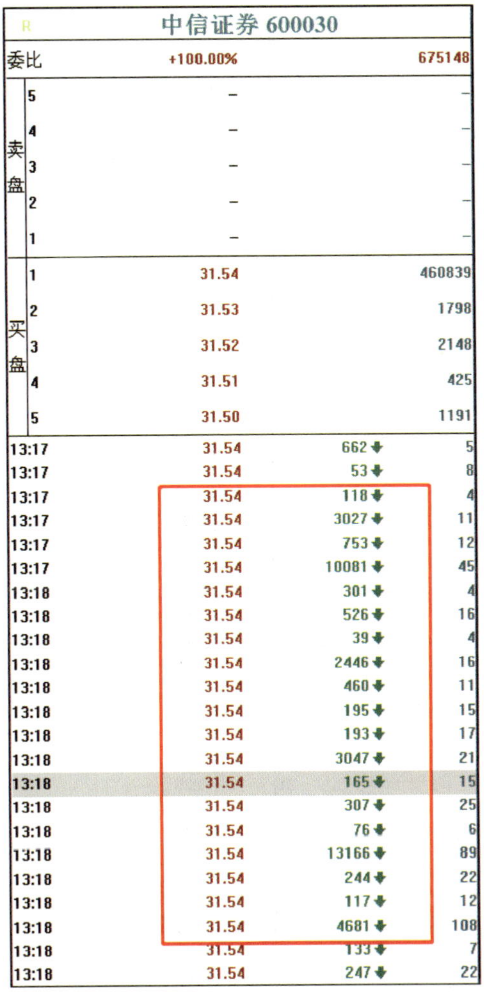

中信证券 600030			
委比	+100.00%		675148
卖盘 5	–		–
卖盘 4	–		–
卖盘 3	–		–
卖盘 2	–		–
卖盘 1	–		–
买盘 1	31.54		460839
买盘 2	31.53		1798
买盘 3	31.52		2148
买盘 4	31.51		425
买盘 5	31.50		1191
13:17	31.54	662↓	5
13:17	31.54	53↓	8
13:17	31.54	118↓	4
13:17	31.54	3027↓	11
13:17	31.54	753↓	12
13:17	31.54	10081↓	45
13:18	31.54	301↓	4
13:18	31.54	526↓	16
13:18	31.54	39↓	4
13:18	31.54	2446↓	16
13:18	31.54	460↓	11
13:18	31.54	195↓	15
13:18	31.54	193↓	17
13:18	31.54	3047↓	21
13:18	31.54	165↓	15
13:18	31.54	307↓	25
13:18	31.54	76↓	6
13:18	31.54	13166↓	89
13:18	31.54	244↓	22
13:18	31.54	117↓	12
13:18	31.54	4681↓	108
13:18	31.54	133↓	7
13:18	31.54	247↓	22

图 3－11－2

图 3－11－4 是开仓盘口，图 3－11－3 则是其前面一笔成交发生时的盘口。开仓的信号是涨停板上的封单从 21 万多手减少到 6 万多手，而且从分时成交情况来看，卖单的出现具有持续性。看到这个盘口变化，交易员可以往 31.52 元的价位卖出做空，等股价跌不动时再接回来。卖出后第一时间调好往涨停价 31.54 元买入的平仓单，如果下跌情况不及预期，那么就果断往涨停价买回止损。注意，本案例的开仓时机只在图 3－11－4 所示盘口出现之时，即可以确定要开板的那一刻。如果提前开仓，那么风险系数会大很多，因为多头可能再加单封板。

中信证券 600030			
委比	+100.00%		424618
卖盘 5	–		–
卖盘 4	–		–
卖盘 3	–		–
卖盘 2	–		–
卖盘 1	–		–
买盘 1	31.54		214723
买盘 2	31.53		2030
买盘 3	31.52		2145
买盘 4	31.51		447
买盘 5	31.50		1249
13:24	31.54	421↓	27
13:24	31.54	272↓	22
13:25	31.54	894↓	31
13:25	31.54	10286↓	27
13:25	31.54	1100↓	34
13:25	31.54	677↓	29
13:25	31.54	5793↓	32
13:25	31.54	1275↓	43
13:25	31.54	2224↓	36
13:25	31.54	1248↓	25
13:25	31.54	514↓	35
13:25	31.54	1775↓	42
13:25	31.54	6212↓	49
13:25	31.54	3152↓	73
13:25	31.54	2258↓	65
13:25	31.54	3125↓	105
13:25	31.54	3756↓	135
13:25	31.54	6951↓	149
13:25	31.54	40785↓	1192
13:25	31.54	53077↓	1990
13:25	31.52	16058↓	607
13:25	31.53	3781↑	97
13:26	31.50	5624↓	313

图 3－11－3

中信证券 600030			
委比	+100.00%		276534
卖盘 5	–		–
卖盘 4	–		–
卖盘 3	–		–
卖盘 2	–		–
卖盘 1	–		–
买盘 1	31.54		66641
买盘 2	31.53		2030
买盘 3	31.52		2145
买盘 4	31.51		447
买盘 5	31.50		1249
13:25	31.54	894↓	31
13:25	31.54	10286↓	27
13:25	31.54	1100↓	34
13:25	31.54	677↓	29
13:25	31.54	5793↓	32
13:25	31.54	1275↓	43
13:25	31.54	2224↓	36
13:25	31.54	1248↓	25
13:25	31.54	514↓	35
13:25	31.54	1775↓	42
13:25	31.54	6212↓	49
13:25	31.54	3152↓	73
13:25	31.54	2258↓	65
13:25	31.54	3125↓	105
13:25	31.54	3756↓	135
13:25	31.54	6951↓	149
13:25	31.54	40785↓	1192
13:25	31.54	53077↓	1990
13:25	31.52	16058↓	607
13:25	31.53	3781↑	97
13:26	31.50	5624↓	313
13:26	31.40	1250↓	67
13:26	31.45	5876↑	471

图 3－11－4

图 3－11－6 所示是平仓盘口，图 3－11－5 则是其前面一笔成交发生时的盘口。将两者进行对比，明显可以看出个股有止跌的迹象，买盘也变得更厚。

中信证券 600030			
委比	+44.92%		125673
卖盘 5	31.00		6145
卖盘 4	30.99		179
卖盘 3	30.98		130
卖盘 2	30.97		2133
卖盘 1	30.96		243
买盘 1	30.94		267
买盘 2	30.91		2
买盘 3	30.90		1823
买盘 4	30.89		619
买盘 5	30.88		472
13:26	31.10	2446↑	150
13:26	31.05	5012↑	236
13:26	31.09	3010↑	161
13:26	31.03	3322↓	161
13:26	31.02	3117↑	178
13:27	31.01	1422↓	103
13:27	31.00	3049↓	215
13:27	31.00	5418↓	327
13:27	31.00	4890↓	316
13:27	31.00	3242↑	180
13:27	31.00	1821↑	130
13:27	30.97	2574↓	153
13:27	30.96	3398↓	235
13:27	30.97	1270↑	61
13:27	30.91	1757↓	143
13:27	30.96	1413↑	160
13:27	30.93	2259↑	170
13:27	30.96	2719↑	160
13:27	30.90	2098↓	177
13:27	30.90	1968↑	168
13:27	30.92	2252↑	205
13:27	30.94	1531↑	161
13:27	30.97	2589↑	145
13:27	31.00	7262↑	239

图3－11－5

中信证券 600030			
委比	+46.34%		131495
卖盘 5	31.01		836
卖盘 4	31.00		6175
卖盘 3	30.99		177
卖盘 2	30.98		120
卖盘 1	30.97		1521
买盘 1	30.92		421
买盘 2	30.91		815
买盘 3	30.90		2833
买盘 4	30.89		2359
买盘 5	30.88		492
13:27	31.01	1422↓	103
13:27	31.00	3049↓	215
13:27	31.00	5418↓	327
13:27	31.00	4890↓	316
13:27	31.00	3242↑	180
13:27	31.00	1821↑	130
13:27	30.97	2574↓	153
13:27	30.96	3398↓	235
13:27	30.97	1270↑	61
13:27	30.91	1757↓	143
13:27	30.96	1413↑	160
13:27	30.93	2259↑	170
13:27	30.96	2719↑	160
13:27	30.90	2098↓	177
13:27	30.90	1968↑	168
13:27	30.92	2252↑	205
13:27	30.94	1531↑	161
13:27	30.97	2589↑	145
13:27	31.00	7262↑	239
13:27	31.00	3248↑	192
13:28	31.05	5014↑	241
13:28	31.05	1139↓	62
13:28	31.02	1459↓	112
13:28	31.06	945↓	120

图3－11－6

我们再来看一个不宜参与砸板的案例。

图3－11－7是朗姿股份（002612）2020年12月9日的分时走势图，图3－11－8是图3－11－7箭头所指处的即时盘口。在图3－11－7中箭头所指处，股价实际上已经开板，但极短时间内便被回封，因此在图上看不到缺口。遇到这种“秒回封”的情况，开仓后想买回止损是很难的，有被迫隔夜持仓的风险。

图 3－11－7

朗姿股份 002612

委比		+100.00%	33360
卖盘	5	－	0
	4	－	0
	3	－	0
	2	－	0
	1	－	0
买盘	1	17.58	23291
	2	17.43	159
	3	17.41	9
	4	17.39	5
	5	17.37	37

14:12	17.58	7↓	1
14:13	17.58	－	0
14:13	17.58	－	0
14:13	17.58	304↓	3
14:13	17.58	40↓	1
14:13	17.58	2↓	1
14:13	17.58	2↓	1
14:13	17.58	－	0
14:13	17.58	10120↓	32
14:13	17.58	2060↓	34
14:13	17.58	10670↓	793
14:13	17.58	5645↑	42
14:13	17.56	2234↓	72
14:13	17.48	642↓	59
14:13	17.47	200↓	14
14:13	17.46	280↓	17
14:13	17.40	300↓	47
14:13	17.28	504↓	51
14:13	17.37	567↑	54
14:13	17.58	3080↑	126
14:14	17.58	1288↓	24
14:14	17.58	216↓	13
14:14	17.58	79↓	5
14:14	17.58	24↓	4

图 3－11－8

朗姿股份的砸板之所以不能参与，是因为该股股性好（近期经常涨停，人气高），而且市值小于100亿元，这种股票开板后一旦被大单回封，容易封死到收盘。采用砸的模式时，我们倾向于选择大市值个股，先从封单情况、个股股性、抛盘情况等方面对涨停强度进行综合评估，然后再选择涨停强度弱者，等待机会到来。如果无法判断个股涨停的强度如何，那么不要采用砸的交易模式，而是采用接下来要讲的另一种交易模式——接。

（二）接

接，指的是涨停板被砸开后不第一时间开仓做空，而是到个股止跌企稳的位置去接住做多，赚取个股反弹或者回封涨停板带来的利润。如果对个股开板后惯性下跌的程度没把握，那么宜采用接的交易模式，它不仅能规避涨停板被“秒回封”、无法平仓的风险，而且同样有获取丰厚利润的可能。

图3－11－9还是朗姿股份（002612）2020年12月9日的分时走势图，我们来看接的机会在哪里。在图3－11－7中箭头所指处，股价开板时间极短，根本没有接的机会，而在本图中箭头所指的位置，涨停板被反复打开了几次，每次回封都花了一些时间。在涨停板上做空危险系数较大，随时可能出现大单再次封板，如果改为开板后接单，那么风险要低很多。

图3－11－9

下面我们来看具体的开仓盘口。

图3－11－10和图3－11－11是第一次开板后股价止跌时的两个盘口。对比之下可以看出，图3－11－10中17.29元处的卖单被多头吃掉，而且买盘上还反垫了402手，原来空头占主导地位的局面被扭转，这是明显的止跌信号。当日朗姿股份走势强劲，开板后有很高的回封概率，因此当捕捉到上述的止跌信号时，交易员就要果断往17.35元的价位买入做多。开仓后，若股价走势与预期走势不符，未能马上回升至封板，则止损。

朗姿股份 002612			
委比	+30.75%		4502
卖盘 5	17.35		221
4	17.34		30
3	17.31		38
2	17.30		405
1	17.29		154
买盘 1	17.28		32
2	17.27		1
3	17.26		34
4	17.24		10
5	17.22		12
14:41	17.46	115↓	15
14:41	17.46	125↓	11
14:41	17.45	409↓	21
14:41	17.44	235↓	24
14:41	17.41	292↓	20
14:41	17.40	266↓	26
14:41	17.36	89↓	10
14:41	17.36	44↓	6
14:41	17.31	197↓	29
14:41	17.33	81↑	14
14:41	17.29	312↓	39
14:42	17.30	983↑	60
14:42	17.32	703↑	69
14:42	17.35	685↑	55
14:42	17.36	967↑	71
14:42	17.40	402↑	33
14:42	17.43	398↑	26
14:42	17.45	160↑	20
14:42	17.48	269↑	29
14:42	17.49	422↑	22
14:42	17.49	421↑	30
14:42	17.58	2328↑	108
14:42	17.58	459↓	11
14:42	17.58	339↓	13

图3－11－10

朗姿股份 002612			
委比	+37.52%		5421
卖盘 5	17.36		172
4	17.35		127
3	17.33		85
2	17.31		82
1	17.30		45
买盘 1	17.29		402
2	17.26		23
3	17.24		10
4	17.22		12
5	17.21		47
14:40	17.50	622↑	30
14:40	17.50	392↑	48
14:40	17.55	390↑	60
14:41	17.55	233↑	24
14:41	17.54	252↓	45
14:41	17.55	93↑	17
14:41	17.50	77↓	18
14:41	17.51	263↑	24
14:41	17.50	169↓	28
14:41	17.50	126↑	27
14:41	17.50	187↑	24
14:41	17.48	14↑	8
14:41	17.46	115↓	15
14:41	17.46	125↓	11
14:41	17.45	409↓	21
14:41	17.44	235↓	24
14:41	17.41	292↓	20
14:41	17.40	266↓	26
14:41	17.36	89↓	10
14:41	17.36	44↓	6
14:41	17.31	197↓	29
14:41	17.33	81↑	14
14:41	17.29	312↓	39
14:42	17.30	983↑	60

图3－11－11

（三）盖

盖，指的是当个股快速上涨接近涨停价却又无盘口支撑时委托卖出做空，赚取个股回调带来的利润。止损条件为个股止跌并再次冲板。

图3－11－12是潜能恒信（300191）2020年11月10日的分时走势图。受原油价格大涨影响，潜能恒信当日早盘高开后直奔涨停而去，最高涨幅达到19.59%（注册制实施后创业板的涨停幅度上限为20%）。

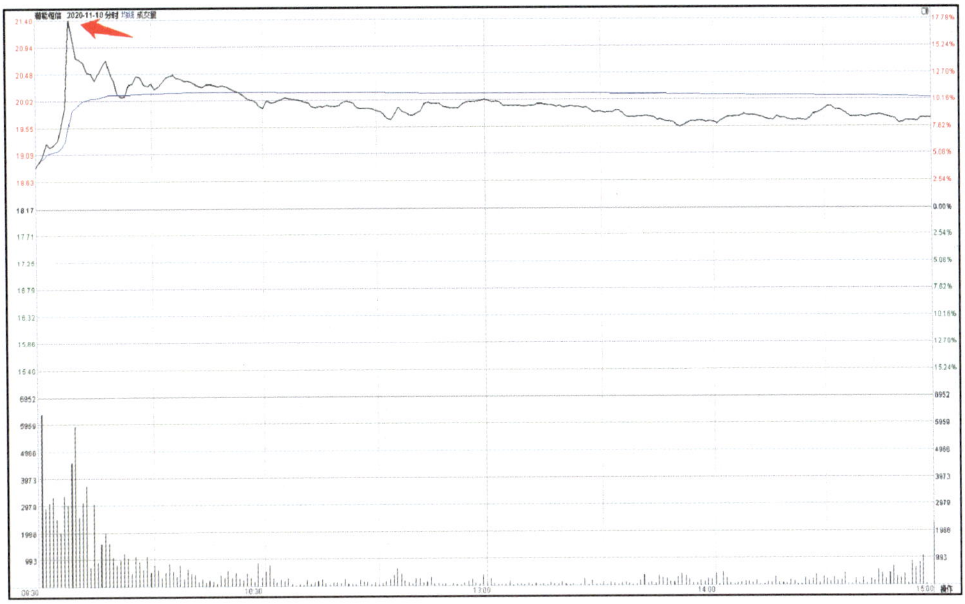

图3－11－12

接近涨停时，依次出现了如图3－11－13、图3－11－14、图3－11－15所示的三个盘口，从盘口的变化当中，我们可以判断出股价无力涨停，可以做空：盘口变化显示出股价从快速上涨变为滞涨，买盘变薄而卖盘变厚，尤其是当21.71元处压出425手卖单时，股价无力涨停的信号更为明显。一般情况下，股价在一个主升浪中的上涨幅度越大，潜在的回调空间就越大，而本次上涨的幅度已达到惊人的13%，因此交易员可以在此时果断做空。如果股价如期回落，那么还可以在21.50～21.60元的价格区间加仓；如果股价没有继续回落而是再次走强，那就往涨停价格止损。至于止盈的点位，则放在个股回落后止跌的位置。

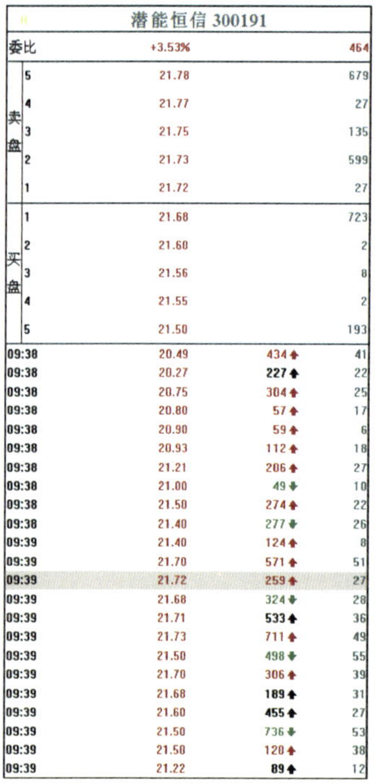

图 3-11-13

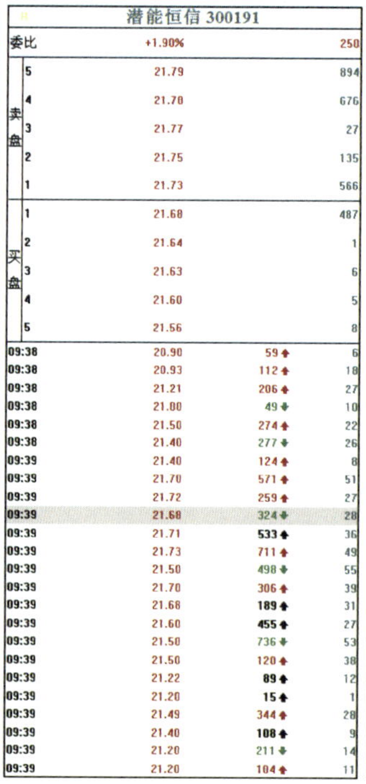

图 3-11-14

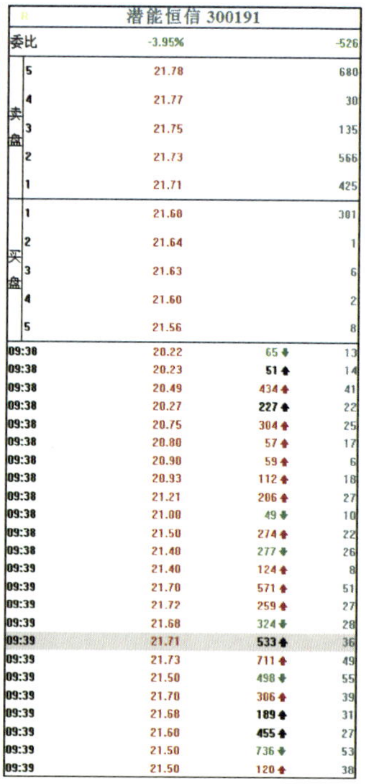

图 3-11-15

十二、跌停交易模式

跌停是多头力量极度孱弱的体现。在跌停板附近做交易同样是高风险、高收益的交易行为。跌停交易模式可分为翘、盖、接三种，开仓的方向与涨停交易模式相反。

（一）翘

这里“翘”的意思和“撬”相同，业内一般将跌停板被打开称为“翘板”。翘的具体做法是交易员在盘口显示出个股即将翘板时开仓做多，等股价惯性上涨至拐点处时卖出平仓，赚取利润。

做翘板的风险比做砸板的风险低很多，因为个股强势涨停后开板，会有很多人抢着买，容易产生“秒回封”的情况，但个股跌停后开板，持股者会更倾向于等出现一波反弹后再卖出，出现“秒回封”的概率较低，特别是在个股

“一”字跌停的情况下，离场欲望最强烈者早就在板上排队卖出了，跌停板被翘开后，来自这部分看空者的抛压就不存在了。做翘板因为风险更低而利润空间大，所以成为职业日内交易员最喜欢的一种交易模式。

图3-12-1是国药股份（600511）2020年12月15日的分时走势图。该股当日遭遇利空消息，以“一”字跌停开盘。10：26，跌停板被资金翘开，接着走出了一波上涨行情，涨幅一度达到5%。

图3-12-1

下面我们来看具体的开仓盘口。

该股的跌停板第一次被翘开是在10：26，但从图3-12-2中可看到，在10：20的时候就已经出现大单点火，试图翘板，但是没能成功。做翘板和做砸板一样，一定要等到可以确定开板的那一刻才参与。本案例中，根据国药股份的盘口情况，我们预判需要等到封单只剩20000手左右的时候才可以确定会开板，一旦开板，便往49.75元的价位扫单做多。

国药股份 600511			
委比		-100.00%	-277872
卖盘	5	49.75	230
	4	49.74	92
	3	49.73	230
	2	49.72	595
	1	49.71	249952
买盘	1	–	–
	2	–	–
	3	–	–
	4	–	–
	5	–	–

10:19	49.71	42 ↑	3
10:19	49.71	47 ↑	7
10:19	49.71	38 ↑	10
10:19	49.71	24 ↑	8
10:20	49.71	47 ↑	11
10:20	49.71	47 ↑	12
10:20	49.71	57 ↑	13
10:20	49.71	142 ↑	12
10:20	49.71	10392 ↑	459
10:20	49.71	8990 ↑	578
10:20	49.71	6244 ↑	502
10:20	49.71	5437 ↑	422
10:20	49.71	1450 ↑	201
10:20	49.71	1465 ↑	221
10:20	49.71	1062 ↑	210
10:20	49.71	2056 ↑	252
10:20	49.71	1182 ↑	154
10:20	49.71	541 ↑	115
10:20	49.71	1345 ↑	120
10:20	49.71	595 ↑	140
10:20	49.71	815 ↑	131
10:20	49.71	1085 ↑	125
10:20	49.71	660 ↑	183

图 3－12－2

图 3－12－3 和图 3－12－4 所示的两个盘口都是开仓盘口。从图 3－12－3 中可看到连续出现两笔万手大买单，显然多头已经在加速买入，可以重仓参与翘板。等到图 3－12－4 所示的盘口出现时再参与自然会更保险一点。开仓价格与预案一致，对着 49.75 元的价位扫就可以了。

国药股份 600511			
委比	-100.00%		-61138
卖盘 5	49.75		236
卖盘 4	49.74		81
卖盘 3	49.73		201
卖盘 2	49.72		662
卖盘 1	49.71		33002
买盘 1	-		-
买盘 2	-		-
买盘 3	-		-
买盘 4	-		-
买盘 5	-		-
10:25	49.71	2297↑	436
10:25	49.71	2084↑	334
10:26	49.71	1710↑	381
10:26	49.71	1924↑	467
10:26	49.71	2751↑	450
10:26	49.71	1783↑	328
10:26	49.71	1742↑	387
10:26	49.71	2875↑	597
10:26	49.71	1936↑	409
10:26	49.71	2187↑	377
10:26	49.71	1651↑	369
10:26	49.71	2733↑	485
10:26	49.71	3208↑	592
10:26	49.71	2447↑	496
10:26	49.71	2884↑	625
10:26	49.71	37265↑	4067
10:26	49.71	27531↑	3872
10:26	49.71	24417↑	4452
10:26	49.72	9056↑	2079
10:26	49.75	800↑	159
10:26	49.77	375↑	101
10:26	49.80	285↑	72
10:27	49.86	287↑	48

图3-12-3

国药股份 600511			
委比	-100.00%		-36967
卖盘 5	49.75		236
卖盘 4	49.74		81
卖盘 3	49.73		201
卖盘 2	49.72		661
卖盘 1	49.71		8819
买盘 1	-		-
买盘 2	-		-
买盘 3	-		-
买盘 4	-		-
买盘 5	-		-
10:25	49.71	2297↑	436
10:25	49.71	2084↑	334
10:26	49.71	1710↑	381
10:26	49.71	1924↑	467
10:26	49.71	2751↑	450
10:26	49.71	1783↑	328
10:26	49.71	1742↑	387
10:26	49.71	2875↑	597
10:26	49.71	1936↑	409
10:26	49.71	2187↑	377
10:26	49.71	1651↑	369
10:26	49.71	2733↑	485
10:26	49.71	3208↑	592
10:26	49.71	2447↑	496
10:26	49.71	2884↑	625
10:26	49.71	37265↑	4067
10:26	49.71	27531↑	3872
10:26	49.71	24417↑	4452
10:26	49.72	9056↑	2079
10:26	49.75	800↑	159
10:26	49.77	375↑	101
10:26	49.80	285↑	72
10:27	49.86	287↑	48

图3-12-4

图3-12-5、图3-12-6、图3-12-7是开板后股价涨至拐点时的三个连续盘口。仅看盘口上挂单量的变化的话，接近拐点的信号其实并不明显（只有52.00元整数关处的垫单手数从844手减少到243手较为显眼），但如果仔细观察的话，就会发现涨速变慢了：图3-12-5的盘口时间之前，成交价格几乎是以“角”为单位跳着上涨的，而三笔成交过后，到了图3-12-7的盘口时间时，买1的价格竟然降到了52.00元。涨速变慢再加上52.00元整数关上的垫单减少，结合这两个信号，可以确认涨势的拐点到了。此时，交易员可以往51.90元的价位卖出平仓。平仓价与盘口的买1价相差了0.1元，这是很正常的，因为翘板带来的行情属于急速行情，涨、跌速度都会很快，平仓的时候一定要果断坚决，如果想挂51.98元的价格平仓，很可能会平不掉。

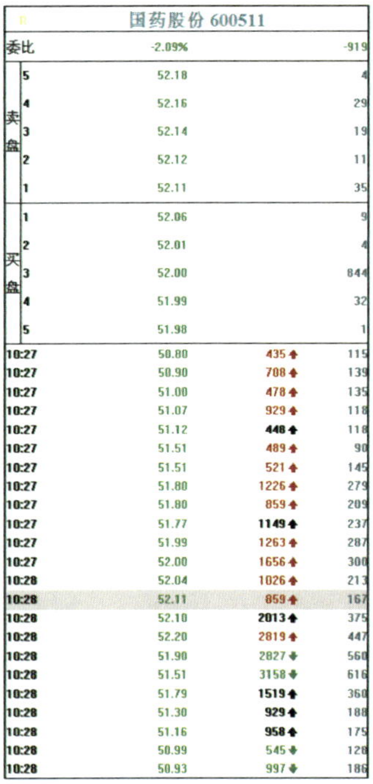

图 3-12-5

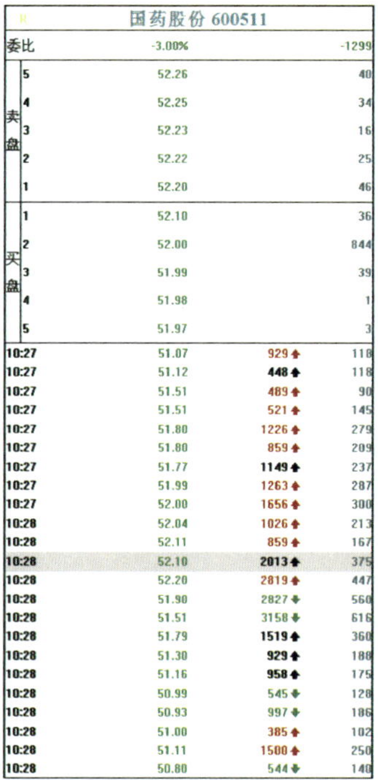

图 3-12-6

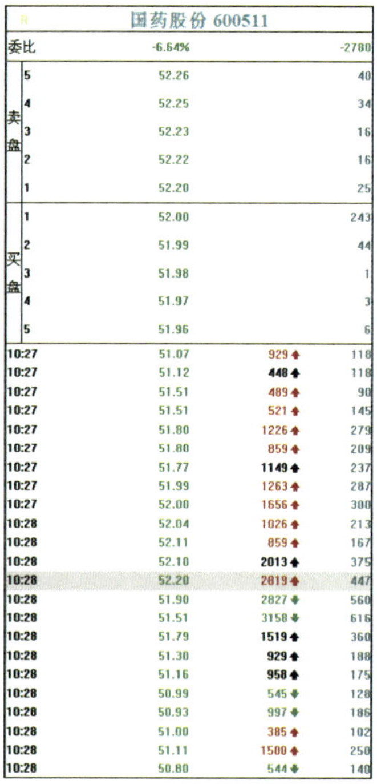

图 3-12-7

（二）盖

盖，指的是在跌停板被翘开后，看到打单动能不强，做多力量较弱，在反弹至拐点时做空，赚取股价回调甚至再次封住跌停板带来的利润。

图 3-12-8 是国药股份（600511）2020 年 12 月 15 日的分时走势图。在图中箭头所指处，该股在翘板后出现了一次弱势反弹。之所以说这是弱势反弹，是因为在此之前股价已屡次从跌停板上爬起又躺下，而且从整体走势来看，这次反弹与早盘的几次反弹相比，重心是向下的。这种情况就适合做盖的交易模式。

图 3-12-9 是全新好（000007）2021 年 1 月 5 日的分时走势图。图中箭头 3 所指处也不适合做翘板，而是适合采用盖的交易模式。原因有三个：一个是在此之前有过两次翘板失败，分别在上午开盘时（箭头 1 所指处）和中午开盘时（箭头 2 所指处）。另一个是在箭头 2 所指处，当大单连续点火试图翘板时，卖盘上的压单突然增加，说明市场上还有众多潜在卖单没挂出来，一众看空者在等着开板卖出。还有一个是三次翘板的成交量呈逐步萎缩的情况，表明市场上

试图翘板的多头力量在逐步减弱。以上三个信息表明多头极度弱势，股价即便反弹也很容易被大单压死，做翘板的风险极高，还是等股价反弹至涨不动的时候做空更稳妥一点。

图3－12－8

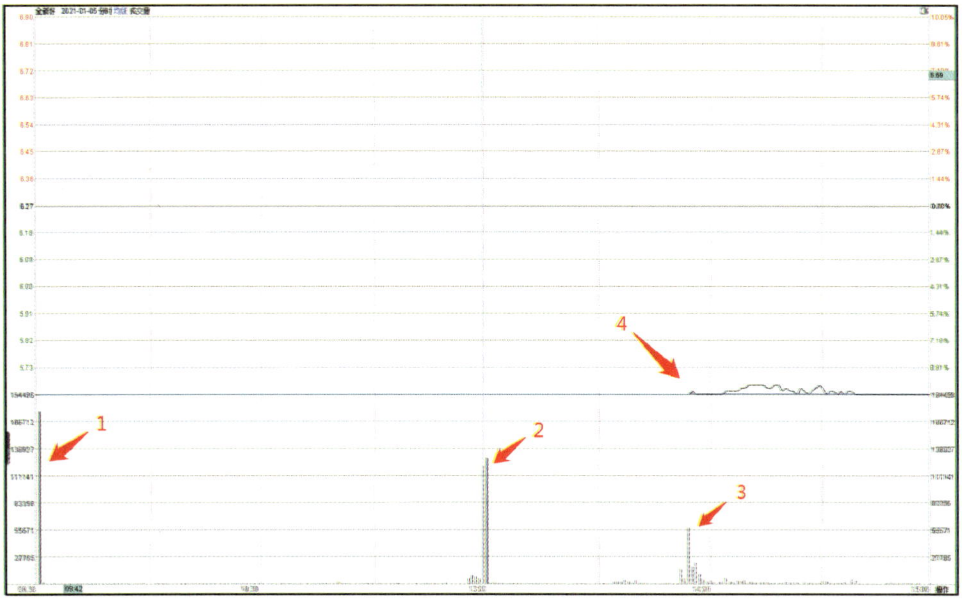

图3－12－9

（三）接

接，指的是当个股快速下跌并接近跌停价，但卖盘不足以封死跌停板时委托买入做多，赚取个股反弹带来的利润。止损条件为个股止涨并再次冲击跌停板。

图 3－12－10 是云南锗业（002428）2020 年 1 月 8 日的分时走势图。在图中箭头所指处，股价直奔跌停而去，但在接近跌停价时显出力竭之势，未能封板。这种情况就很适合用接的交易模式来做。

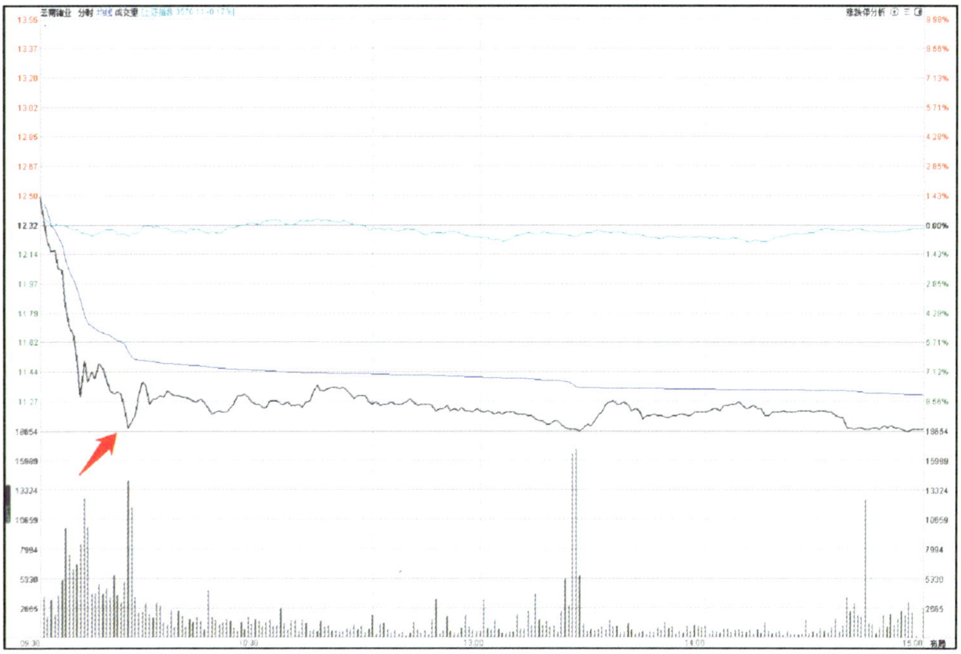

图 3－12－10

下面我们来看具体的开仓盘口。

接近跌停时，依次出现了如图 3－12－11、图 3－12－12、图 3－12－13 所示的三个盘口，从盘口的变化当中，我们可以判断出股价无力跌停，可以做多：在图 3－12－11 中，11.12 元处压有超过 1000 手的卖单，而从图 3－12－12、图 3－12－13 中可看到，这批卖单被多头逐步吃掉。确定个股无力跌停后，交易员可以往 11.15 元下单委托买入。开仓价与止损价（跌停价）只有 0.06 元的差距，亏损有限而潜在的获利空间巨大。开仓后，看到股价反弹无力就该止盈离场。另外要注意，如果看到股价根本没有出现像样的反弹而是再次奔向跌停，那么应立即止损，而不是等到股价跌停才止损，否则有无法平仓的可能。

云南锗业 002428			
委比		-44.55%	-26666
均卖价		12.71 总卖量	43264
卖盘	10	11.21	43
	9	11.20	97
	8	11.19	83
	7	11.18	15
	6	11.17	10
	5	11.15	36
	4	11.14	144
	3	11.13	569
	2	11.12	1002
	1	11.11	362
买盘	1	11.10	5643
	2	11.09	10955
	3	–	0
	4	–	0
	5	–	0
	6	–	0
	7	–	0
	8	–	0
	9	–	0
	10	–	0

图 3－12－11

云南锗业 002428			
委比		-46.04%	-26417
均卖价		12.76 总卖量	41899
卖盘	10	11.22	40
	9	11.21	43
	8	11.20	97
	7	11.19	40
	6	11.18	10
	5	11.17	10
	4	11.15	35
	3	11.14	144
	2	11.13	428
	1	11.12	420
买盘	1	11.11	304
	2	11.10	3786
	3	11.09	11392
	4	–	0
	5	–	0
	6	–	0
	7	–	0
	8	–	0
	9	–	0
	10	–	0

图 3－12－12

云南锗业 002428			
委比		-43.78%	-25136
均卖价		12.78 总卖量	41278
卖盘	10	11.23	593
	9	11.22	40
	8	11.21	43
	7	11.20	95
	6	11.19	40
	5	11.18	10
	4	11.17	10
	3	11.15	35
	2	11.14	144
	1	11.13	329
买盘	1	11.12	256
	2	11.11	516
	3	11.10	3835
	4	11.09	11535
	5	–	0
	6	–	0
	7	–	0
	8	–	0
	9	–	0
	10	–	0

图 3－12－13

十三、刷单交易模式

刷单是一种特殊的日内交易策略，它是指在个股盘口上出现连续性的大单，造成买卖盘价差较大（买卖盘上的委托价格不连续，存在价格空当）的特殊情况下，通过双向挂单“刷价差”的交易行为。刷单要求买卖委托的价差等同的涨跌幅度在0.5%以上。

刷单最需要注意的事情是不要弄错做单方向：

（1）大单往上扫出价差时，要先卖出开仓，后买入平仓。

（2）大单往下扫出价差时，要先买入开仓，后卖出平仓。

下面结合具体的案例来作详细解析。

图 3－13－1 是明阳智能（601615）2020 年 12 月 14 日的分时走势图。在图中红框标示的交易时段内，该股的盘口频繁出现大卖单往下扫出较大价差的现象。

图 3－13－1

接下来我们来看一下该时段内的几个盘口。

图 3－13－2 对应的盘口时间是 9：46：43，从中可以看到此时买 1 和卖 1 间存在 0.17 元的价差，如果再细看的话，就会发现其实买 2 和买 3 的价格也是不连续的，也就是说，买卖盘的价差实际上有 0.35 元之多。再看图下方的分时成交，可以看到两笔上千手的大单的成交方向是向下的，很显然，0.35 元的价差就是由这两笔大单导致的。

明阳智能 601615				
委比		-42.27%		-14370
卖盘	5	17.59		91
	4	17.58		79
	3	17.57		702
	2	17.56		51
	1	17.55		345
买盘	1	17.38		2
	2	17.25		41
	3	17.20		137
	4	17.19		73
	5	17.18		863
09:45		17.56	224↑	32
09:45		17.57	763↑	50
09:45		17.60	1746↑	69
09:45		17.59	1511↑	140
09:45		17.60	598↑	66
09:45		17.63	614↑	34
09:45		17.64	568↑	32
09:45		17.62	120↓	17
09:46		17.64	399↑	41
09:46		17.63	564↑	53
09:46		17.61	307↓	52
09:46		17.64	310↑	49
09:46		17.62	264↓	43
09:46		17.61	224↓	35
09:46		17.61	248↓	32
09:46		17.60	193↓	24
09:46		17.60	389↑	39
09:46		17.57	329↓	23
09:46		17.56	514↓	31
09:46		17.53	307↓	26
09:46		17.52	62↓	23
09:46		17.53	1059↓	63
09:46		17.52	2473↓	136
09:46		17.54	620↑	38

图 3－13－2

在图3－13－1 中红框标示的时段内，多次出现与图3－13－3 和图3－13－4 相似的盘口，都是有大卖单砸出了巨大价差，很适合做刷单。看到这类盘口时，交易员可以挂买单去接，买单成交后再挂卖单平仓。例如，当交易员看到图3－13－3所示的盘口时，需要做的就是马上挂17.22 元的买单买入，成交后再马上挂17.60 元的卖单平仓；看到图3－13－4 所示的盘口时，需要做的就是马上挂17.31 元的买单买入，成交后再马上挂17.80 元的卖单平仓。

明阳智能 601615			
委比	-54.00%		-17161
卖盘 5	17.67		193
4	17.66		3
3	17.65		74
2	17.64		38
1	17.63		6
买盘 1	17.50		26
2	17.21		283
3	17.20		23
4	17.17		50
5	17.15		14
09:49	17.83	3392↓	173
09:50	17.79	767↓	77
09:50	17.78	3175↑	135
09:50	17.68	301↑	43
09:50	17.77	282↑	26
09:50	17.69	270↓	28
09:50	17.68	311↓	59
09:50	17.70	296↑	43
09:50	17.71	1452↑	76
09:50	17.70	736↓	48
09:50	17.68	270↓	25
09:50	17.69	128↑	39
09:50	17.63	116↓	41
09:50	17.64	1332↑	61
09:50	17.58	89↑	24
09:50	17.58	339↓	35
09:50	17.59	1938↑	86
09:50	17.60	83↑	12
09:50	17.60	140↓	12
09:50	17.63	303↑	23
09:50	17.67	121↑	24
09:51	17.70	624↑	26
09:51	17.70	177↓	14
09:51	17.70	496↓	40

图 3－13－3

明阳智能 601615			
委比	-35.11%		-10543
卖盘 5	17.87		176
4	17.86		65
3	17.85		203
2	17.84		31
1	17.83		7
买盘 1	17.80		7
2	17.71		5
3	17.31		19
4	17.30		152
5	17.29		2
09:49	17.87	436↑	50
09:49	17.84	1363↓	90
09:49	17.85	141↑	33
09:49	17.84	224↓	37
09:49	17.85	571↑	60
09:49	17.83	3392↓	173
09:50	17.79	767↓	77
09:50	17.78	3175↑	135
09:50	17.68	301↑	43
09:50	17.77	282↑	26
09:50	17.69	270↓	28
09:50	17.68	311↓	59
09:50	17.70	296↑	43
09:50	17.71	1452↑	76
09:50	17.70	736↓	48
09:50	17.68	270↓	25
09:50	17.69	128↑	39
09:50	17.63	116↓	41
09:50	17.64	1332↑	61
09:50	17.58	89↑	24
09:50	17.58	339↓	35
09:50	17.59	1938↑	86
09:50	17.60	83↑	12
09:50	17.60	140↓	12

图 3－13－4

这里再解释下为什么一定要正确选择开仓的方向。以图 3－13－3 的盘口为例，如果交易员不是先低买开仓，而是先挂 17.62 元的卖单开仓，那么一旦成交又没有大单再往下砸了，盘口很可能就会恢复到常态，也就没有赢利的空间了，而且还可能造成亏损；如果先低买开仓，就可以利用盘口恢复到常态的机会平仓出局，大概率只赚不亏。

刷单盘口是一种特殊的、较为少见的盘口，一旦遇到，赚钱犹如“白捡”。

十四、隔午单交易模式

隔午单交易，指的是持仓过中午，下午开盘后再平仓。大多数日内交易公司担心午间休市时突发的利空或利好消息会对股价下午开盘后的走势产生重大影响，不允许交易员持仓过中午，因此我们在这里主要讲解一些可以持仓过中午的特殊情况，除了遇到这些特殊情况外，不建议交易员持仓过中午。

首先我们要有这样的认知：之所以留隔午单，是基于对股价午后将会往有利于持仓方向波动的判断。就大盘而言，如果上午单边上涨并以最高点位收盘，那么下午开盘后大概率会惯性冲高；如果上午单边下跌并以最低点位收盘，那么下午开盘后大概率会惯性杀跌。与此类似，如果个股上午收盘时快速拉升或跳水，下午开盘后也容易出现惯性上涨或惯性下跌。基于这种现象，我们总结出了几种允许持仓过中午的特殊情况。

（一）早盘股价单边上涨并以最高价收盘

图 3－14－1 是东方财富（300059）2020 年 11 月 9 日的分时走势图。当日上午该股呈单边上涨之势，早盘收盘前股价再创新高。交易员如果在上午做了前高突破，那么就没必要赶在午间休市前平仓，可以待下午开盘股价惯性冲高后再平仓，以使利润最大化。

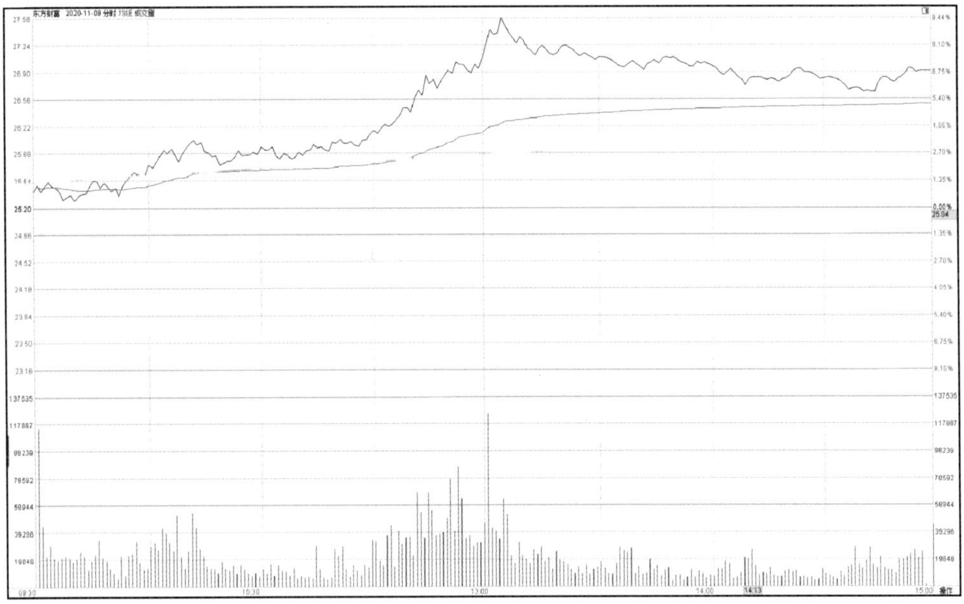

图 3－14－1

图 3－14－2 是该股当日早盘收盘时的盘口，虽然买盘看起来不够厚，但是从分时成交情况上可以看到股价重心一直在上移，显示出上升趋势完好。上午的单边涨势很容易吸引场外的人在午间跟风挂单买入。当日下午开盘后，该股继续快速冲高，直到 27.40 元附近才见顶。

东方财富 300059			
委比	-40.43%		-171883
卖盘 5	27.13		447
卖盘 4	27.12		846
卖盘 3	27.11		316
卖盘 2	27.10		6696
卖盘 1	27.09		26
买盘 1	27.07		597
买盘 2	27.06		93
买盘 3	27.05		66
买盘 4	27.04		211
买盘 5	27.03		521
11:28	26.95	2679↓	180
11:29	26.96	1258↑	74
11:29	26.96	687↓	64
11:29	26.96	615↑	61
11:29	26.99	3943↑	186
11:29	26.98	2783↓	127
11:29	26.99	932↑	46
11:29	26.98	658↑	37
11:29	26.99	442↑	34
11:29	26.99	1528↑	106
11:29	27.00	1961↑	130
11:29	27.00	2823↓	194
11:29	27.01	1813↑	161
11:29	27.05	10444↑	802
11:29	27.03	3470↓	224
11:29	27.06	2685↑	159
11:29	27.04	656↓	78
11:29	27.08	2116↑	217
11:29	27.07	863↓	101
11:29	27.10	3995↑	303
11:29	27.08	2189↓	110
11:30	27.11	7665↑	646
11:30	27.11	985↑	58
13:00	27.20	35243↑	2821

图 3-14-2

（二）早盘股价单边下跌并以最低价收盘

图 3-14-3 是长春高新（000661）2020 年 7 月 24 日的分时走势图。当日上午该股呈单边下跌的走势并以最低价进入午间休市。考虑到下午开盘后股价还有惯性下跌的空间，交易员可以在早盘收盘时开单做空，待下午开盘后再平仓。

图 3-14-4 是该股早盘收盘时的盘口，从中可以看出，虽然收盘前股价没有快速下跌，但是一直在 457.00 元下方，呈现出弱势。上午极弱的走势表现很容易引起场内的人的恐慌，导致他们在午间挂单卖出。当日下午开盘后，该股快速下跌至 448.00 元才止跌反弹。

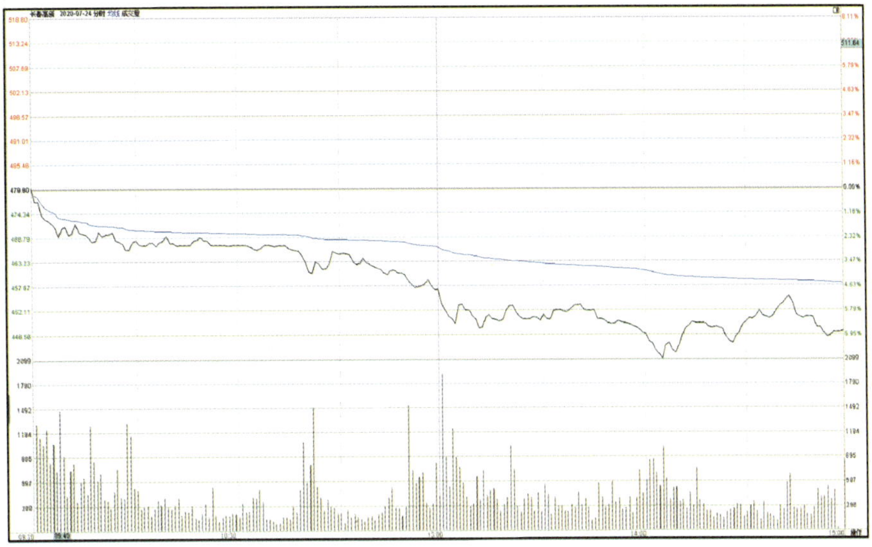

图 3－14－3

长春高新 000661			
委比	-41.91%		-3785
卖盘 5	457.00		131
卖盘 4	456.99		1
卖盘 3	456.90		2
卖盘 2	456.88		7
卖盘 1	456.83		40
买盘 1	456.78		1
买盘 2	456.68		22
买盘 3	456.67		23
买盘 4	456.60		8
买盘 5	456.56		2
11:29	456.69	39↓	5
11:29	456.67	20↓	16
11:29	456.69	7↑	6
11:29	456.67	28↓	13
11:29	456.67	3↑	3
11:29	456.67	6↑	6
11:29	456.69	46↑	23
11:29	456.68	2↑	2
11:29	456.67	19↓	17
11:29	456.80	20↑	14
11:29	456.83	4↑	3
11:29	456.69	10↓	8
11:29	456.83	24↑	7
11:29	456.68	5↓	5
11:30	456.69	2↓	2
13:00	456.50	89↓	46
13:00	456.60	689↑	357
13:00	455.80	263↓	143
13:00	456.00	118↓	68
13:00	456.00	36↑	26
13:00	455.11	36↓	21
13:00	455.50	8↑	7
13:00	455.13	5↑	5

图 3－14－4

（三）早盘股价呈振荡之势，临收盘前快速上涨并创出新高

图 3－14－5 是天顺风能（002531）2020 年 12 月 25 日的分时走势图。该股上午大部分时间内呈红盘振荡的走势，但临近午间休市时快速拉升并持续至早盘收市。交易员如果已在启动点处开仓做多，那就可以持仓过中午，待下午开盘股价出现惯性上涨后再平仓。

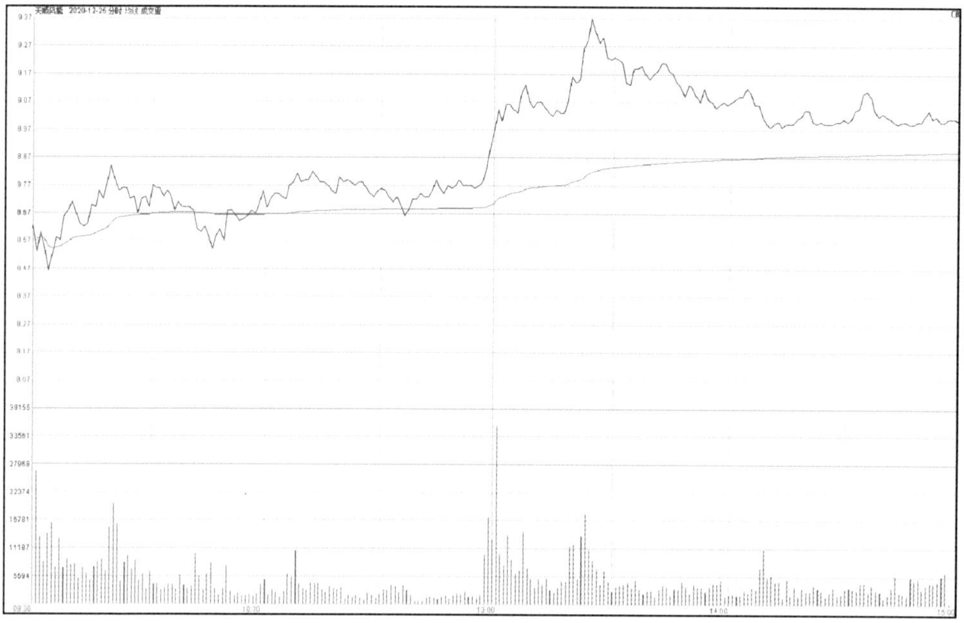

图 3－14－5

图 3－14－6 是该股早盘收盘时的盘口，虽然此时 9.00 元整数关处压出大卖单，但因快速上涨有惯性，下午开盘后大概率是会被突破的。当日下午开盘后，该股迅速上涨到 9.05 元后才见顶调整。

天顺风能 002531				
委比		+4.01%		4667
卖盘	5	9.02		793
	4	9.01		360
	3	9.00		6608
	2	8.99		3062
	1	8.98		2562
买盘	1	8.95		255
	2	8.94		425
	3	8.93		486
	4	8.92		1177
	5	8.91		25
11:29		8.91	116↑	10
11:29		8.92	1664↑	54
11:29		8.92	251↓	18
11:29		8.93	325↑	32
11:29		8.92	325↓	26
11:29		8.94	324↑	18
11:29		8.94	881↑	51
11:29		8.94	786↑	52
11:29		8.94	225↓	22
11:29		8.94	1440↓	72
11:29		8.95	859↑	59
11:29		8.97	217↑	29
11:29		8.97	694↑	47
11:29		8.96	607↓	40
11:30		8.96	896↑	31
13:00		8.99	8366↑	367
13:00		9.00	10983↑	720
13:00		9.00	1023↓	100
13:00		9.03	574↑	28
13:00		9.03	422↑	52
13:00		9.04	503↑	41
13:00		9.04	280↑	32
13:00		9.05	943↑	32

图3－14－6

以上三种特殊情况下的操作都是基于股价惯性发展的考虑，但如果午间休市时段出现了对持仓不利的消息，就应果断挂单止损，即便那是发生概率极小的事件。此外，下午开盘后，如果股价续涨或续跌之势不及预期，那么不管赢利还是亏损，也应立马平仓出局。

至此，13种T+0交易模式已经全部讲解完，读者可以在本章所举案例的基础上举一反三，通过大量复盘来加深理解，直到在实战中能够作出条件反射般的行情预判和交易准备。

第 4 章

交易策略

优秀的日内交易员在行情到来时反应极快，会条件反射般地快速选择正确的交易模式下单。他们之所以具备这种临盘快速决断的能力，一方面是因为已经对交易模式有深刻理解，清楚当时的情况是否符合开仓的要求；另一方面是懂得选用适当的交易策略，并能够根据市场环境灵活调整战术。本章我们将讲解几种实用的日内交易策略。

一、看清分时方向，做顺势单

看清股价的分时方向，只做一个方向的开仓准备，让交易简单化。

看清股价的分时方向对日内交易取得成功至关重要。在每天4个小时的交易时间内，股价的走势可能会分成若干个分时趋势，交易员在看盘的过程中，要能够辨别实时的走势强度，通过走势强度去判断股价运行的趋势和方向。股价走强时以做多为主，股价走弱时则以做空为主。

如何区分趋势呢？

以图4－1－1为例，在图中红框标示的区间中，股价呈现放量上涨之势，虽然期间有数次调整（箭头1、箭头2、箭头3指示处），但每次调整的幅度都非常有限，整体上还是保持健康的涨势。我们要记住：只要一种趋势中没有出现转势信号，这个趋势就还在延续。从顶部到箭头4指示的位置，股价的回调幅度已超过其前面一个主升浪涨幅的1/2，这个信号宣告涨势已结束。

为什么要做顺势单呢？

仍以图4－1－1为例，在红框内的涨势中，大波段的方向是向上的，交易员只有顺势做多才有可能抓住大波段。虽然在上涨过程中也出现了次高图形，看似有做空的机会，但实际上，在没有出现明确的转势信号之前，次高图形往往只是上涨波浪中的“A—B—C”浪结构的调整。我们不应该在一个大涨势中去做次高的空单，正确的做法是等调整结束，在启动点或突破点再次顺势做多。同理，如果个股处于大的跌势中，那么在出现转势信号之前，应以做空为主。借助市场之力，顺势而为，方能提高交易的成功率，实现利润最大化。

（一）涨势中以做多为主

图4－1－1是中兴通讯（000063）2020年1月8日的分时走势图。在图中

红框标示的区间内，股价呈典型的上涨趋势，交易应以做多为主。可以在上涨初期顺势追多，也可以打横盘整理后的启动点，又或者做第二波涨势的拐点或突破点。图中箭头 1、箭头 2、箭头 3 都是做多的追单点，箭头 4 是做空的开仓点。

图 4－1－1

（二）跌势中以做空为主

图 4－1－2 是比亚迪（002594）2020 年 11 月 6 日的分时走势图。从箭头 1 所指的位置开始，个股的走势转为跌势，很显然，在之后近一个小时的下跌过程中，交易员如果以做空为主，将较容易获得收益。图中 11 个箭头指出了 11 处开仓点，下面逐一解析：

箭头 1（空单开仓点）：股价回落至此，不仅回调幅度超过了其前面一个主升浪涨幅的 1/2，而且呈垂直下落之势，股价走势自此转为下跌趋势。

箭头 2（空单开仓点）：股价反弹后涨不动的位置。

箭头 3（空单开仓点）：股价反弹后涨不动的位置。

箭头 4（空单开仓点）：股价在均价线附近小幅横盘后往下拐头的位置。

箭头 5（空单开仓点）：股价反弹后涨不动的位置。

箭头 6（多单开仓点）：股价加速下跌至此，乖离率已较大，拐头向上时可以抄底，博一个较大的反弹。

箭头 7（多单开仓点）：股价反弹幅度已达到其前面一个主跌浪跌幅的 1/2，是走势转强信号，不应等拐点做空，而是等一个小幅回调在次低点做多。

箭头 8（空单开仓点）：两波反弹后，乖离率缩小，股价回到箭头 5 所指的压制位附近，已涨不动。

箭头 9（空单开仓点）：股价反弹后涨不动的位置。

箭头 10（空单开仓点）：股价反弹后涨不动的位置。

箭头 11（空单开仓点）：股价反弹后涨不动的位置。

在一个深“V”反弹之后，跌势结束。

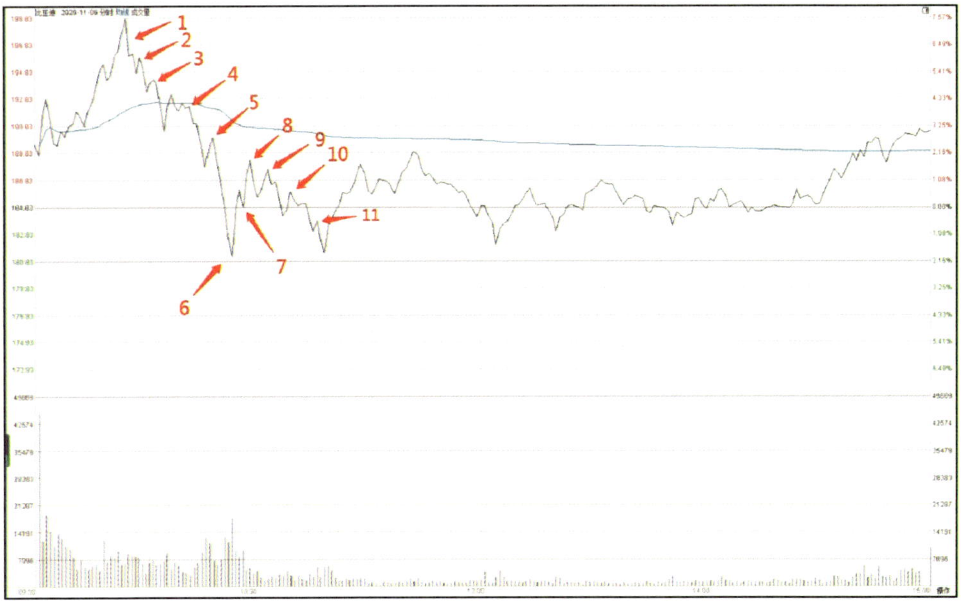

图 4－1－2

（三）振荡行情不做单

没行情时管住手和有行情时果断开仓一样重要。

图 4－1－3 是以岭药业（002603）2021 年 1 月 8 日的分时走势图。图中 4 个箭头指出了当日最有价值的 4 处开仓点，下面逐一解析：

箭头 1（多单开仓点）：股价开盘后高开高走，迅速冲至涨幅约 3% 处，将波动空间打开。股价回调到均价线处便反弹，出现第二波上涨，可以跟进做多。

箭头 2（多单开仓点）：股价突破早盘创下的高点，既是创日内新高，又是一个大平台突破，必须做多。

箭头3（多单开仓点）：和箭头1所指处一样，都是第二波上涨再创新高之处，不同的是此时股价涨幅已达约5%，级别更大，且突破前有横盘蓄势的过程，突破后走势形态更佳。

箭头4（空单开仓点）：股价大幅偏离均价线后走出一个典型的次高图形，有回调空间。次高点处可以做空。

而在图中红框标示的区间中，股价走势呈无序振荡状，即无趋势。这种走势中没有好的开仓点，无法与任何交易模式匹配。职业日内交易员在个股走势没有方向的时候，对自己的要求都是“管住手”，不浪费手中的资金或股数。

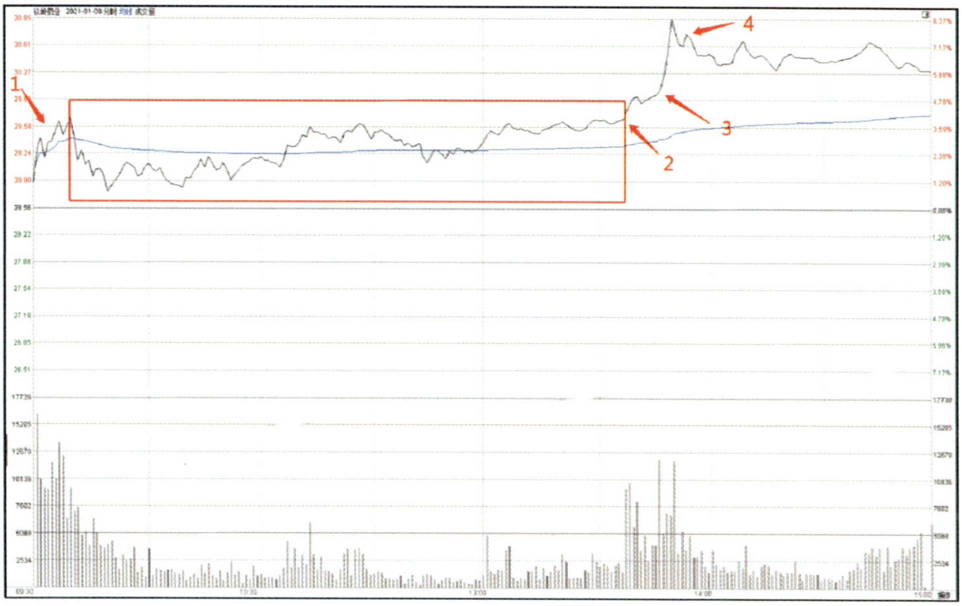

图4－1－3

（四）对个股盘中转强或转弱要保持敏感

1. 个股盘中转强的几种表现

（1）大盘没涨的时候个股独自上涨。

（2）大盘下跌的时候个股横盘，不跟跌。

（3）个股上穿均价线。

（4）个股走势“V”形反转。

2. 个股盘中转弱的几种表现

（1）大盘没跌的时候个股独自下跌。

（2）大盘上涨的时候个股横盘，不跟涨。

（3）个股下穿均价线。

（4）个股走势倒“V”形反转。

图 4-1-4 是中兴通讯（000063）2020 年 11 月 5 日的分时走势图。在图中红圈标示处，股价上穿均价线并且在均价线上站稳。这是明显的走势转强信号。交易员捕捉到这个信号后，要开始留意个股走势的变化，抓住上涨行情的启动点。在此信号出现之前，个股处于横盘状态，没有明显的趋势，交易员不用时刻盯着，可以把精力放在其他有可能出现交易机会的个股上。

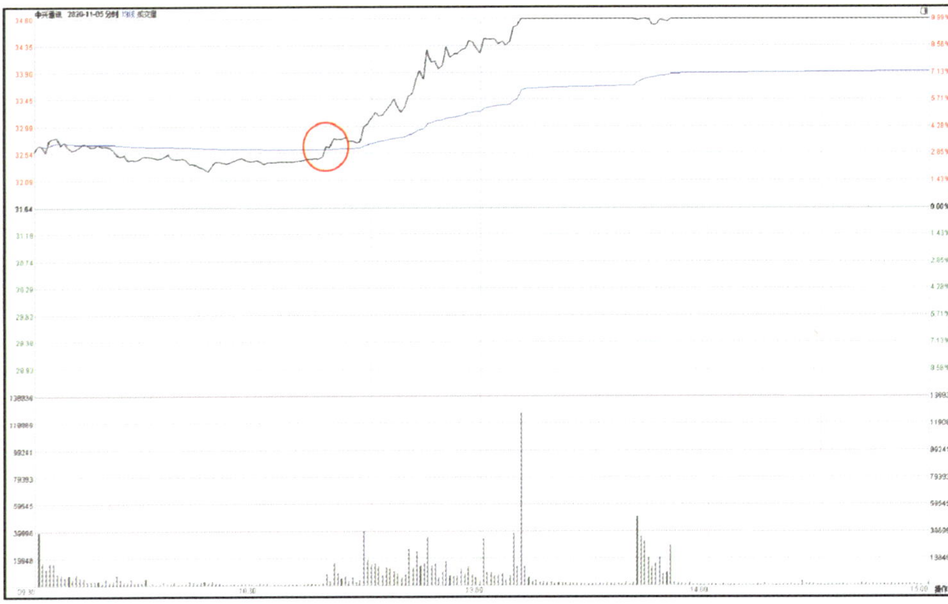

图 4-1-4

图 4-1-5 是中兴通讯（000063）2020 年 11 月 6 日的分时走势图。在图中红圈标示处，股价上穿均价线，发出明显的走势转强信号。结合之前的分时形态，交易员可以判断出后面股价有突破前高的可能，接下来就应盯着盘口，等待明确的开仓信号出现。

图 4－1－5

图 4－1－6 是比亚迪（002594）2020 年 11 月 6 日的分时走势图。在图中红圈标示处，股价走势倒“V”形反转，宣告个股由涨转跌。交易员获此信息后，接下来的交易就要以做空为主。在具体操作上，可以选择在反弹的拐点直接做空，也可以等跌破前一波下跌的低点后再做空，后者更具把握性。

图 4－1－6

图4-1-7是比亚迪（002594）2021年1月12日的分时走势图。在图中红圈标示处，股价走势“V”形反转并上穿均价线，宣告个股转为走强，接下来的交易就要以做多为主了。在具体操作上，可以选择在回调的拐点直接做多，也可以等突破前一波上涨的高点后再做多，后者更具把握性。

图4-1-7

交易员必须具有灵敏的市场嗅觉，能够从个股的分时走势中感知日内趋势的发展方向。分时波浪的结构、分时走势的流畅性、分时线的斜率、分时成交量、分时走势与均价线的关系、个股分时走势和大盘分时走势的不同等信息都可以作为判断个股日内趋势的依据。

因为日内趋势在很大程度上决定了交易的方向，所以下面再举几个案例，帮助读者加深理解。

图4-1-8是洛阳钼业（603993）2021年1月25日的分时走势图。在图中各个箭头指示处，交易员应有的临盘判断如下：

箭头1：波段上涨衰竭处。股价下穿均价线就是走势转弱的信号，之后反弹不过均价线，拐点处就是做空点。

箭头2：这波反弹力度相较前一波反弹明显增大，而且反弹幅度已经大于其前面一个主跌浪跌幅的1/3，不能再去等拐点做空，而应选择在次低点做多。

箭头3：股价上穿均价线，走势转强，接下来的操作以做多为主。

箭头4：缩量回调时成交量明显缩小，回调过程并不顺畅，而且股价还在均价线上方，所以这里没有转弱信号。

箭头5：出现了一波顺畅的、幅度较大的下跌，发出走势转弱信号，可以根据波浪交易模式做第二波下跌。

箭头6：股价回调到均价线。如果均价线有支撑的话，那这里应该出现反弹，但实际情况是股价贴着均价线走，缺乏反弹的动能，说明股价转弱，操作上应以找机会做空为主。

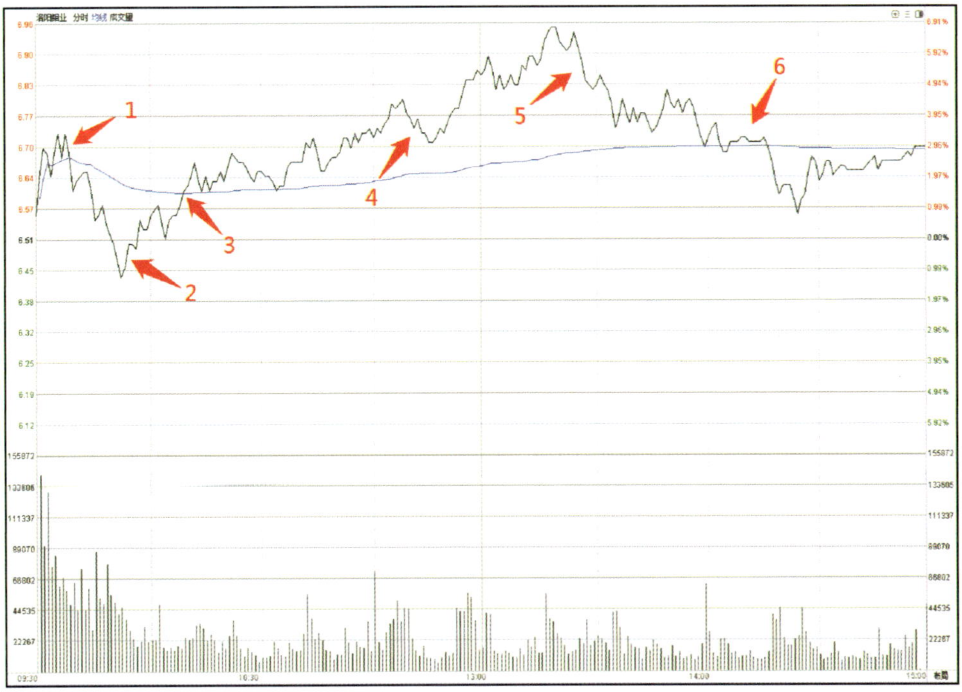

图4-1-8

图4-9是比亚迪（002594）2021年1月25日的分时走势图。在图中各个箭头指示处，交易员应有的临盘判断如下：

箭头1：股价下穿均价线，走势开始由强转弱。

箭头2：股价上穿均价线，走势开始由弱转强。

箭头3：从股价下跌的速度和幅度来看，走势又开始转弱。

箭头4：出现一波有力的反弹，发出走势转强的信号。

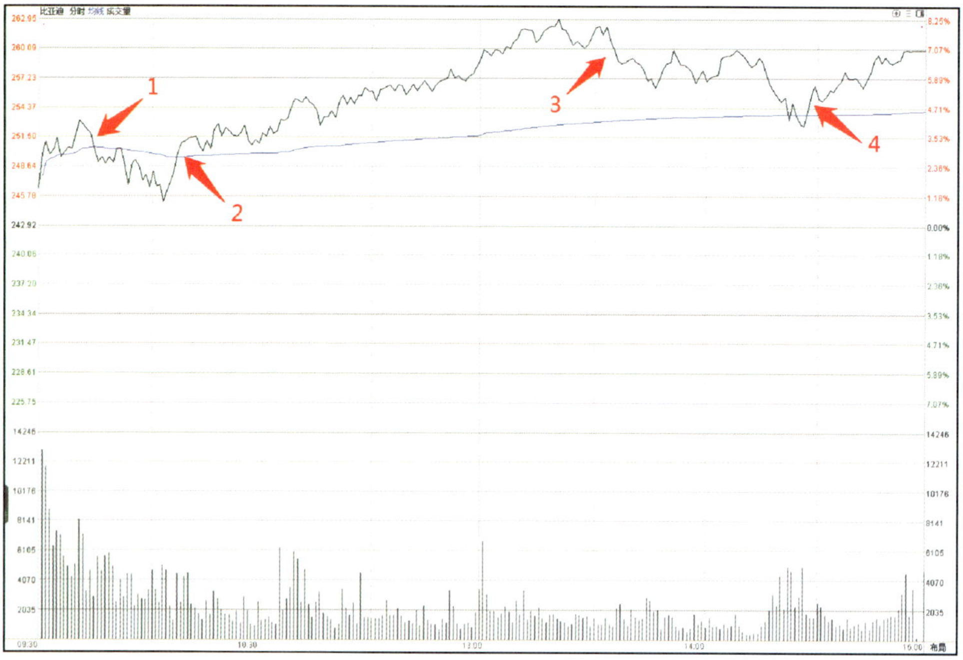

图 4-1-9

图 4-1-10 是爱施德（002416）2021 年 1 月 25 日的分时走势图。在图中各个箭头指示处，交易员应有的判断如下：

箭头 1：第二波上涨的幅度减小，力竭处可以做空。

箭头 2：第二波上涨的幅度减小，力竭处可以做空。

箭头 3：股价无力上穿均价线，呈弱势，破前一波下跌低点时可以做空。

箭头 4：股价第三次接近平盘价，呈弱势，翻绿时可以做空。

箭头 5：第二波下跌无力，力竭处可以做多。

箭头 6：第二波下跌无力，次低点处可以做多。

箭头 7：第二波下跌动能衰竭，力竭处可以做多。

箭头 8：股价二次回踩日内低点，走势再次转弱，再创新低时可以做空。

图 4-1-10

二、尽量只做两分钟内收益率在 0.5% 以上的交易

只做两分钟内收益率在 0.5% 以上的交易，目的是避免无效交易，提升交易成功率。

交易员可以通过个股走势的形态、股价所处位置、盘口厚度、打单量、打单频率等来综合判断股价能不能在两分钟内快速涨跌 0.5% 以上。“赚快钱”的交易，成功率反而比较高。等待股价慢慢走出空间的交易，成功率其实不高，而且有消耗交易员盯盘精力的弊端。只做两分钟内收益率在 0.5% 以上的交易，要求交易员只关注有较强动能的走势并从中寻找交易机会，那样就大大提升了整体的交易成功率，而且会促使交易员把有限的资金或股数留着去参与大行情，不至于把它们浪费在小行情中。

图 4-2-1 是智光电气（002169）2021 年 1 月 27 日的分时走势图（叠加上证指数分时走势）。当日 10：15——10：45，上证指数走出两波较强的上涨，该

股虽也跟着上涨，但是涨得比较缓慢，盘口表现为买单不连贯、打单频率低，看不到有足够的上涨动能，上涨空间存疑。如果这时交易员因为看到大盘在强劲上涨而去做多该股，那么要拿很久才有一点微利。这种顺势但不能看到短期赢利空间的交易我们不建议做。到了 10：41，上证指数只是小碎步上涨，但是个股出现了连续的大单点火，而且从打单动能上看，是有冲板机会的，这才是两分钟内收益率在 0.5% 以上的交易机会。

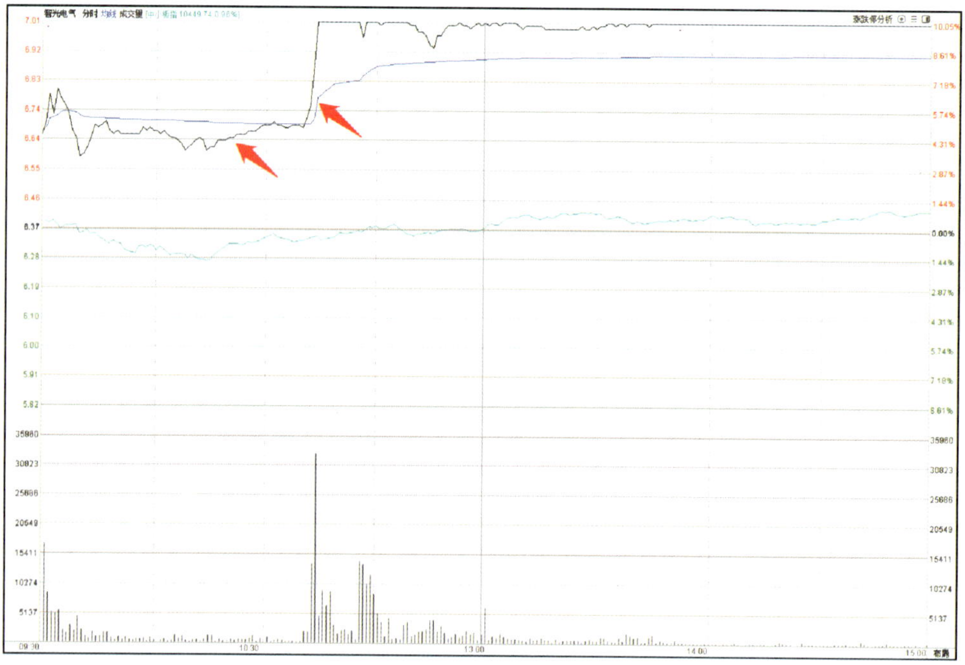

图 4－2－1

图 4－2－2 是东方财富（300059）2020 年 12 月 9 日的分时走势图。这是一个典型的股价走出空间后出现交易机会的案例。该股上午处于横盘窄幅振荡的状态，无论大盘如何涨跌，都没有带动该股走出空间，因此也没有出现开仓点。

下午开盘后股价开始下行，但前面的几波下跌（图中红框处）单波下跌空间只有 0.1 元左右，而当时该股价格在 28.00 元左右，要想获得超过 0.5% 的收益率，至少需要有 0.18 元的波动空间，所以此时还不能下单。箭头 1 所指的下跌波段，下跌空间达到了 0.2 元左右，这才算走出空间了，此时交易员可以考虑在后面的行情中做空。

对于东方财富这种大票，我们不建议交易员去做第一波行情，而是等个股出现一波行情，走出空间后再去做下一波行情，那样才能够提高交易的成功率。

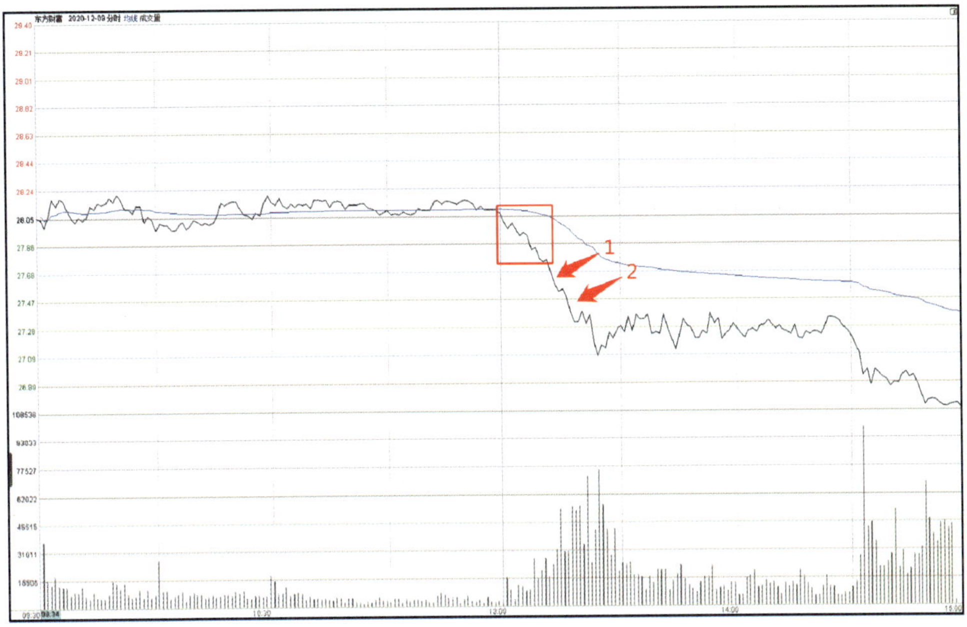

图 4－2－2

三、不要基于指数做个股，而是基于个股行情寻找有指数配合的时机

在日内交易中，我们要分析个股和指数的联动关系，从中寻找交易机会。需要强调的是：以个股自身走势为主，指数只是一个辅助指标。新手交易员容易犯的一个错误是看到股指期货 1 分钟 K 线图拉出一根大阳线或大阴线就开仓。如果指数突变但是目标个股并没有能够支撑其同步变化的动能，那么这种情况下是不能开仓的，否则不但赚不到利润，还亏掉了手续费。优秀的职业日内交易员会重点分析个股的走势，在看到个股有动能支撑走出行情的时候，再从指数中寻找共振点，确保交易的成功率。

图 4－3－1 是万科 A（000002）2021 年 1 月 14 日的分时走势图（叠加上证指数分时走势）。该股当日最有力度的上涨行情当属于箭头 1、箭头 2 所指的两波，但是这两波上涨行情出现时上证指数并没有涨多少。上证指数当日最有力

度的上涨行情出现的时候，个股已经处于弱势（箭头 3 所指处），大盘的走势对其没有丝毫影响。显而易见，当日交易员在箭头 1、箭头 2 所指处看到盘口表现出上涨动能强劲而大盘并无异常的时候，就可以顺势做多了，在箭头 3 所指处则不应开多单，不要只看到大盘强势而忽视了个股无力上涨的事实。

图 4－3－1

图 4－3－2 是金科文化（300459）2021 年 1 月 27 日的分时走势图（叠加上证指数分时走势）。在图中两个红框处，上证指数处于上涨阶段而该股却处于滞涨甚至是回调阶段，而当该股突破上涨时，上证指数并没有同样呈现出强势。由本案例也可以看出，做日内交易，看盘时一定要以个股为主，以大盘为辅，分清主次关系，才可以实现高胜率。

图4－3－2

四、视持仓数量多少而采取不同的交易方式

目前A股市场实行T+1的交易制度，所以一天之内最多只能倒一遍底仓，因此，交易员在做交易时，应考虑到持仓数量的多少。如果底仓数量非常多，那么可以疯狂刷单，但是如果底仓数量不多，那最好还是只做收益率在0.5%以上的交易。

图4－4－1是中兴通讯（000063）2020年11月6日的分时走势图。图中3个箭头指向当日最佳的3个开仓点。这3个地方的股价都突破了前高且突破很有力度，之后的上涨幅度也都大于1%。

如果交易员当时持有中兴通讯的股数有限，那么最好只做箭头所指的三次突破，放弃那些赢利空间有限的小行情，以求实现利润最大化。

但是如果交易员持有中兴通讯的股数很多，那么还可以疯狂刷单，因为该股当日的振幅已经打开，在上午的行情中，基本上在每个拐点进去都能够赢利。

交易员尽可以参与上午出现的每个拐点——涨不动就做空，跌不动就做多，反正股数用不完。虽说每次都只有小幅赢利，但累积起来也很可观。

图4-4-1

五、高价股与低价股有不同的开仓考量

（一）高价股的开仓考量

高价股的盘口往往挂单稀少、价差大，新手交易员面对高价股时，经常不知道如何下单。根据多年的实战经验，我们认为，对于高价股来说，真正好的开仓机会是盘口出现标志性大单的时候，或者盘口较厚且有密集成交的时候。

以高价股比亚迪（002594）为例，如果出现如图4-5-1、图4-5-2、图4-5-3所示的盘口，那么不宜开仓。这三个盘口的共同特征是挂单稀少、价位空当大，既不好开仓，也不好平仓，更不能开到大仓位。

比亚迪 002594			
委比		-33.15%	-7611
均卖价		261.14 总卖量	15286
卖盘	10	246.42	1
	9	246.38	4
	8	246.34	9
	7	246.33	1
	6	246.30	32
	5	246.28	41
	4	246.19	1
	3	246.12	3
	2	246.10	3
	1	246.00	2
买盘	1	245.94	5
	2	245.91	1
	3	245.61	2
	4	245.60	6
	5	245.58	2
	6	245.53	1
	7	245.52	4
	8	245.51	80
	9	245.50	111
	10	245.45	14

图4-5-1

比亚迪 002594			
委比		-32.00%	-8043
均卖价		260.00 总卖量	16589
卖盘	10	244.14	14
	9	244.10	7
	8	244.09	9
	7	244.08	1
	6	244.02	77
	5	244.01	10
	4	244.00	45
	3	243.87	9
	2	243.81	42
	1	243.50	6
买盘	1	243.20	13
	2	243.16	1
	3	243.15	59
	4	243.14	6
	5	243.13	2
	6	243.10	36
	7	243.09	2
	8	243.08	3
	9	243.05	12
	10	243.03	1

图4-5-2

比亚迪 002594			
委比		+8.66%	3895
均卖价		256.82 总卖量	20539
卖盘	10	239.23	10
	9	239.22	2
	8	239.20	9
	7	239.10	2
	6	239.05	20
	5	239.04	3
	4	239.03	5
	3	239.02	2
	2	239.01	7
	1	239.00	22
买盘	1	238.91	1
	2	238.90	1
	3	238.81	2
	4	238.80	1
	5	238.71	8
	6	238.70	39
	7	238.69	5
	8	238.68	3
	9	238.67	74
	10	238.66	16

图4-5-3

再假设比亚迪出现如图4-5-4、图4-5-5、图4-5-6所示的盘口。前两个盘口是非常好的开空单的盘口，而第三个盘口是非常好的开多单的盘口。200多元的股价，止损价差在0.2～0.3元，亏损幅度仅约1‰，很不错了。这三个盘口的共同特征是盘口比较厚，买卖盘上多个相邻价位上都有挂单。以图4-5-4为例，如果交易员往242.00元的价位开空单，那就可以将242.11元和242.15元处的两个大单被吃掉视为止损信号，往242.30元的价位止损，损失有限。

比亚迪 002594			
委比		-28.78%	-7760
均卖价		259.27 总卖量	17360
卖盘	10	242.33	1
	9	242.30	71
	8	242.29	1
	7	242.26	11
	6	242.25	68
	5	242.21	23
	4	242.20	19
	3	242.16	34
	2	242.15	115
	1	242.11	136
买盘	1	242.01	1
	2	242.00	605
	3	241.99	1
	4	241.98	5
	5	241.97	1
	6	241.95	2
	7	241.94	1
	8	241.90	1
	9	241.89	2
	10	241.88	30

图 4 -5 -4

比亚迪 002594			
委比		-37.38%	-10320
均卖价		257.73 总卖量	18965
卖盘	10	241.20	49
	9	241.19	25
	8	241.18	157
	7	241.17	16
	6	241.16	132
	5	241.15	2
	4	241.11	1
	3	241.10	96
	2	241.09	1
	1	241.05	159
买盘	1	241.00	367
	2	240.99	2
	3	240.95	2
	4	240.93	3
	5	240.90	1
	6	240.88	17
	7	240.86	1
	8	240.85	4
	9	240.83	2
	10	240.80	29

图 4 -5 -5

比亚迪 002594			
委比		+37.56%	18134
均卖价		263.60 总卖量	15072
卖盘	10	254.16	5
	9	254.11	3
	8	254.10	7
	7	254.09	1
	6	254.05	2
	5	254.04	1
	4	254.03	2
	3	254.02	2
	2	254.00	698
	1	253.90	32
买盘	1	253.88	180
	2	253.84	24
	3	253.83	5
	4	253.80	71
	5	253.78	1
	6	253.77	122
	7	253.76	1
	8	253.70	12
	9	253.69	1
	10	253.67	2
均买价		237.31 总买量	33206

图 4 -5 -6

（二）低价股的开仓考量

首先，开仓同样要选择盘口比较厚的时候。即便出现了很好的突破形态，也需要有盘口厚、成交量大等信号的支持，交易才有较高的成功率。

其次，要有足够的赢利空间才开仓。即便仅有 0.01 元的变动，对于低价股来说也是不小的变动幅度，因此，相较于做高价股，做低价股的止损代价更高。我们之前说过，要做预期收益率在 0.5% 以上的交易，但如果交易的标的是股价在 10 元以下的低价股，那么预期收益率至少要达到 1% 。

图 4 -5 -7 是蓝色光标（300058）2020 年 6 月 17 日的走势图。从图中可以看出，在该股单波上涨涨幅超过 1% 的时候，成交量都是明显放大的。这个价位的股票，有行情的时候和没行情的时候，对应的盘口特征有非常明显的差别，交易员只要把握住两者的差别，就能获得较高的交易成功率。

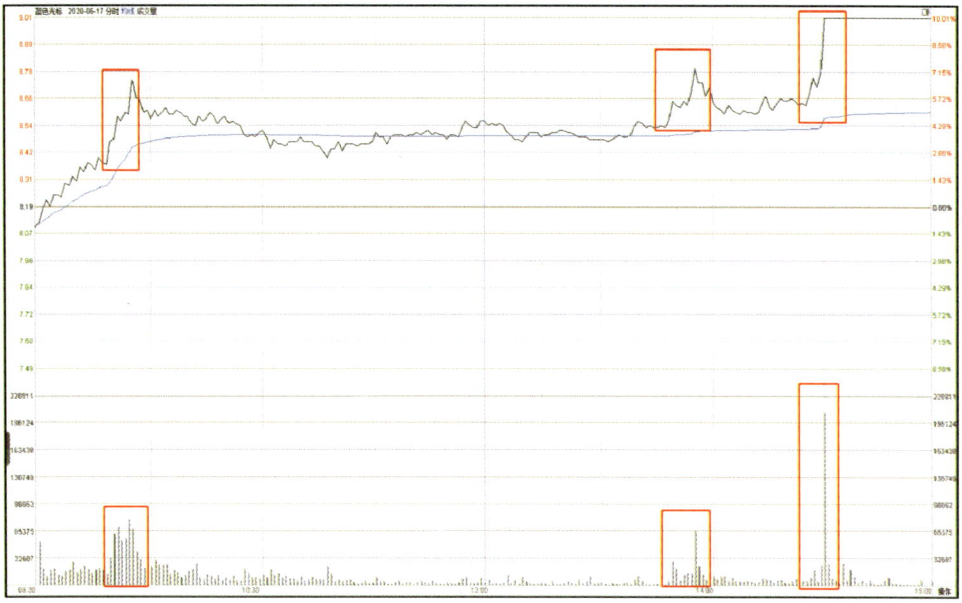

图4-5-7

图4-5-8是蓝色光标（300058）2020年7月24日的分时走势图。当日该股的跌幅超过了6%，但全天没有一个可以做空的开仓点。对于低价股而言，只有急跌才有比较好的做空机会，在缓跌的情况下是很难开仓的。可能有读者会提出疑问："开空单后拿久一点不行吗?"我们之前说过，尽量做两分钟以内收益率在0.5%以上的交易，长时间持仓，显然与此原则相违背。

图4-5-8

图 4－5－9 是蓝色光标（300058）2020 年 5 月 18 日的分时走势图。当日开盘后不久，该股出现了一波带量的急跌，这是当日最适合开仓做空的阶段。在其他交易时间里，该股都呈阴跌态势，不适合开仓，交易员一定要管住手。

图 4－5－9

第5章

常见亏损案例

前面讲的大多是怎么在日内交易中赚到钱，本章则重点讲一下做日内交易时经常会踩到的“坑”。每个交易员在做日内交易的初期都会犯大量的错误，悟性高者可以快速改正，悟性低者可能要花很长的时间才能改掉不良交易习惯。优秀的日内交易员都是用市场的子弹（大量的交易）“喂”出来的，懂得如何避“坑”是交易员走过成长之路必须掌握的技能。

一、股价波幅没打开就做交易

在个股波幅没打开的情况下就去做交易是很常见的交易恶习，它会导致大量的无效交易，挣不到利润不说，还可能亏掉不少的手续费。

图 5-1-1 是东方财富（300059）2021 年 1 月 7 日的分时走势图。图中箭头 1、箭头 2、箭头 3、箭头 4 指示处的走势都具有迷惑性：箭头 1 和箭头 3 指示处都是突破前高，箭头 2 指示处是跌破前低，箭头 4 指示处是跌破整理平台，在这四个地方，如果有大盘的配合，新手交易员会很容易忍不住往股价变动的方向开仓。看图就知道开仓后大概率是赚不到什么钱的，能赚回手续费就不错了。但就算不亏钱，在这四个地方做交易也会浪费股数。

最佳的开仓点是在箭头 5、箭头 6、箭头 7 指示的地方。箭头 5 指示处之所以可以开仓，原因有二：一是在其前面的一个主升浪股价顺利地上涨了 1.2%，这是当日首个走出空间的波浪。二是回调很浅，回调幅度不足其前面一个主升浪涨幅的 1/3，大概率会有第二波上涨。另外两个地方可以开仓的原因请读者自行分析。

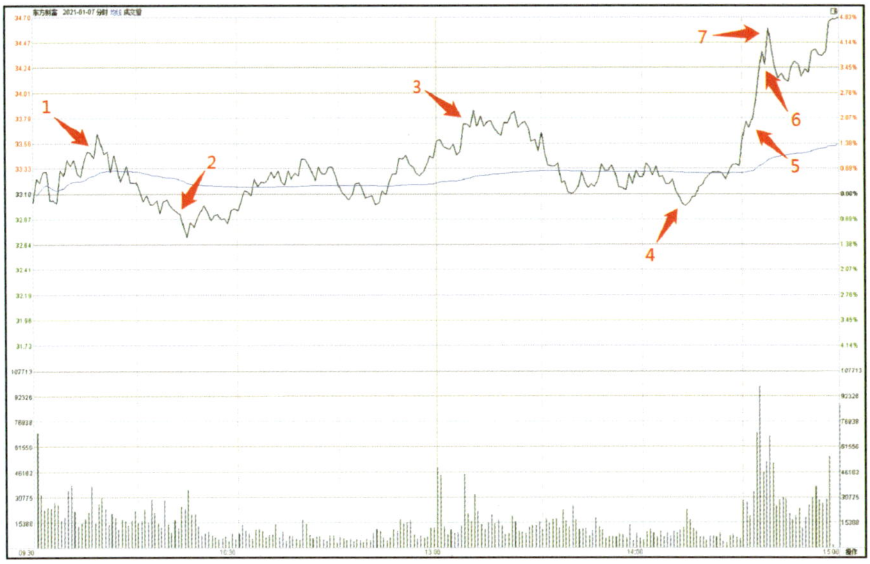

图5－1－1

小市值个股的缩量和放量表现得比较明显，看盘时很容易看出来，而且大多数情况下，放量后股价都能够走出空间，交易员不易做错，但中大市值个股在很多时候不管涨跌波段是大还是小，盘口表现都没有明显的区别，如点火的单量很接近等，交易员很难辨别出哪一次真的能走出空间。当无法判断个股是否能走出空间时，最好的策略就是等个股走出空间后再考虑交易。

图5－1－2是中天科技（600522）2021年1月19日的分时走势图。该股当日虽然下跌了3.6%，但是全天都没有开仓的机会出现，因为从开盘到收盘，该股都是呈慢跌的走势，没有哪一波下跌是能够跌出空间的。日内交易绝大多数的收益都是来自做多赚钱，想要做空赚钱，需要个股出现急跌。如果个股日内一直是缩量阴跌而又强行开仓的话，那么交易结果往往缺乏确定性，持仓太久也不符合日内交易要快进快出的要求。

图 5－1－2

图 5－1－3 是中天科技（600522）2020 年 3 月 23 日的分时走势图。全天只有红框标示处的行情适合开仓做交易。

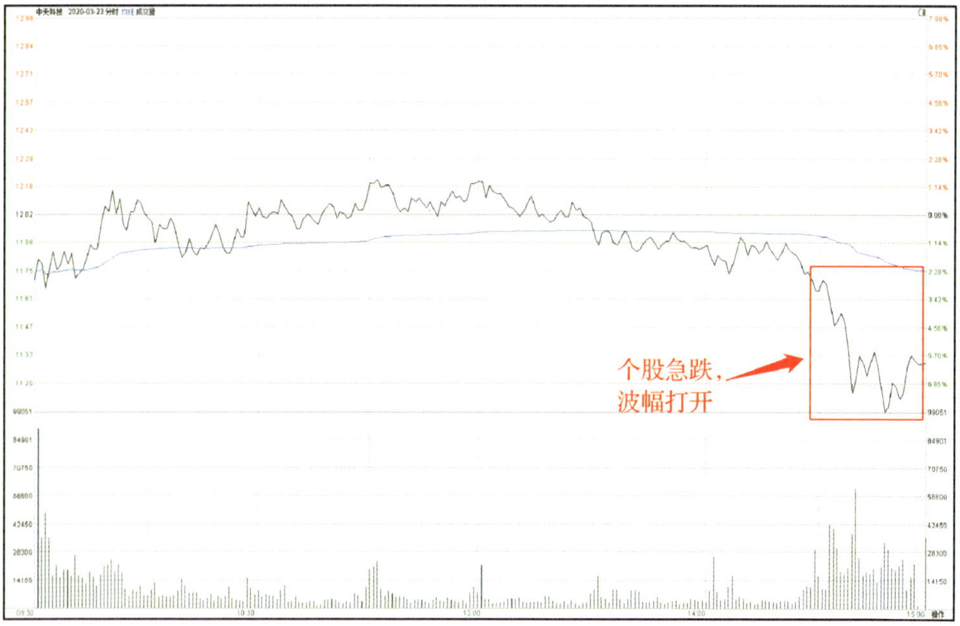

图 5－1－3

二、被假突破迷惑

假突破有两种：一种是盘口看起来很像是要突破但结果没突破。另一种是股价刚突破前高就马上反方向运行。如果交易员被假突破骗到，那么开仓后大多会以止损收场。

图5－2－1是以岭药业（002603）2021年1月8日的分时走势图。在图中箭头所指的两个位置走势都有拐头向上的动作，像是快要突破前高，但实际上都是假突破。

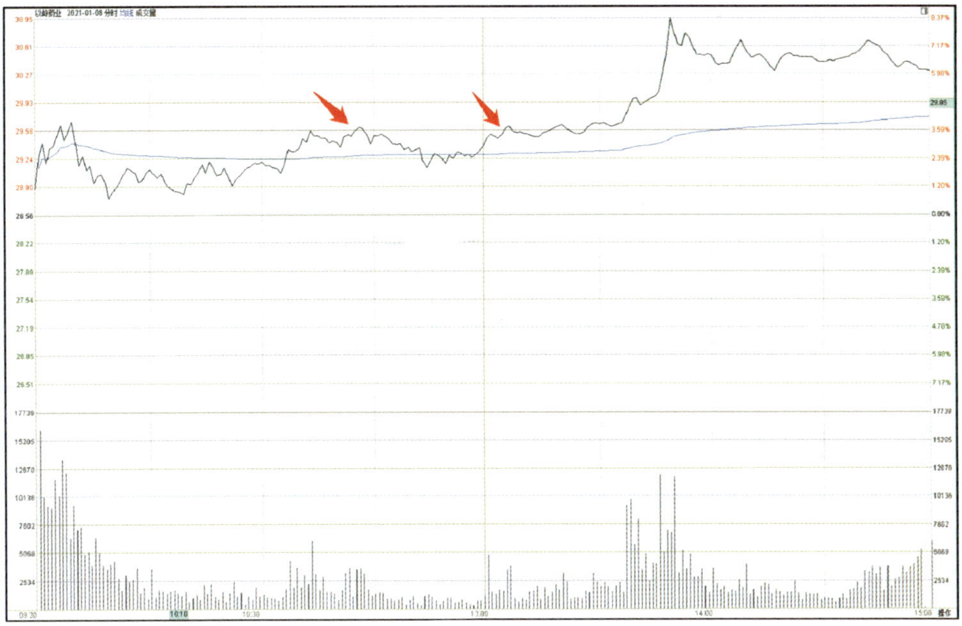

图5－2－1

图5－2－2是比亚迪（002594）2020年10月20日的分时走势图。在图中红框处，股价走势显得非常强，在涨幅4%的位置横住不回调，期间还有几次放量向上突破的表现，但是每次都是创新高后便回调。如果交易员上了当，每次突破的时候都跟着做多，那就会亏到怀疑人生。

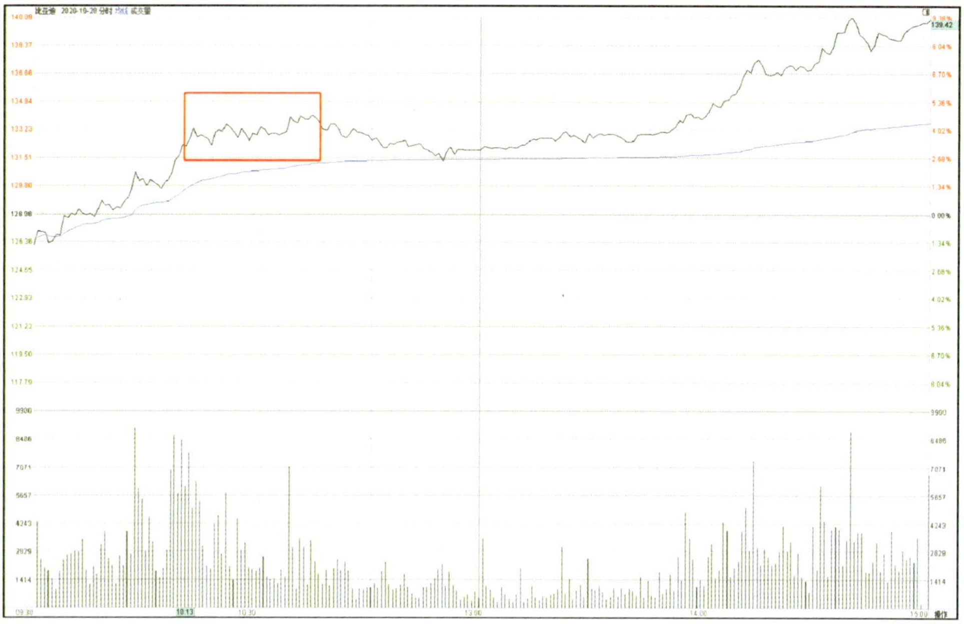

图 5－2－2

要想避免掉进假突破的陷阱，首先，不能主观臆断某一次行情发动后能创出新高，不打上涨的启动点，而是打突破前高的确定点；其次，在看到突破发生时，要关注打单动能是否够强，大盘和联动个股有没有朝反方向运行，以免上了另一种假突破（股价刚突破前高就马上反方向运行）的当。如果能从打单动能上判断出突破是假的，那就应该主动放弃参与；如果实在是无法判断并中了圈套，那交易员唯一要做的就是及时止损，不要跟个股斗气，避免多次被骗。如图 5－2－2 中的红框处，股价多次突破前高后就回调，如果交易员在第一次突破时上了当，然后憋了一肚子气，忍不住在每次突破都开仓，想“扳回一局”，那就很容易亏到心态崩坏。正确的做法是冷静下来重新审视行情和盘口，去寻找更具确定性、更稳妥的交易机会。

三、无脑做二波

所谓“无脑做二波”，意思是看到个股出现一波幅度可观的上涨，回调又很浅，于是在股价拐头向上的时候就不经任何思索，认为一定会出现第二波行情，开仓做多。前面说过，如果第一波上涨后的回调幅度小于其涨幅的1/3，那么大概率会出现第二波上涨，但万事无绝对，在实际交易中还是经常会遇到第二波涨不上去，被迫止损离场的情况。

图5-3-1是海航科技（600751）2021年1月11日的分时走势图，图5-3-2是亿纬锂能（300014）2020年11月20日的分时走势图。两张图中箭头所指处都是第二波涨不上去的情形，如果交易员在第一波上涨回调后的拐点处做多，大概率要亏钱。

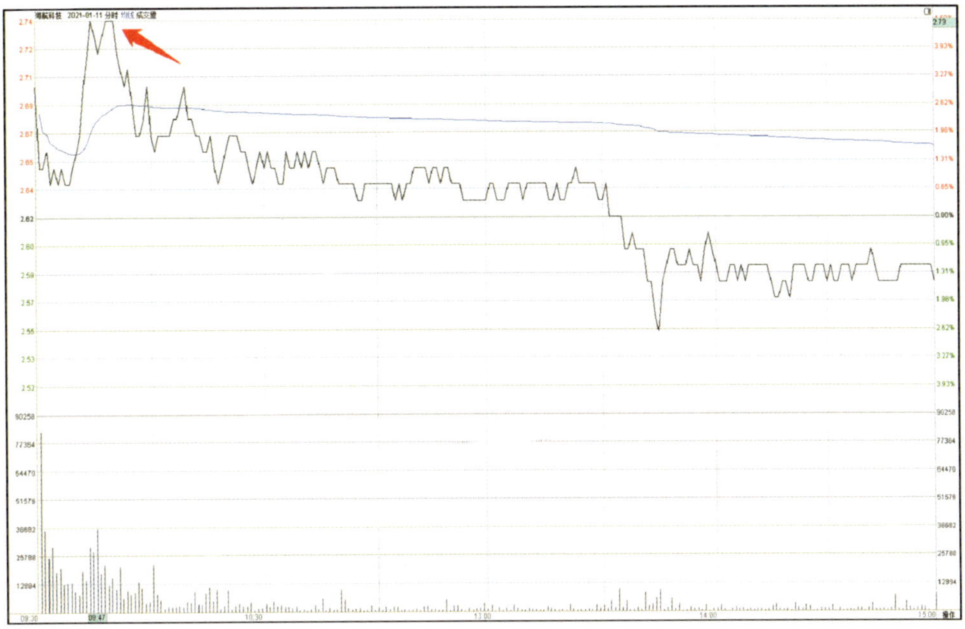

图5-3-1

图 5-3-2

我们从大量的实战中总结出以下经验：

（1）走出第二波概率高的情况：

①个股股性较好，人气较高。

②第一波上涨的强度超市场预期。

③第一波上涨的涨速较快，走势顺畅。

（2）走不出第二波概率高的情况：

①个股股性较差，具有类白马股的属性。

②个股盘子较大，较难连续走出上涨图形，需要一个蓄势的过程。

③第一波上涨不够顺畅，上涨过程中多头有分歧，出现过反手单。

如果想提高做二波的成功率，建议在不是特别有把握的情况下，不要去接回调的拐点，而是去打股价创新高的确定点。

四、转势后做逆势单

在个股行情转势的时候，交易员如果没有及时调整策略，往新的方向顺势开仓，而是想抄底或盖帽，那就很容易亏钱。

图5－4－1是龙蟒佰利（002601）2020年12月10日的分时走势图。该股早盘先单边下跌，之后转为单边上涨。这种“V”形反转的走势很容易给日内交易带来亏损。在图中红框标示处，股价反弹并站上均价线，意味着之前的下跌趋势被逆转，转为单边上涨。但在图形没走出来的时候，交易员会很容易受前面跌势的影响，选择在个股反弹后看似涨不动的时候做空。

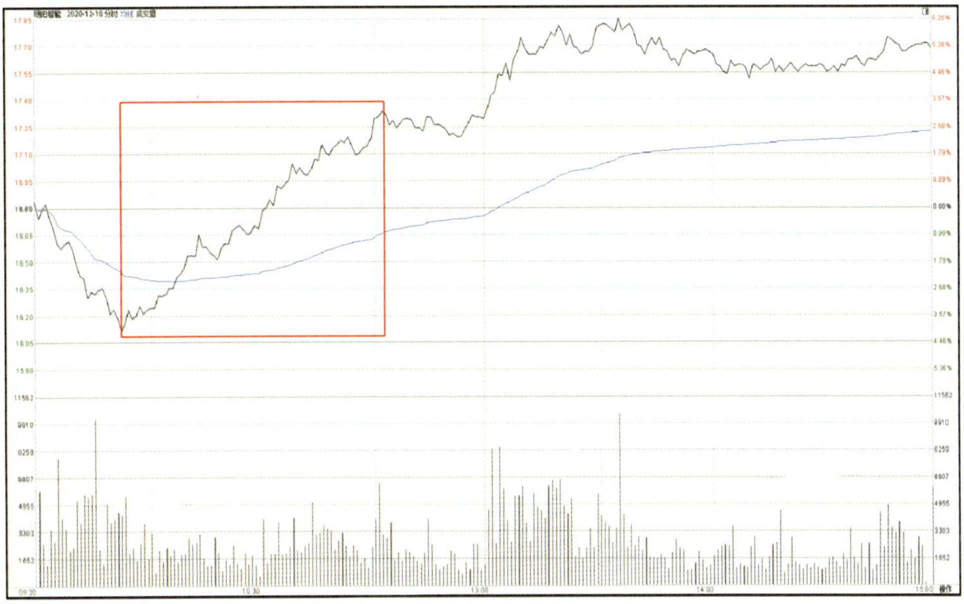

图5－4－1

图5－4－2是龙蟒佰利（002601）2021年1月11日的分时走势图。该股早盘高开高走，呈单边上涨之势，但在11：20左右突然走弱，出现一波幅度达到7%的跳水。在这一波急速下跌中，股价在箭头1和箭头2指示处都停顿了一下，盘口上出现了抄底的反向单。在箭头1指示处，交易员可能会参考前面的走势情况，认为股价已回调到区间底部，可以接了，但实际上股价并没有反弹，而是直接加速往下跌，如果交易员真的开了仓，那就得追着价位止损，就亏大钱了。在箭头2指示处，股价刚刚翻绿，片刻的停顿可能会让交易员误以为发出了企稳反弹的信号，心想“这么大一波下跌，反弹空间一定很客观”，结果开仓后再亏一笔。

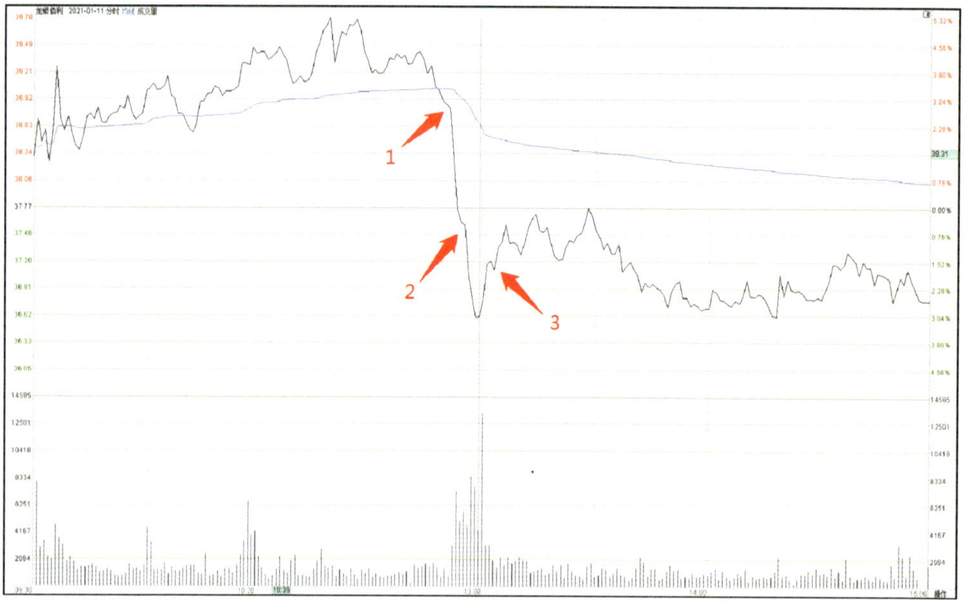

图 5-4-2

转势后做逆势单很容易亏钱，而且是亏大钱。要想不踩这个“坑”，必须记住两点：

（1）在看到个股转势后，要马上告诉自己应以做顺势单为主，就算亏也要亏在顺势交易上。如果交易员有这种意识的话，就不会在图 5-4-2 中箭头 1 和箭头 2 指示的地方接单，而是准备做空。

（2）交易系统允许在跌势中接底和在涨势中盖帽，但尽量不要去抢第一个开仓点，而是去做次低点或次高点。如果交易员有这种意识的话，就会等股价走到箭头 3 指示的位置才开仓做多。在这种地方开仓，成功率高且止损位明确。

五、为了做联动而做联动

做联动需要交易员熟练掌握个股的联动属性、联动规律，要在对个股会被带动有信心的情况下才做。新手交易员容易掉进一个误区，那就是一看到联动信号就开仓，结果个股跟不出空间，要平砍或止损出来，我们把这种不良交易习惯叫作“为了做联动而做联动”。

图 5 - 5 - 1 和图 5 - 5 - 2 分别是华友钴业（603799）和寒锐钴业（300618）2020 年 11 月 13 日的分时走势图。两者历史上经常产生紧密联动。当日华友钴业领涨，成为板块龙头。在华友钴业出现主升浪、封板、破板时，寒锐钴业都出现了联动（见两图中的红框 1、红框 2、红框 3 处）。但是，华友钴业在尾盘出现上涨时，寒锐钴业没有跟随上涨，只是横盘（见两图中的红框 4 处）。其实，华友钴业尾盘就算是涨停，也不一定带得动寒锐钴业，原因是华友钴业尾盘即便涨停也会是个烂板（频繁被打开的涨停板），与早盘的涨停相比，强度有本质上的区别。从尾盘的盘口情况来看，当华友钴业上涨的时候，寒锐钴业盘口上并没有出现跟风买单，显然是涨不动了。

做联动的时候，交易员要关注联动个股的打单动能，如果看到打单动能弱，就应放弃做联动。

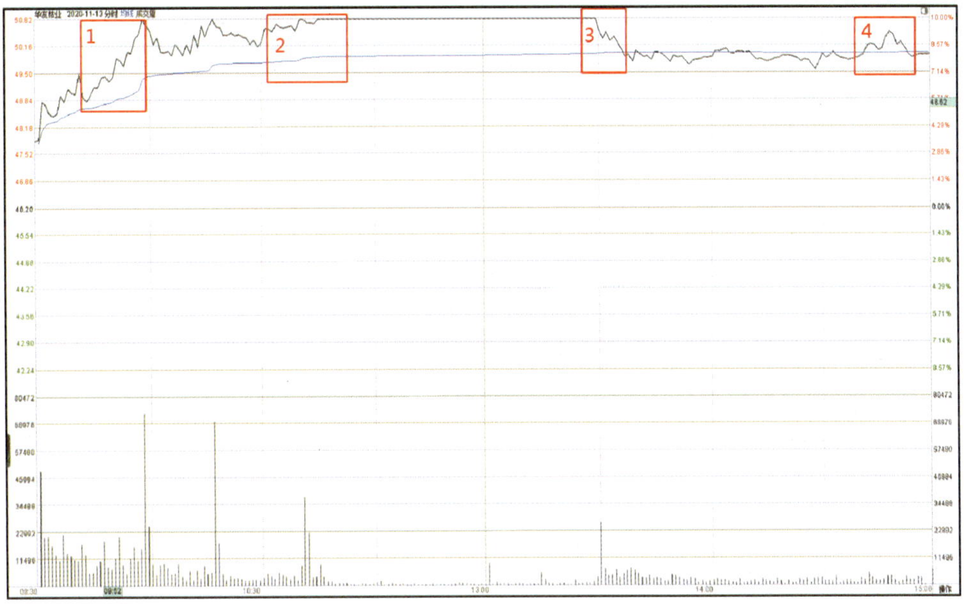

图 5 - 5 - 1

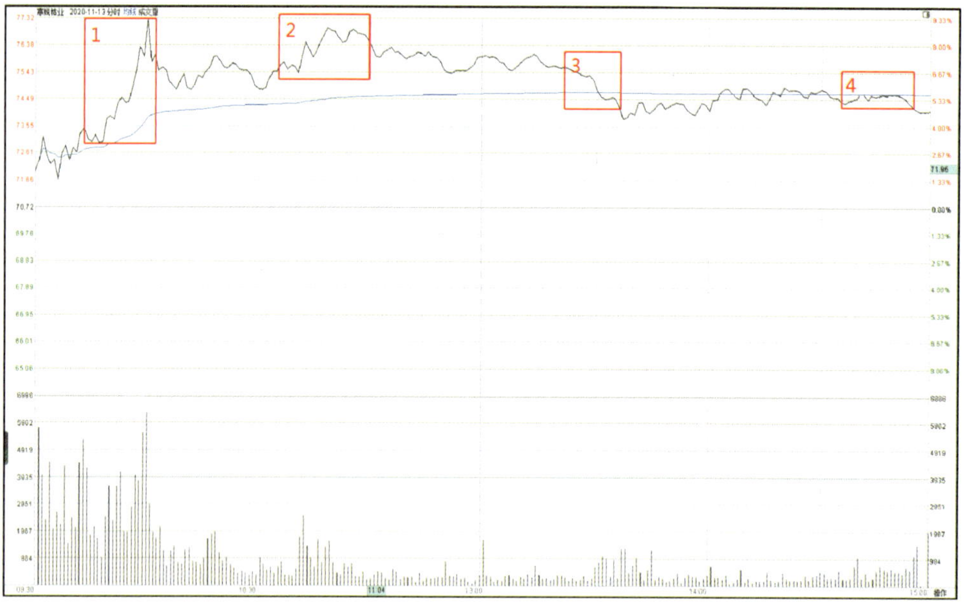

图 5-5-2

图 5-5-3 和图 5-5-4 分别是中信证券（600030）和海通证券（600837）2021 年 1 月 12 日的分时走势图。两者都是大券商股。当日下午中信证券领涨，海通证券联动跟涨。在上涨前期，两者的走势基本是同步的（两图中红框内箭头指向点位之前），但后来中信证券回落盘整而海通证券独自上涨。显然，如果交易员还按照之前的联动节奏来操作，在中信证券回调的时候做空海通证券，那就势必会遭到多头的痛击，以亏损收场。

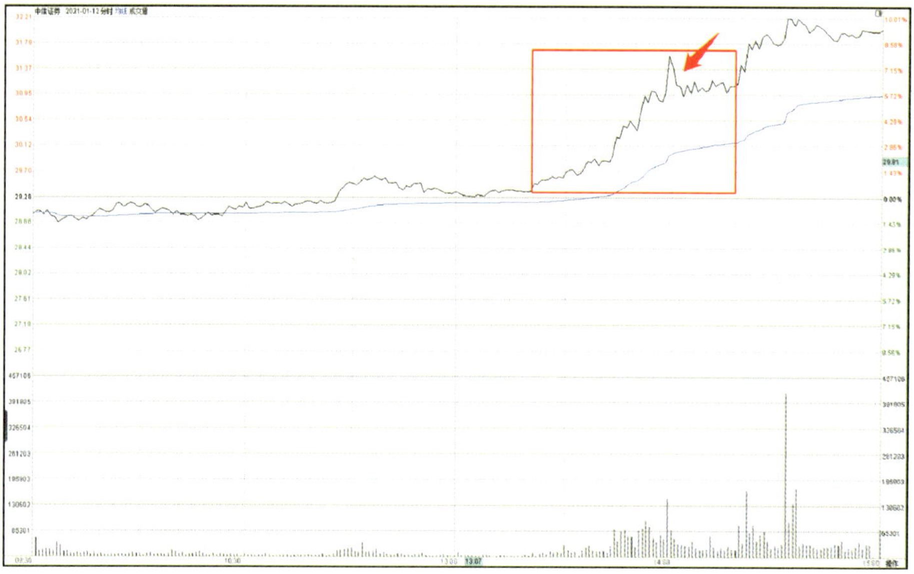

图 5-5-3

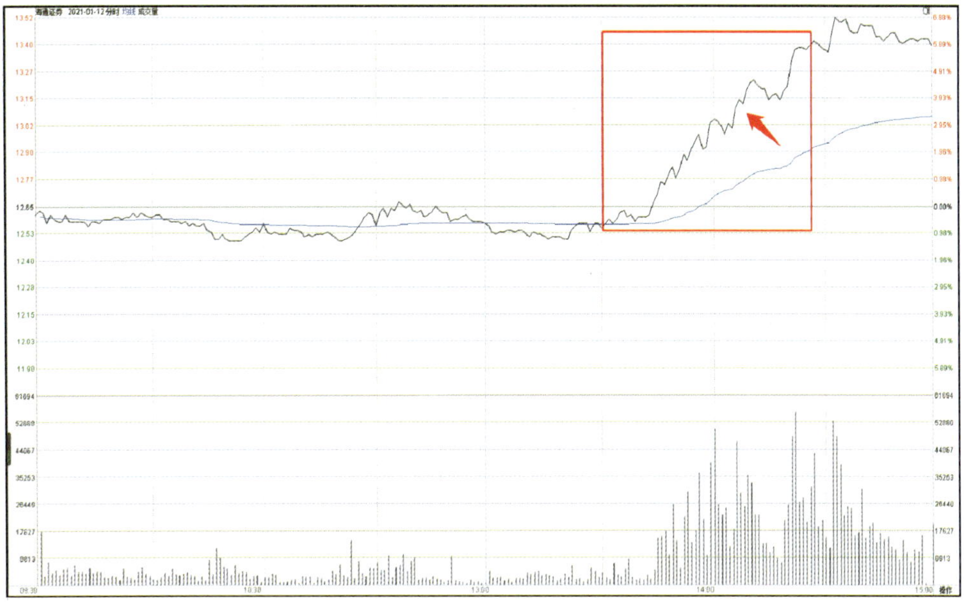

图5-5-4

本案例说明，有联动关系的股票，其走势不一定完全同步，尤其是一些大票，它们产生联动时，大多只是日内整体方向一致，并非每一波行情的方向都同步。做联动的时候一定要多观察盘口，以打单动能为主要判断依据。

做日内交易赚钱很容易，但亏钱也不难，因为日内交易中的“坑”非常多，在操作股性较差的个股时或是市场缩量窄幅振荡时，更容易踩“坑”。在交易的路上，踩“坑”是难免的，只要能从“坑”里爬出来，问题就不大。交易员平时要对亏损的交易操作进行复盘，找出亏损背后的原因，懂得下次再遇到同类情况时该怎么避免亏损，那样才亏得有意义。

第 6 章

交易进阶

因为作者近年来一直在做交易团队的培训和管理工作，所以有机会去观察不同水平的交易员在技术能力、情绪特征上的差异。业内最好的交易员被称为头部交易员，也即“大神”级交易员，他们之所以格外优秀，有其背后的原因。在本章之前，我们所讲的内容主要是学习 T+0 交易必须掌握的基础技能，而在本章中，我们将分享一些优秀交易员甚至是头部交易员具备的特质，希望能帮助新手交易员提升自己，朝“大神”的方向迈进。

一、拥有健康的交易心态

一个优秀的职业日内交易员，其管理的资金规模（包括股票市值）普遍在千万元级别甚至亿元级别，管理如此之大规模的资金，拥有坚强的心脏、稳定的情绪是必需的。虽然本书的读者可能不会从事职业日内交易员的工作，但是，如果想要做好日内交易这件事情，那么同样需要有健康的交易心态。以下几方面的交易心态，是作者在多年的职业交易生涯中经市场磨炼而获得，在此与读者朋友们分享。

第一，在做交易之前，不要去想今天要赚多少钱，不要给自己设下全天的赢利预期。一旦给自己设下全天的赢利预期，就容易产生主观交易，从而不能够严格地执行日内交易系统，最终遭受亏损。使用已经被实践证明为有效的日内交易系统，就可以在绝大多数的交易中实现赢利，因此交易员在做交易时应将关注点放在交易符不符合交易系统、适合采用什么交易策略上，而不是关注盈亏情况。只要严格地遵守日内交易系统，赢利就是自然而然的事，至于赚多还是赚少，不必在意。

第二，理性面对亏损。出现亏损在日内交易中是无法避免的，有统计表明，A 股职业日内交易员的交易成功率在 70% 左右。交易员要有“亏得起”的心态，绝对不能够扛单放大亏损。只要及时、正确止损，赢利完全能够覆盖亏损。

能够理性面对亏损，也是职业日内交易员与普通投资者的重要区别。我们在多年职业生涯中见过很多投资者没有接受过专业的培训，在持仓亏损的时候抱有“不赚钱我就不平仓”的心态，本来是想做 T 的，结果做成了股东。优秀的职业日内交易员在面对亏损的时候都是十分理性的，他们会果断止损，然后投入下一次交易。

在极端情况下，日内交易中还可能会出现连续亏损的情况。当被市场“左右打脸”时，交易员的心态很容易扭曲。当出现连续亏损的情况时，交易员要先作出判断：是个股不适合交易，还是自己的交易策略出现了问题？如果是自己的交易策略出现了问题，那么应先暂停交易，找出问题所在、找到解决问题的方法之后再回到交易中。如果不是自己的交易策略有问题，而是因为个股的股性不佳导致的，那就应该放弃交易该股。那些走势不连贯、经常出现反向单打交易员止损位的个股不适合作为高频交易的对象，没有十足把握的话，不建议去做这类个股的交易，以免产生难以弥补的亏损。

只要是交易系统内的正常亏损，交易员就没必要把它放在心上。真正会让交易员感到难受和愧疚的是自己做了一些交易系统外的交易，即凭着自己的主观想法进行交易，或者在冲动之下交易，没有严格按照交易系统去做单最终造成了亏损。如果一个交易员做不到按照交易系统去做单，那么钱是亏不完的，还是趁早离开日内交易这个行当为好。

第三，不惧上大仓位。职业日内交易员在做交易时，遵循以下原则：

（1）如果交易金额小于30万元，那么倾向于一笔做完。

（2）不管持仓市值是多少，如果有很好的交易机会，而且盘口容纳得了全部持仓，那么应一笔做完，以求利润最大化，接下来也好集中精力去做其他票。

（3）如果有很好的交易机会，但盘口容纳不了全部持仓，那么就按当时盘口能承受的最大开仓量去开仓。

（4）如果有很好的交易机会，盘口也容纳得了全部持仓，但是对个股的历史交易成功率并不是很高，那么可以选择性分仓操作，以分散交易风险。

一些优秀的职业日内交易员在市场出现大的机会的时候，单笔开仓金额可以高达500万元甚至更多，虽然大仓位也会给他们带来压力和紧张感，不过他们知道，只要盘口上有止损单在就不用怕，因为就算做错了，亏损也是有限的，而潜在的赢利要比可能的亏损多得多。

第四，乐于并保持学习。俗话说：“不想当将军的士兵不是好士兵。”我们认为，不想成为头部交易员的交易员不是一个好的交易员。另外，即便学会了A股日内交易的方法，能够实现稳定赢利了，也不能自我满足，而是要走出自己的舒适区，去学习更多投资品种的日内交易方法，因为股指期货、美股、期权、数字货币等投资品种的日内交易要比A股的日内交易困难得多。

在日常交易中，一定要管得住手、耐得住寂寞，严格遵守交易系统，做到知行合一。

二、保持复盘的习惯

复盘，意思是利用股票行情软件查看个股的历史走势，找出其中蕴藏的规律，总结出经验并把这些经验应用到未来的交易中。

“台上一分钟，台下十年功。”这句话同样适用于日内交易工作。复盘是交易员每日必练的基本功，复盘的数量和质量决定了交易员成长的速度。职业日内交易员每天收盘后都会做大量的复盘工作，找出当日出现的亏损交易背后的原因，改进交易的策略与方法。职业日内交易员不仅会针对自己的交易标的进行复盘，还会对市场中一些具有代表性的个股进行复盘。

（一）复盘软件的操作

复盘工作最常用到的软件是同花顺和通达信。

1. 同花顺软件“超级盘口”功能

同花顺软件具有的“超级盘口”功能可以还原盘中每一笔分时成交的盘口，使用该功能，就可以在盘后回顾盘中发生的事。下面我们以同花顺 Level-2 版为例来介绍该功能的使用方法。

如图6-2-1所示，在位于个股分时走势图界面最左边的工具栏上可以看到“超级盘口”选项卡，点击开启功能后，移动鼠标或按键盘左、右方向键拖动分时走势图上的十字光标，即可查看盘中各时间节点的盘口信息。

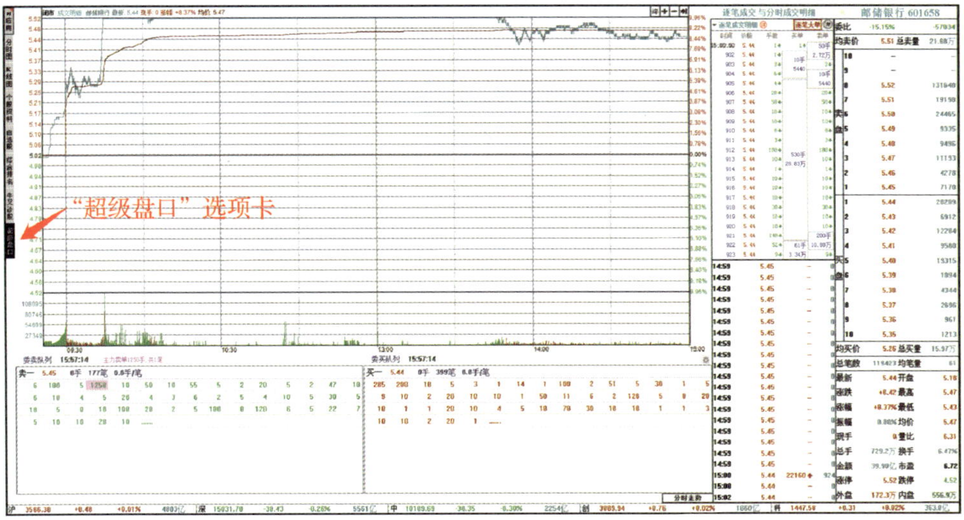

图6－2－1

图6－2－2和图6－2－3显示的都是邮储银行（601658）2021年1月15日的分时走势图。我们开启“超级盘口”功能后，把十字光标移到9：20的分时线上，然后不断按键盘的右方向键，就可以查看从9：20开始的每一个分时成交盘口（大概3秒一个撮合盘口）的具体情况。因为当时仍处于集合竞价阶段，所以看不到委买、委卖明细，但是可以看到图右边箭头指示的竞价盘口。竞价盘口显示买单在不断增加，股价重心上移，所以在集合竞价阶段就可以做多。

进入连续竞价阶段后，通过移动十字光标，就可以知道股价在上涨或下跌的过程中盘口是如何变化的，如图6－2－3所示。

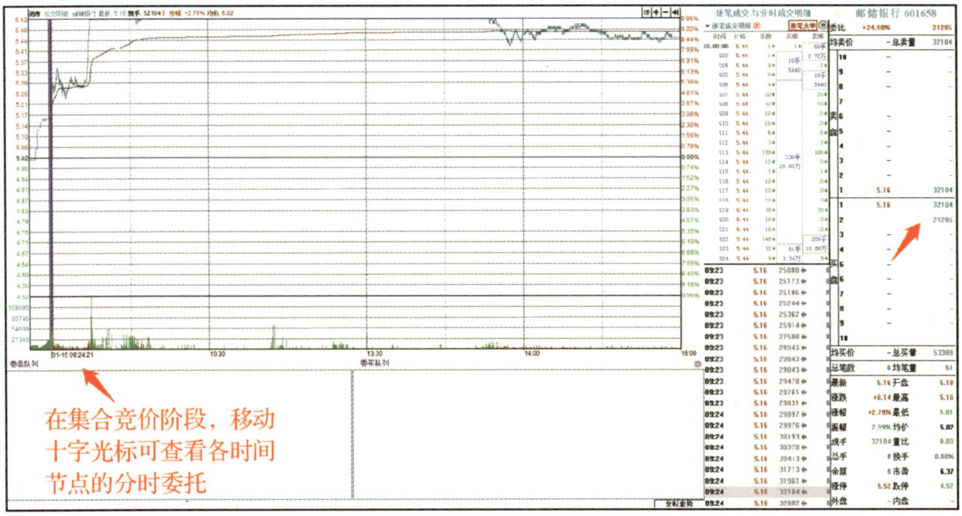

图6－2－2

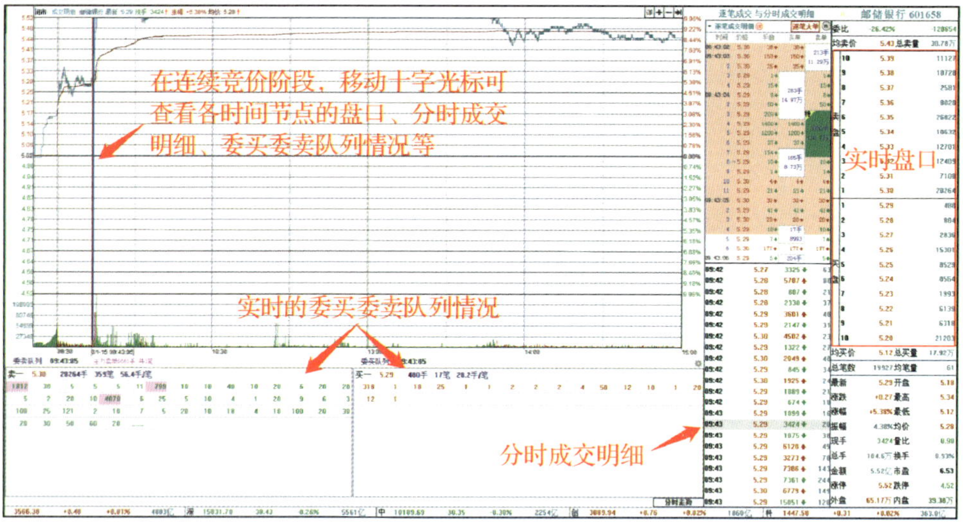

图 6-2-3

利用同花顺软件的“超级盘口”功能，回顾当日亏损交易发生时的盘口有什么特征，就能够找出亏损的原因，继而改进交易的策略与方法。

2. 同花顺软件“历史重现”功能

要想做好交易，只做当日的复盘是不够的。同花顺软件还有“历史重现”的功能，可以对近一年来个股任一天内的盘口进行复盘。

使用“历史重现”功能，需要先进入个股的 K 线图界面，再将十字光标移动到某一天的 K 线上，然后按下空格键，如图 6-2-4 所示。

图 6-2-4

如图 6－2－5 所示，按下空格键后，会弹出当日的分时走势图小窗口，小窗口的右上方（图中箭头所指处）有“历史重现”的选项卡，点击即可进入“历史重现”界面。

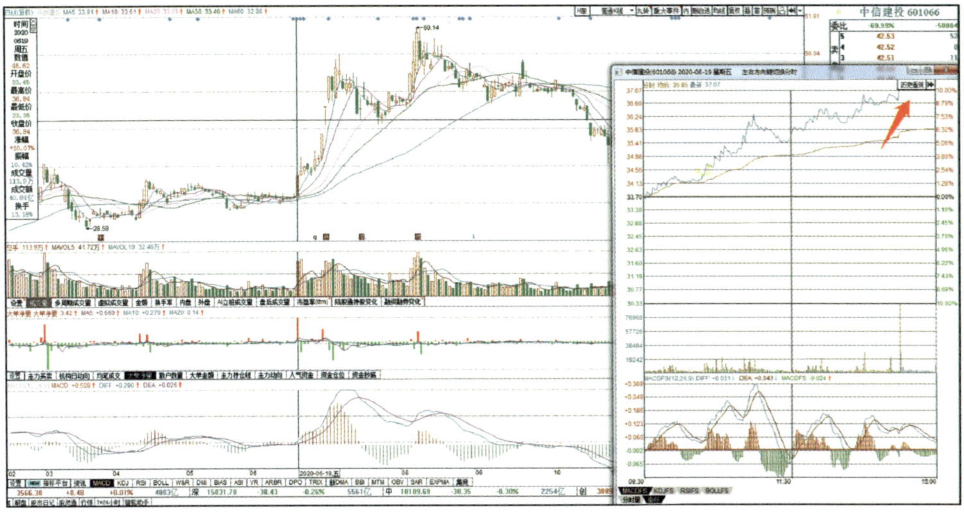

图 6－2－5

如图 6－2－6 所示，进入“历史重现”界面后，把图中箭头所指的进度条拉到最后，再点击分时走势图，就可以回顾当日各时间节点的盘口情况了。

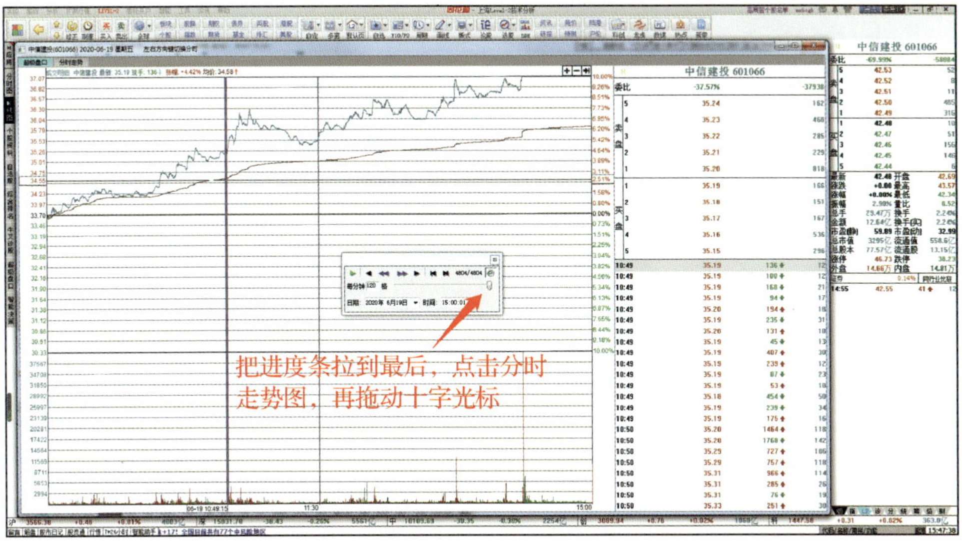

图 6－2－6

时常利用同花顺软件的“历史重现”功能对个股近一年来的行情走势及对应的盘口进行复盘，可以了解个股的历史盘口表现，包括行情到来时盘口的打单速度，垫单、撤单情况，买卖盘是如何消化的等，熟悉个股历史上大小行情来临时的盘口、真突破时的盘口、假突破时的盘口，给未来的交易提供重要参考。

3. 通达信软件“历史分时图”功能

利用同花顺软件的“历史重现”功能只能查看个股近一年内的行情走势，要想查看更早期的个股行情走势，就需要借助通达信软件的“历史分时图”功能了。

使用通达信软件“历史分时图”功能，要先打开个股K线图界面，然后将十字光标拖动到想复盘的日期对应的K线上，再按下回车键，便会弹出当日的分时走势图窗口，如图6-2-7所示。

图6-2-7

在分时走势图窗口上拖动十字光标至某个时间节点，按下回车键，右边的成交明细栏内就会显示出该时间节点前后的分时成交明细，如图6-2-8所示。虽然看不到当时的盘口明细，但是从分时成交明细也可以看出当时的打单动能，如点火单的大小、打单的持续性等。

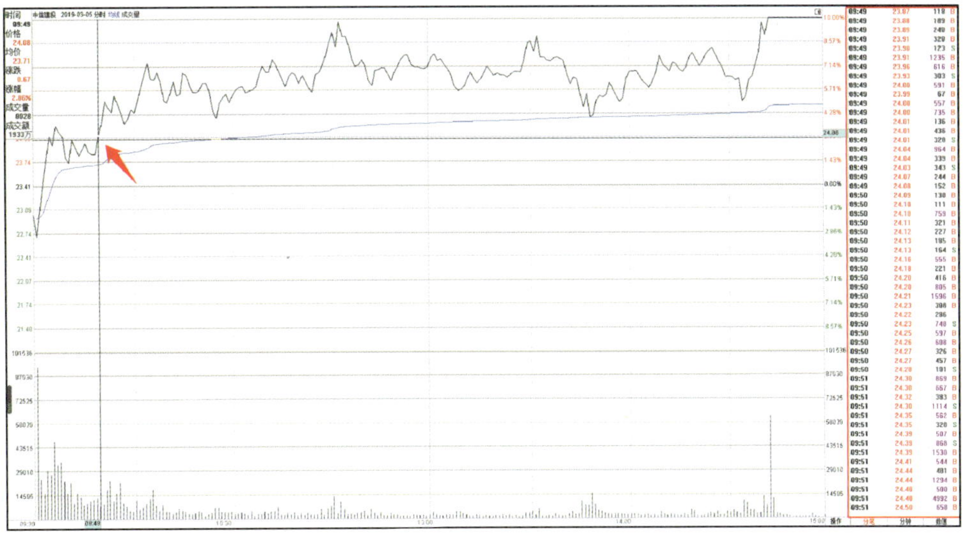

图 6 - 2 - 8

（二）复盘步骤

步骤一：选装 4 屏或 6 屏电脑，购买同花顺、通达信、东方财富等软件的 Level - 2 版本。

步骤二：在行情软件中建立模拟账户，选一些市场热点股票或有代表性的股票作为底仓，如东方财富、中信证券、中兴通讯、长电科技、天齐锂业、赣锋锂业、比亚迪、宁德时代等，再建一个自选股票池。

步骤三：进行模拟交易，积累交易经验和熟悉日内交易系统。

步骤四：每天收盘后对自选股票池中的股票进行复盘，找出各只股票的日内开仓点、平仓点。

步骤五：每天收盘后对市场上涨跌幅排名前 100 位的股票进行复盘，找出各只股票的日内开仓点、平仓点。

有条件者可以找一个职业日内交易员来辅导复盘工作，有师傅带路的话，可以少走很多弯路。

三、正确选用交易策略

职业日内交易员大多需要负责多只股票的交易，量化产品交易员甚至要负责 200～300 只股票的交易，但也有些交易员只做少数市值大的股票。对于不同的券源，交易员需要有不同的交易策略。下面我们以交易员一个人负责 200 只股票的交易为假设前提条件，讲解相应的交易策略。

首先，把有可能交易的个股都加入自选板块，在自选板块界面用鼠标点击"涨幅%"选项进行排序。死死封住涨停板和跌停板的个股可以暂时忽略，重点关注那些有打开涨停板和跌停板迹象的个股，运用涨停交易模式或跌停交易模式去交易，因为做这类个股是最容易上股数和获利空间最大的。

其次，优先关注涨跌幅较大的个股。涨跌幅越大，意味着个股的振幅越大，交易的机会越多。按照涨跌幅排行榜逐只股票看，每只股票的分时走势都要扫一眼并快速作出判断，看是不是有开仓的机会，有则重点盯着打（做第二波、做突破、做拐点），无则快速切换至下一只。多数情况下应先看涨幅榜再看跌幅榜，因为上涨的股票通常带量，更适合上仓位。

每天的开盘阶段，优先选择股性好、能上股数或资金、自己更有把握赚钱的个股来做。目的是先赚点利润"压箱底"，积累点"底气"，后面做交易时心态会更放松。如果一开始交易就出现亏损，那么后面就容易背负心理压力，总想着要赚回来或者防止亏损进一步增加，紧张之下容易犯贸然开仓、止损犹豫等大忌。

在盘中阶段，要不断刷新涨跌幅榜，找分时走势图上有较好突破形态的个股进行重点观察。另外，还可以刷涨速榜，找机会追单或者做下一波。在盘中做单时，最重要的是追求确定性，保证成功率，否则很可能把"弹药"都打光了还见不到收益甚至产生了亏损，那样会非常影响交易心态。一定要等到比较有把握的机会出现时再出手。如果个股波动大但是开仓点不好把握，那就暂时观望。一般情况下，波动大的个股，交易机会也多，只要有足够的耐心，大概率能抓到一个有极大确定性的机会。总之一句话："做得早不如做得巧。"

这里还想重点强调一下做竞价交易的重要性。交易员应在开盘前查阅与自选股相关的资讯及公告，对个股的消息面有所了解。9：20 后重点关注个股的竞价情况，方法是按涨幅进行排序，找出高开或低开幅度大于 2% 的个股，观察个股的竞价曲线、成交量、盘口，寻找做竞价交易的机会。如果竞价交易做成功的话，一开盘就有利润进账，无疑是为全天的交易开了一个好头。

当个股冲击涨停板或跌停板而又无力封板时，可以采用拿趋势的策略。

如图6-3-1所示，浙江东方（600120）在某日开盘后迅速向涨停板发起冲击，但未能封死，交易员可以在涨停板上或者回调再反弹形成的次高点做空，然后拿个趋势，收益颇为可观。

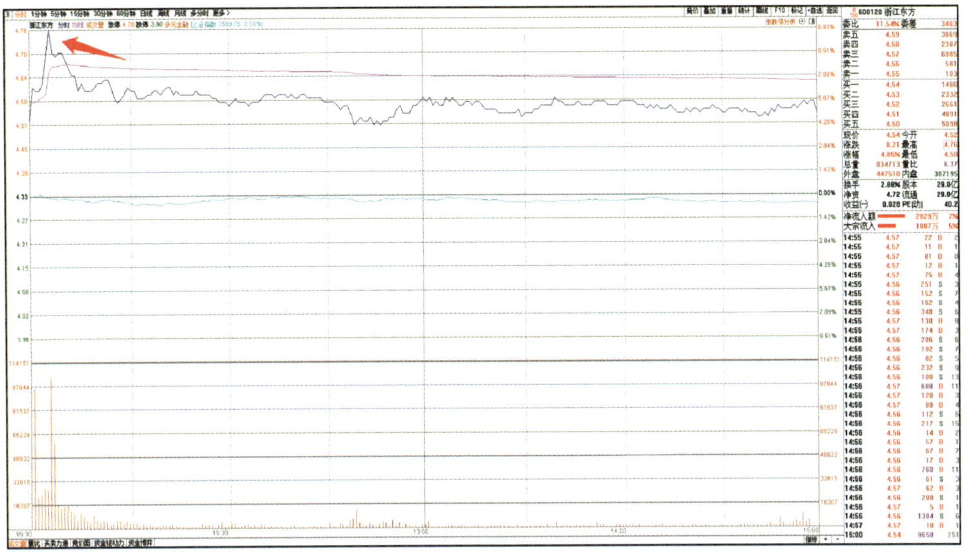

图6-3-1

如图6-3-2所示，科大讯飞（002230）在某日盘中跳水，股价触及跌停板但没能封死，交易员可以在跌停板处或者反弹再回调形成的次低点做多，然后拿个趋势。

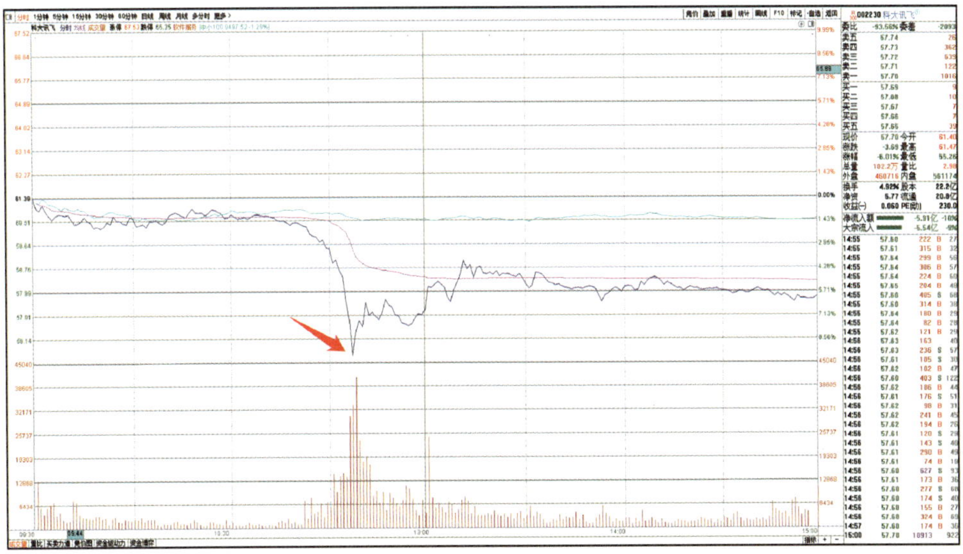

图6-3-2

四、勇于追单

优秀的职业日内交易员一定是交易起来比较“凶猛”的交易员，但“凶猛”不代表“鲁莽”。“凶猛”是指他们会在盘口配合的情况下果断开仓，并且开出与盘口相匹配的单量，而不是仅买卖一点点“试试水”。当个股盘中出现急拉而且盘口动能充足的时候，交易员可以依据盘口信号直接开仓，不一定要等股价创下新高或整数位被突破。

2021 年 6 月 10 日下午，智光电气（002169）在没有任何前兆的情况下突然出现一波涨幅达 8% 的上升浪，图 6－4－1、图 6－4－2、图 6－4－3 分别显示了上涨初期股价到达 10.53 元、10.60 元和 10.70 元时的盘口，三者的共同特征是买 1 或买 2 处都垫出了千手买单。交易员看到这样的盘口时，可以往卖 1、卖 2 的价格追多，开仓量在 30000～50000 股，将买 1 或买 2 作为止损位就好。这波涨幅达 8% 的上升浪中多次出现类似的盘口，都是开仓或追单的机会。

图 6－4－1

图6-4-2

图6-4-3

交易多只股票时，容易错过一些个股的启动点，这时就要去关注有没有其他的开仓机会，只要出现适合开仓的盘口（盘口够厚且有止损单），就果断开仓，以免错过一个大波段。

五、恰当选择仓位

如果在单一一只股票上的持仓有限，那么我们倾向于一笔做完，但前提是预计单次赢利幅度在 0.5% 之上且盘口容纳得了那么大的单量。如果本来能一笔做完的交易还分成两三笔去做，那就说明交易员还不够自信。

在一些大票出现机会时，交易员要敢于把仓位上满。以东方财富为例，该股放量大涨的时候，盘口上的打单量通常在千手以上，在这种情况下，交易员开仓 5000 股和开仓 50000 股，对盘口的影响其实都是甚微的，而后者的赢利显然是前者的 10 倍。当然，止损代价同样会被放大，但只要按交易系统执行，亏损都是可控、可接受的。该上满股数的时候一定要上满，在同一个交易机会下，谁的开仓量大，谁的交易效率就高。

六、加深对市场整体的理解

对市场整体的理解包括对市场风格的理解和对市场强弱程度的理解。对市场整体有深刻的理解，就可以预判大盘走向，寻找个股的交易机会。

A 股市场有时会出现“二八”行情，即市场处于二类个股（大盘股）上涨、八类个股（中小盘股）下跌的状态，这种情况下，交易机会多出现在二类个股中。除此之外，A 股市场还有“八二”行情（与“二八”行情相反的行情）、普涨行情和普跌行情，其中比较有利于交易的是普涨行情和“八二”行情。

交易员要能够及时感知盘中市场风格的转换。涨速榜是观察市场的有效工具之一，通过涨速榜，可直观看到市场的热点板块，而市场的热点板块中无疑存在着更多的交易机会。比如，当涨速榜显示有多只军工股快速拉升时，就要及时查看自己手中的军工股，看是否有联动上涨的。同理，跌速榜也很有观察价值，当跌速榜显示有板块龙头大幅跳水时，就应留意同板块中的其他个股是否联动下跌，有没有做空的机会。

A 股市场和美股市场的交易时间是错开的，故 A 股会受到隔夜美股市场的影响，不过这种影响主要体现在开盘前的集合竞价阶段，开盘后，市场的走势大概率会延续近期的状态。当 A 股市场近期处于弱势状态时，如果隔夜美股市场大涨并带动 A 股市场整体高开，那么高开个股在开盘后大概率会有一波杀跌，在交易策略上就应关注高开个股的做空机会；反之，当 A 股市场近期处于强势状态时，如果隔夜美股市场大跌并带动 A 股市场整体低开，那么低开个股在开盘后大概率会快速高走，在交易策略上就应关注低开个股的做多机会。

七、懂得研判个股基本面

优秀的日内交易员往往对市场热点板块、个股基本面有非常深入的了解，并且能够根据个股基本面的变化去做日内交易。

2021 年 5 月 24 日晚上，市场上出现了一则利空校外培训产业的消息（见图 6－7－1），导致美股市场上的中资教育股新东方等股票暴跌（见图 6－7－2）。

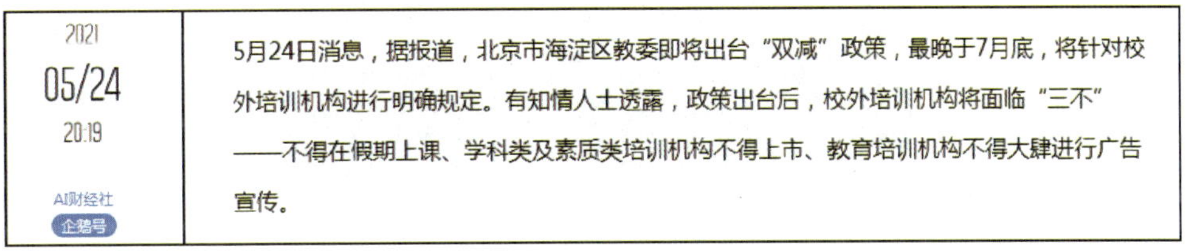
2021
05/24
20:19
AI财经社
企鹅号

5月24日消息，据报道，北京市海淀区教委即将出台“双减”政策，最晚于7月底，将针对校外培训机构进行明确规定。有知情人士透露，政策出台后，校外培训机构将面临“三不”——不得在假期上课、学科类及素质类培训机构不得上市、教育培训机构不得大肆进行广告宣传。

图 6－7－1

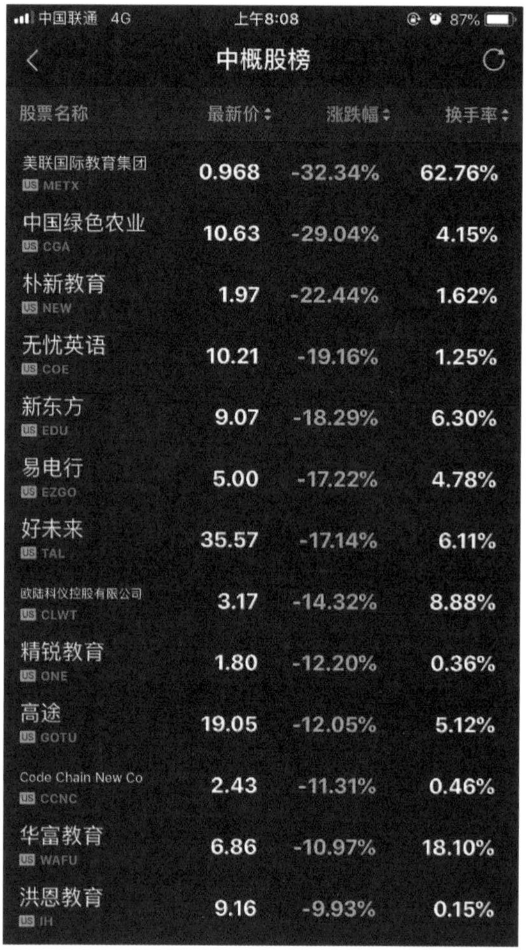

图 6-7-2

如果交易员对 A 股市场中的科大讯飞（002230）的主营业务有足够的了解，清楚科大讯飞已经通过“AI+教育”走进校园，帮助学生减负，帮助学校增效，那么就会意识到，“双减”政策的出台对于科大讯飞来说是个大利好，它有利于科大讯飞校内业务的增长。明白这一逻辑之后，交易员就可以在 5 月 25 日开盘时直接做多科大讯飞。

图 6-7-3 为科大讯飞 2021 年 5 月 25 日的分时走势图，可见当日该股小幅高开，之后一直呈单边上涨之势。

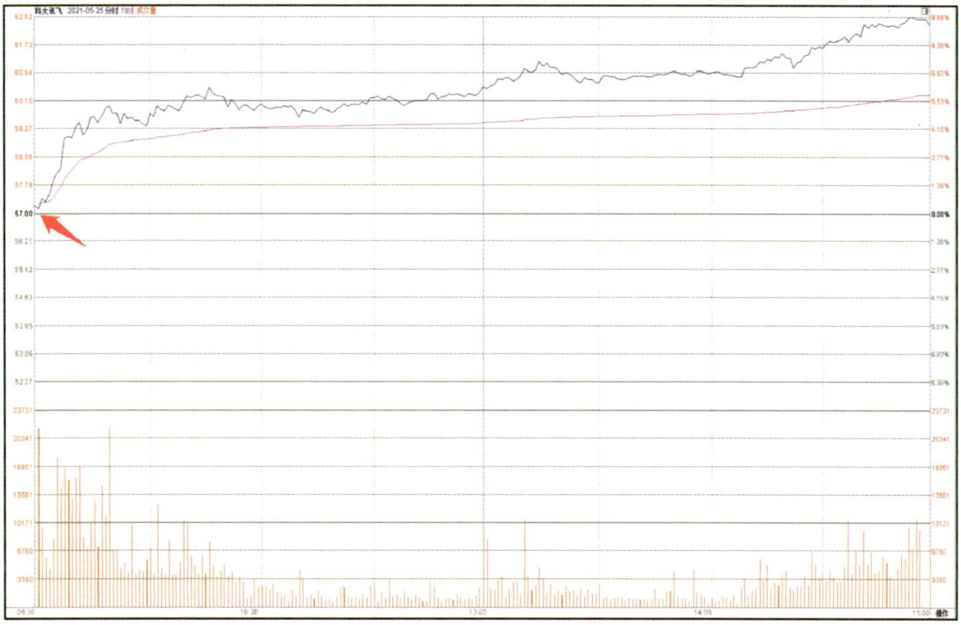

图 6-7-3

八、尊重职业、热爱交易

如果一个厨师真的热爱美食，那么他一定会不断尝试不同的食材搭配和做法，这么做不单是工作的缘故，更多是因为他打心底就喜欢研究美食，并在研究的过程中获得快乐和成就感。如果一个厨师具有很强的责任心，那么他一定会在工作的时候严格做好品控，给到每个顾客最好的餐品。

有的交易员只是把交易当成一份工作，每天在 9：15 前到达机位，15：00 准时下班，收盘后不愿意花时间去复盘。我们甚至还见过有交易员在盘中玩游戏的情况。

有的交易员每天早上会在开盘前一个小时就到达公司，把当日与自选股相关的公告、资讯全过一遍，把市场当日主要新闻资讯也过一遍；中午休市的时候，他们会查看市场的午间公告；收盘后，他们会花大量的时间做复盘，甚至会深入研究上市公司的投资价值。这样的交易员才是优秀的交易员。

我们认为，一个优秀的交易员，其自身应有很强的求知欲和赚钱欲，能够尊重自己的职业，并竭尽全力把交易这件事做好。这样的交易员才能充分挖掘自身的潜质，才能全面提升对自己对市场的理解能力，才能养成在各种不利环境下坚持做好本职工作的韧性。

第 7 章

交易前的准备工作

本章主要讲解交易前需要做的准备工作。

一、熟悉交易个股的股性

交易员对交易个股的股性不了解，就做不好临盘判断，在持仓过程中就很容易被反向单给吓走，少赚了很多利润。在日常工作中，交易员需要做到以下几点：

（1）了解交易个股的公司主营业务、所属行业，知道公司是做什么的。

（2）通过复盘找出联动个股，观察不同的行情走势之下联动个股的表现，对联动关系有所认识。

（3）分析参与交易的资金结构，搞清楚个股走势是由机构主导还是由市场短线资金主导的，是不是庄股。

（4）复盘个股历史上出现过的大行情，了解个股以往在进入主升浪或主跌浪时的分时走势形态和盘口特征，包括点火单量、打单量、打单速度、上涨幅度等。

上市公司东方财富是一家互联网券商，其股价既和中信证券等传统券商股有联动关系，也和同花顺、大智慧等金融软件股有联动关系，它同时还是券商、金融软件两个行业里面的龙头老大。

因为东方财富是市场的权重股，所以参与东方财富交易的资金主要是机构资金，如一些指数基金等。这也意味着东方财富的走势与大盘指数的走势有很强的联动关系，所以我们也可以看到，当大盘指数出现行情时，东方财富基本上是必跟的，但当大盘指数弱势振荡时，东方财富就不一定跟了。

东方财富历史上跟其他券商股产生联动较多，而且因其股性比较活跃，故经常成为券商板块的龙头。东方财富做龙头，带动其他券商股较容易，但反过来，其他券商股要带动东方财富就没那么容易了。如果东方财富不是龙头，那么其他券商股要出现大行情才能带得动东方财富。至于同花顺、大智慧等金融软件股，可能只有出现涨停才会带动东方财富。所以，找东方财富的联动票时，主要还是从券商股当中找。

东方财富这种大票，真正来行情时容易走趋势，交易的时候可以考虑持仓久一点，不要拿一个小波段就平仓。

如果东方财富盘口上大多是三位数的打单（如图7－1－1所示），那么大概率没有大行情；如果盘口上基本都是四位数的打单（如图7－1－2所示），那么说明大行情出现了。所有股票，我们都可以从盘口的厚度去判断是不是真的有行情，如果盘口达不到要求就可以忽略它。

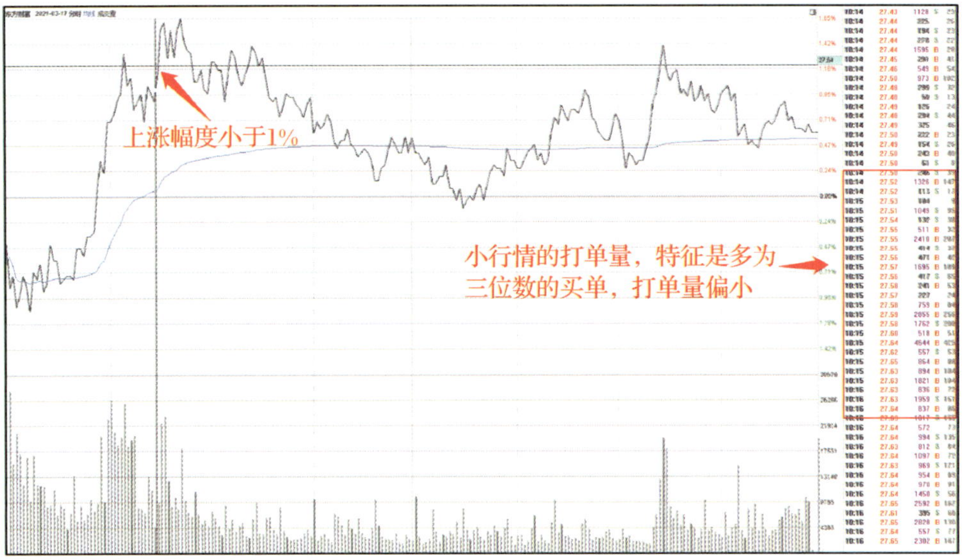

图7－1－1

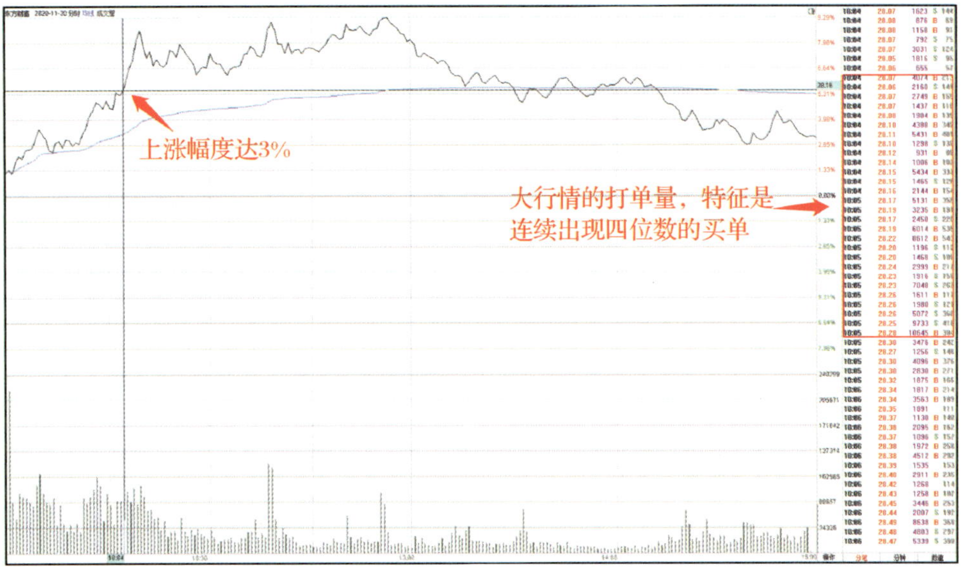

图7－1－2

二、交易软件的设置

交易软件的设置包括以下操作：

（1）设置对买对卖窗口。

（2）勾选“买卖代码联动”。

（3）勾选“委托后不清空”。

（4）“界面不操作超时时间”设置为“999999”（防止锁屏）。

（5）“默认交易股数”设置为自己最常用的下单股数。

（6）“委托数量单笔上限”设置为自己允许的最大下单股数（防止出现“乌龙”操作）。

（7）如果账户持有多个标的，可以将“行情下共享一个下单窗口”设为“否”。设为“否”后，可同时开启多个下单窗口。

图7-2-1显示的是海通证券的交易端口。点击箭头1指向的选项，可以打开双向委托窗口，即对买对卖窗口。我们将“默认交易股数”设为“2000”后，只要点击箭头2和箭头3指示处，系统都会自动填入“2000”的数量。箭头4和箭头5指示处是要勾选上的，以便于连续交易，不用每交易一次就输一遍代码。委托成交后，可以点击箭头6指向的“成交汇总”选项卡，查看成交信息。

界面不操作超时时间、默认交易股数、委托数量单笔上限、行情下共享一个下单窗口等均在箭头7指向的“系统”选项中进行设置。

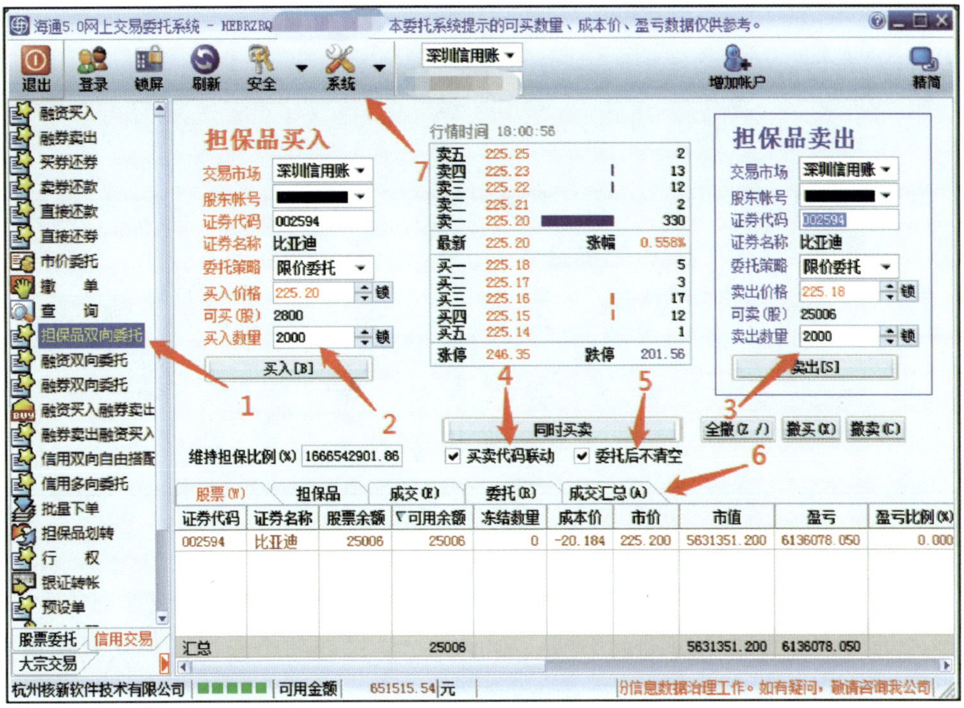

图7－2－1

三、行情软件的设置

行情软件的设置包括以下操作：

（1）设置个股分时多股同列窗口。

（2）设置板块指数同列窗口。

（3）设置股指期货1分钟K线图窗口。

（4）设置同花顺分屏。

（5）设置综合排名窗口。

（6）设置东方财富主窗口。

图7－3－1显示的是通达信的个股分时多股同列界面。交易员可以根据自身需求在“多股同列数设置”中选择“2＊2”“3＊2”“4＊4”“5＊5”等同列参数。交易员可以把有联动关系的个股相邻放置，以便于捕捉联动交易的机会。

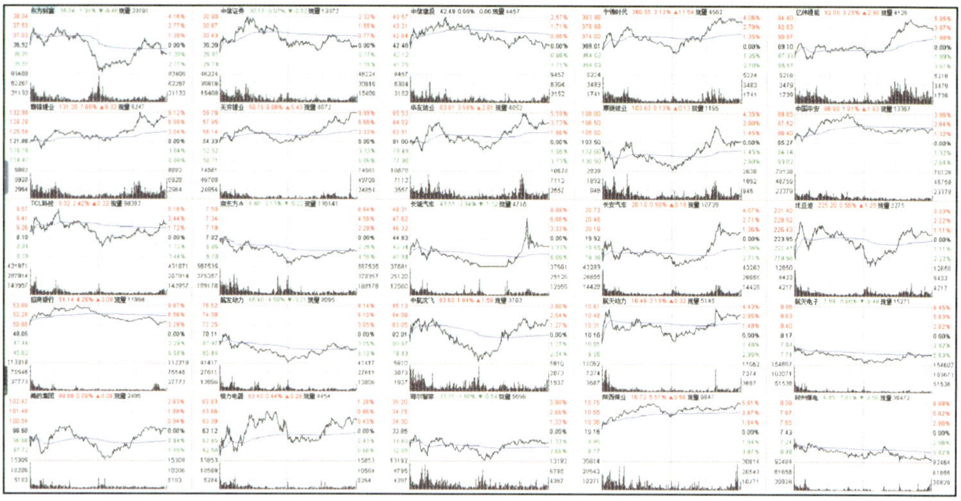

图7-3-1

观察多股同列界面的作用主要有两个：一个是找有横盘后突破形态的个股，另一个是及时发现盘中异动的个股。发现有交易机会的个股后，再从其他屏幕的交易主窗口观察其盘口信号，作出交易决策。

图7-3-2是通达信的板块指数同列界面。交易员应把交易个股所在板块的板块指数、自己感兴趣的板块的板块指数放到屏幕上同时观察。

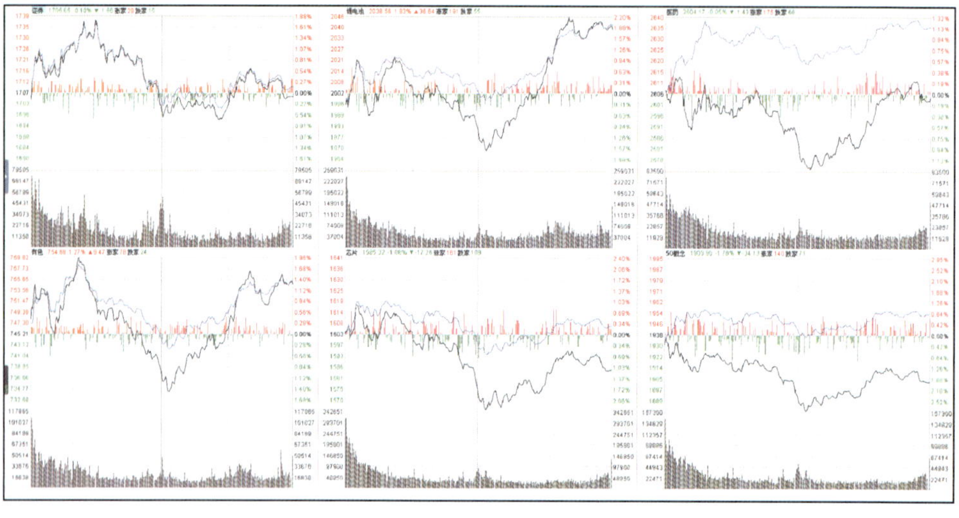

图7-3-2

观察板块指数同列界面的作用主要有两个：一个是对比板块指数之间的强弱，了解当日市场中哪个板块较强，因为在走强的板块中更容易出现交易机会；

另一个是比对自己手中的个股与所属板块孰强孰弱，如果个股走势强于板块指数走势，那么可能有更好的交易机会。

图 7－3－3 是博易大师的股指期货 1 分钟 K 线图界面。交易员只看当月股指期货主力合约的 1 分钟 K 线图即可。

图 7－3－3

股指期货 1 分钟 K 线图是作出日内交易决策的重要参考。当股指期货 1 分钟 K 线图拉出阳线时有利于做多，拉出阴线时则有利于做空。

图 7－3－4 展示的是同花顺的分窗功能——在一块显示屏中显示两只个股的分时走势图窗口。

同花顺支持在主窗口之外同时开启 5 个副窗口，交易员在日常操作中，会开启此功能以便观察操作中的股票及其他重点关注的股票。

需要提醒的是，如果使用的是同花顺 Level－2 版，那么在看深交所上市股票的行情时，可调出该软件特有的全速盘口，看到的分时行情会明显快于各种免费行情软件提供的分时行情。另外，在交易深交所上市股票时，还可以打开如图7-3-4下方箭头所指的“挂单撤单”窗口，在此窗口可以看到市场上的每一笔挂单、撤单，这些都是免费行情软件无法看到的盘口数据。

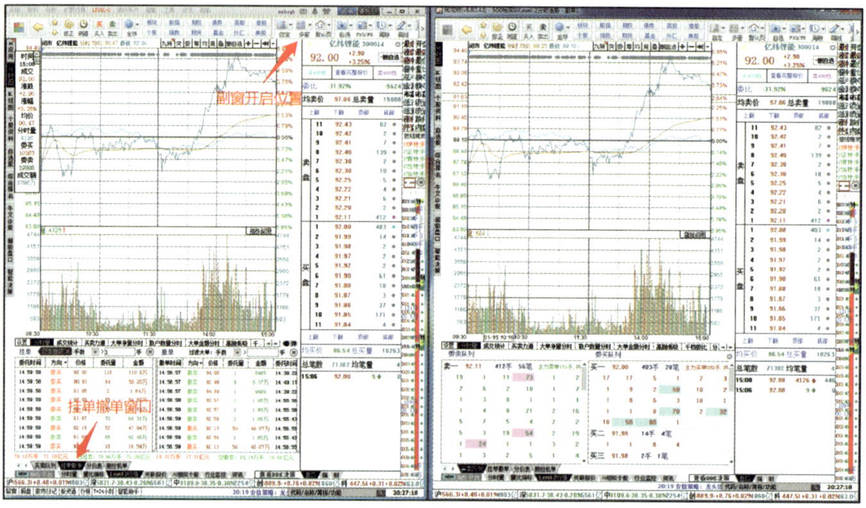

图7-3-4

图7-3-5显示的是通达信的综合排名窗口，这个窗口主要用来观察市场的5分钟涨速排名。如果用的是同花顺，那么还可以将涨速排名设置成1分钟或3分钟的涨速排名。看涨速排名的作用是了解盘中的市场热点，寻找联动交易的机会。

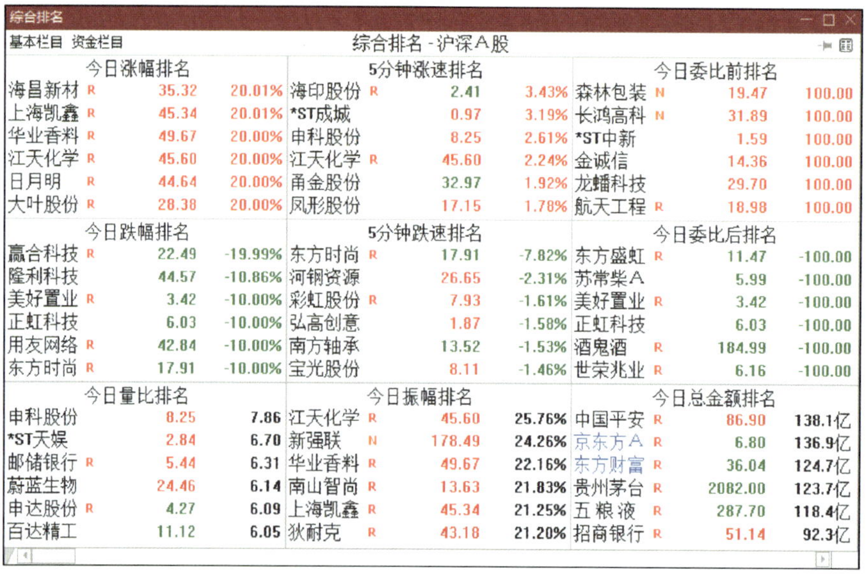

综合排名

基本栏目 资金栏目 综合排名-沪深A股

今日涨幅排名				5分钟涨速排名				今日委比前排名			
海昌新材	R	35.32	20.01%	海印股份	R	2.41	3.43%	森林包装	N	19.47	100.00
上海凯鑫	R	45.34	20.01%	*ST成城		0.97	3.19%	长鸿高科	N	31.89	100.00
华业香料	R	49.67	20.00%	申科股份		8.25	2.61%	*ST中新		1.59	100.00
江天化学	R	45.60	20.00%	江天化学	R	45.60	2.24%	金诚信		14.36	100.00
日月明	R	44.64	20.00%	甬金股份		32.97	1.92%	龙蟠科技		29.70	100.00
大叶股份	R	28.38	20.00%	凤形股份		17.15	1.78%	航天工程	R	18.98	100.00
今日跌幅排名				5分钟跌速排名				今日委比后排名			
赢合科技	R	22.49	-19.99%	东方时尚	R	17.91	-7.82%	东方盛虹	R	11.47	-100.00
隆利科技		44.57	-10.86%	河钢资源		26.65	-2.31%	苏常柴A		5.99	-100.00
美好置业	R	3.42	-10.00%	彩虹股份	R	7.93	-1.61%	美好置业	R	3.42	-100.00
正虹科技		6.03	-10.00%	弘高创意		1.87	-1.58%	正虹科技		6.03	-100.00
用友网络	R	42.84	-10.00%	南方轴承		13.52	-1.53%	酒鬼酒	R	184.99	-100.00
东方时尚	R	17.91	-10.00%	宝光股份		8.11	-1.46%	世荣兆业	R	6.16	-100.00
今日量比排名				今日振幅排名				今日总金额排名			
申科股份		8.25	7.86	江天化学	R	45.60	25.76%	中国平安	R	86.90	138.1亿
*ST天娱		2.84	6.70	新强联	N	178.49	24.26%	京东方A	R	6.80	136.9亿
邮储银行	R	5.44	6.31	华业香料	R	49.67	22.16%	东方财富	R	36.04	124.7亿
蔚蓝生物		24.46	6.14	南山智尚	R	13.63	21.83%	贵州茅台	R	2082.00	123.7亿
申达股份	R	4.27	6.09	上海凯鑫	R	45.34	21.25%	五粮液	R	287.70	118.4亿
百达精工		11.12	6.05	狄耐克	R	43.18	21.20%	招商银行	R	51.14	92.3亿

图7-3-5

图7－3－6显示的是东方财富Level－2极速版的常规看盘窗口。该软件在日内交易中一般用来看深交所上市股票，因为可以看到个股的逐笔委托明细（点击图中箭头所指“明细”选项）。另外，用该软件看深交所上市股票，能看到15档买卖盘（同花顺、通达信均为10档），可以看到更全面的盘口挂单信息。该软件也具备分窗功能，打开方式：点击界面右上角的“多窗口”，再点击“打开新窗口”即可。

图7－3－6

四、多屏显示设置

职业日内交易员负责交易的个股数量较多，因此看盘标配通常是4个或6个显示器，也就是4屏或6屏。屏幕中必定打开的界面有：分时走势图的多股同列界面、板块指数同列界面、股指期货1分钟K线图界面、综合排名界面、准备交易个股的看盘界面和交易界面。根据需要，还可以在一个屏幕中开启多个窗口。

五、策略准备

交易员如何同时兼顾多只股票？

如果多只股票在同一时间来行情，那么交易员肯定是没法同时交易的，当有所取舍。我们的操作建议有三：

（1）根据经验优选可以上大量、赚大钱的个股。同时开几个小仓的效果可能不如只开一个大仓。

（2）优先选择更有把握的个股，交易完一只再看下一只。这样的效果要好于同时开仓交易几只不是很有把握的股票。

（3）在自己能力允许的范围内可以同时开几个仓，但切记开仓后一定要马上设好平仓的单，后期一旦发现有反向单出现就果断平仓。

第 8 章

交易系统总结

一、交易纪律

（1）开仓要有 0.5% 以上的预期收益率。

（2）开仓必设止损单。

（3）不扛单，不亏损加仓。

不要做情绪单，不要凭主观想法交易，而要严格按照交易系统执行。尽量只做盘口打单动能强、预计两分钟内收益率在 0.5% 以上的交易。那种你认为大概率会往一个方向走但想获利需要等待较长时间的交易一般都很难赚钱。在能够稳定赢利之后，再去尝试多种交易方法，例如在合适的盈亏比下去卡价格或者打先手，再拿趋势以放大利润。

二、交易模式

（1）突破交易模式。

（2）波浪交易模式。

（3）联动交易模式。

（4）抄底交易模式。

（5）盖帽交易模式。

（6）竞价交易模式。

（7）竞价后交易模式。

（8）起量点火交易模式。

（9）消息刺激交易模式。

（10）参考股指期货交易模式。

（11）涨停交易模式。

（12）跌停交易模式。

（13）刷单交易模式。

（14）隔午单交易模式。

每次开仓都要有相应的交易逻辑，不要陷入“为了做突破而做突破”“为了做联动而做联动”的误区。交易模式仅提供赢利的思维逻辑，至于是否开仓，还得看个股当时的盘口情况——突破时打单动能强才做突破，联动的空间足够大时才做联动。

三、平仓信号

（1）正常行情下，当出现反向单和明显的转势盘口时平仓。

（2）急速行情下，涨不动就平掉多仓，跌不动就平掉空仓。

无论是开仓还是平仓，都要有依据。和开仓所不同的是，在考虑是否平仓时交易员可能会受到账面盈亏的影响，例如平仓信号尚未出现，但交易员觉得自己已经赚了很多，想马上平仓锁定利润。这种凭主观念头作出平仓决定的行为是极不成熟的表现。平仓操作的要点就是必须看到平仓信号才平仓，而在平仓信号出现之前，交易员要做的是紧盯行情变化，不断调整平仓的委托价格，以便在平仓信号到来时不用匆忙修改价格，直接按下回车键即可。

建议那些经常拿不住单的交易员采取分批平仓的策略，这么做的话，随着仓位的降低，紧张情绪也会得到缓解，而且有利润已经兑现，会更有底气拿住剩下的仓位。

四、交易之外

在交易之外，交易员需要做大量的复盘工作。交易员不能仅靠交易实战来积累经验，那样的话成长速度太慢了。我们建议新手交易员每天都要在市场的涨跌幅榜和成交金额榜中寻找个股来细致地复盘，找出个股当日的开仓和平仓时机（具体到开仓盘口和平仓盘口）。

交易之外，交易员需要对当日产生亏损的交易进行分析。亏损不可怕，可怕的是不知道为何亏损。遵照交易系统执行止损而产生亏损是正常现象，这种亏损属于“必要的亏损”，是由市场原因导致的，我们分析亏损交易的目的是找出那些“不必要的亏损”，看是由交易策略不适用的原因还是由于个股股性特殊的原因导致的，又或是由交易情绪的原因导致的。总之，一定要弄明白亏损产生的原因，以避免类似情况再次发生。

交易之外，交易员需要向优秀的交易员学习。很多优秀的交易员都有自己的独门秘笈——有的交易员在涨停板或跌停板附近开个大仓，若股价封板则止损，以小的代价换取巨大的赢利空间；有的交易员擅长依据技术形态拿趋势单，只要转势信号没有出现就一直持仓，甚至会拿到收盘前再平仓；有的交易员擅长用小仓位频繁刷单，一单虽然赚得不多，但一天下来也能以量取胜；有的交易员盘感极佳，在同样的机会之下，下手总能快人一步。交易是门技术活，交易员不能固守在自己的能力圈内，也不必要给自己设能力圈，而是要虚心学习他人的优点和长处，并将之转化为自己的能力。

至此，关于职业 T+0 交易技术的讲解已全部结束。在此特别要提醒读者，从“知道”到“做到”，是需要一个过程的。从我们这几年培养交易员的经验来看，一个新手从刚入行到能够建立起自己的交易系统并实现稳定赢利，通常需要 3～6 个月的时间，而从“做到”到“做好”可能还需要 1～3 年的时间。无论是老股民还是股市“小白”，学习职业 T+0 交易技术的时候，都要从零开始。新人一般要先用上证 300ETF 来练手，以熟悉大盘的开仓点，抓大盘的开仓点没问题了，才能用个股来做交易。做个股的交易时，交易股数是逐步递增的，一开始只能开 100 股，能够赢利后，再依 200 股、500 股、1000 股、5000 股、10000 股的次序递增。

针对 A 股市场的日内交易行业从 2014 年开始进入快速发展阶段，近年来，日内交易贡献的交易量占 A 股市场交易量的比重逐年提升。此外，随着外资不断流入 A 股市场，国内机构投资者队伍也不断壮大，A 股市场的投资生态正在发生巨大变化。据统计，在全球由政府托管的 40 多个证券市场中，除了 A 股市场之外，已全部放开 T+0 交易，因此可以说，A 股市场放开 T+0 交易是大势所趋。到那时候，职业日内交易员将不再受“需要底仓且日内只能回转一次”的限制，行业的春天也将真正到来，而我们现在要做的，就是学习好技能，等待春天的到来。